D1725481

Bungard/Holling/Schultz-Gambard

Methoden der
Arbeits- und Organisationspsychologie

Arbeits- und
Organisationspsychologie
in Forschung
und Praxis

6

Herausgegeben von
Prof. Dr. Walter Bungard

Walter Bungard
Heinz Holling
Jürgen Schultz-Gambard

Methoden
der Arbeits- und
Organisationspsychologie

BELTZ

PsychologieVerlagsUnion

Anschrift der Autoren:

Prof. Dr. Walter Bungard
Lehrstuhl Psychologie I
Wirtschafts- und Organisationspsychologie
Universität Mannheim
Schloß, Ehrenhof Ost
68131 Mannheim

Prof. Dr. Heinz Holling
Psychologisches Institut IV
FB Organisationspsychologie
Universität Münster
48149 Münster

Prof. Dr. Jürgen Schultz-Gambard
Ludwig-Maximilian-Universität
Leopoldstr. 13
80802 München

Lektorat: Gerhard Tinger und Katja van den Brink

Anschrift des Herausgebers der Reihe
"Arbeits-und Organisationspsychologie in Forschung und Praxis":

Prof. Dr. Walter Bungard, Lehrstuhl Psychologie I, Wirtschafts-
und Organisationspsychologie, Universität Mannheim, Schloß,
Ehrenhof Ost, 68131 Mannheim

Umschlaggestaltung: Dieter Vollendorf, München
Druck und Bindung: Druckhaus Beltz, Hemsbach
Printed in Germany
Gedruckt auf säurefreiem Papier

© 1996 Psychologie Verlags Union, Weinheim

ISBN 3-621-27308-5

Inhaltsverzeichnis

1.   Einleitung

Wer die Arbeits- und Organisationspsychologie (A.O.-Psychologie) als Teilbereich der Psychologie kennenlernen möchte, der muß sich grundsätzlich mit drei voneinander abhängigen Aspekten auseinandersetzen:

Aspekte der Arbeits- und Organisationspsychologie

1. Wichtig sind natürlich die Inhalte, also die Theorien, Modelle usw. der A.O.-Psychologie. Also z.B. die Frage, welche Teilgebiete es innerhalb der A.O.-Psychologie gibt, welche Führungstheorien aufgestellt wurden, um einen solchen Bereich herauszugreifen. Man kann auch unter historischen Gesichtspunkten die Entwicklung der A.O.-Psychologie analysieren und über zukünftige Entwicklungstrends spekulieren.

2. Daneben sollte man in Abhängigkeit von inhaltlichen Fragestellungen die Methoden der A.O.-Psychologie kennenlernen. Welche allgemeinen, auch in anderen Bereichen der Psychologie bewährten Methoden kommen zum Einsatz? Welche spezifischen Methoden wurden entwickelt? Welche methodologischen Probleme bringt die Forschung im Feld im Gegensatz zur Laborforschung mit sich?

3. Schließlich ist für die Praktiker oder die Nutznießer der A.O.-Psychologie noch die Frage relevant, wie die konkreten Tätigkeitsfelder von A.O.-Psychologen aussehen. Mit welchen Problemen beschäftigt sich die A.O.-Psychologie in der Arbeitswelt? Welche Interventionstechniken werden verwendet? Gibt es ethische Konflikte? Wurden normative Standards für praktisches a.o.-psychologisches Handeln festgelegt?

All diese Aspekte gehören zum Gesamtgebiet der A.O.-Psychologie und sie müssen, wie bereits gesagt, in ihren gegenseitigen Wechselbeziehungen gesehen werden. Es werden z.B. tendenziell eher solche Inhalte analysiert, bei denen besonders geeignete Methoden bereits vorhanden sind, oder Interventionstechniken sind häufig von empirischen Erhebungsmethoden nicht klar zu trennen. Dennoch ist es natürlich sinnvoll, diese drei Schwerpunkte zunächst einmal getrennt zu behandeln, da der Stoff sonst nicht mehr überschaubar wäre.

Nun liegt es in der Natur der Sache, daß die drei Bereiche nur in sehr unterschiedlicher Art und Weise didaktisch aufbereitet und Interessierten näher gebracht werden können.

Didaktische Probleme

ad 1: Inhalte
Die einzelnen Inhalte und die entsprechenden empirischen Erfahrungen der A.O.-Psychologie können relativ leicht dargestellt werden, sei es in Vorlesungen und Seminaren, sei es in schriftlicher Form in Artikeln oder Büchern - vorausgesetzt, die Inhalte als solche sind bekannt

und der Lehrende bzw. der Autor sind in der Lage, gegliedert und verständlich zu schreiben.

ad 2: Methoden

Bei den Methoden der A.O.-Psychologie ist die Aufgabe ungleich schwerer: Das beginnt schon damit, daß es den Methodenkanon der A.O.-Psychologie gar nicht gibt, daß der methodische Zugang jeweils von der inhaltlichen Fragestellung abhängig ist und daß deshalb die Adäquatheit der Methoden nur am konkreten Beispiel erläutert werden kann. Kein Wunder, daß angesichts dieser Situation Methodenveranstaltungen im Rahmen des Psychologiestudiums als besonders abstrakt, langweilig und fälschlicherweise als überflüssig verschrieen sind. Es gelingt offensichtlich nur einigen wenigen didaktischen "Naturtalenten", den Methodenstoff für die Zuhörer spannend darzustellen. Hinzu kommt, daß die Methoden vor allem im Grundstudium vermittelt werden, nach dem Motto: erst muß man das Handwerkszeug erlernen, dann darf man sich (im Hauptstudium) mit den praktischen, und dann auch interessanteren Anwendungsfragen beschäftigen. Dies ist didaktisch und auch inhaltlich nicht zu rechtfertigen. Diese einseitige Schwerpunktsetzung ist ja leider - nebenbei bemerkt - auch in den neuen Prüfungsordnungen festzementiert worden.

Die Situation ist im übrigen keineswegs besser, wenn die Methoden schriftlich erläutert werden sollen, da die oben genannten Probleme genauso virulent sind. Am besten erlernt man die a.o.-psychologischen Erhebungstechniken im Rahmen konkreter Untersuchungen, sei es durch Teilnahme an (Experimental-) Praktika oder durch Mitarbeit in einem a.o.-psychologischen Forschungsprojekt. m.a.W.: durch on-the-job-Training, um einen a.o.-psychologischen Terminus zu verwenden. Ein Buch sollte primär als Einstieg, als Orientierungshilfe, vielleicht als Nachschlagewerk dienen, aber notwendige praktische Erfahrungen können dadurch nicht ersetzt werden.

ad 3: Praxis

Die Darstellung der praktischen Tätigkeit von A.O.-Psychologen dürfte diesbezüglich eine Mittelstellung einnehmen. Vieles läßt sich einerseits mündlich bzw. schriftlich beschreiben, aber viele Aspekte, wie z.B. das mit fast allen a.o.-psychologischen Interventionen verbundene Konfliktpotential im Spannungsfeld des betrieblichen Alltags, entziehen sich einer detaillierten Erläuterung, sie müssen ebenfalls selbst "erlebt" werden, um sie wirklich verstehen zu können.

Vor dem Hintergrund dieser Erläuterungen sollten Sie jetzt nicht entmutigt den vorliegenden Text zur Seite legen, sondern sich lediglich vor Augen führen, welche Zielsetzungen ein Buch zum Thema "Methoden der A.O.-Psychologie" verfolgen kann bzw. sollte.

Wir Autoren haben uns bei der Konzipierung dieser Publikation angesichts des oben beschriebenen Dilemmas mit der Frage beschäftigt, nach welchen Prinzipien wir vorgehen sollten und sind dabei zu folgenden Überlegungen gekommen:

- Die wichtigste Zielsetzung dieses Buches besteht unserer Ansicht nach darin, beim Leser ein Verständnis für die methodischen Probleme eines Anwendungsfaches zu wecken, welches primär Feldforschung betreibt - im Gegensatz zu eher grundlagenorientierter (Labor-) Forschung.

Konsequenzen für die Gestaltung des Textes

- Nach einer allgemeinen Einführung in die Methoden der A.O.-Psychologie (Kap. 2) soll deshalb zunächst eine konkrete Fallsituation geschildert werden, in der realistisch eine konkrete a.o.-psychologische Fragestellung beschrieben wird. Es geht dabei um die Problematik der Einführung von Gruppenarbeit in einen typischen Produktionsbetrieb (Kapitel 3).

- Im vierten Kapitel beginnen wir in diesem Sinne dann mit der eigentlichen methodischen Fragestellung, indem wir die Überlegungen zur Planung von Untersuchungen darstellen.

- Im Anschluß daran werden im 5. Kapitel konkrete Methoden der A.O.-Psychologie dargestellt, wobei jeweils der Bezug zu der Fallstudie hergestellt wird. Unser Demonstrationsbeispiel soll sich also auf diese Weise wie ein roter Faden durch den Text ziehen.

  Dieses Vorgehen impliziert, daß nicht alle Methoden der A.O.-Psychologie dargestellt werden, ein Unterfangen, das sowieso nicht realisierbar wäre. Wir wollen statt dessen exemplarisch je nach Forschungsphase typische Techniken vorstellen und bei der Beschreibung auch die konkrete Handhabung verdeutlichen.

  Bei der Auswahl der Methoden haben wir uns weiterhin, um den Rahmen dieses Werkes nicht zu sprengen, auf typische Forschungsmethoden beschränkt, also auf jene Techniken, die zur Erhebung von empirischen Daten eingesetzt werden. Wir haben damit alle Interventionstechniken ausgeklammert, die ebenfalls unter dem Begriff der Methoden der A.O.-Psychologie bei praktischer a.o.-psychologische Tätigkeit subsumiert werden könnten.

  Folgende Techniken werden im 5. Kapitel im einzelnen erörtert:

  Interview und Befragungen
  Beobachtungen
  Nicht-reaktive Meßverfahren
  Rollenspiele

- Eine zusammenfassende Darstellung der wichtigsten Schritte bei der statistischen Auswertung der erhobenen Daten finden Sie im anschließenden 6. Kapitel.

- Ein Problem, das in Lehrbüchern oft vernachlässigt wird, in der Forschungspraxis aber eine wichtige Rolle spielt, betrifft die Präsentation von Ergebnissen. Wichtige Punkte dazu werden im 7. Kapitel aufgeführt.

- Den Abschluß bildet das 8. Kapitel. Es geht um die Evaluation von Interventionen, einem in Zukunft immer wichtiger werdenden Bereich der a.o.-psychologischen Tätigkeit in der Praxis, in dem methodische Fragen eine zentrale Rolle spielen.

- Am Ende dieses Buches finden Sie ein ausführliches Literaturverzeichnis und ein Glossar, in dem Sie die wichtigsten Begriffe nachschlagen können. Die im Glossar enthaltenen Schlagwörter sind im Text jeweils **fett** gedruckt und mit dem Symbol einer Kerze zur "Erhellung" versehen.

2. Methoden der Arbeits- und Organisationspsychologie im Spannungsfeld zwischen Grundlagenforschung und Anwendung

2.1 Vorbemerkungen

Nach den einleitenden Bemerkungen wollen wir nun in diesem 2. Kapitel einige grundsätzliche Überlegungen zur Thematik machen, um dann im 3. Kapitel mit der Beschreibung der Fallstudie in die konkrete Darstellung "einzusteigen". Wer sich direkt mit den einzelnen Methoden beschäftigen möchte, kann auch dieses allgemeine Kapitel 2 überspringen oder zum Schluß lesen.

Zielsetzung des 2. Kapitels

Die allgemeine Erörterung des Themas in diesem Kapitel soll zunächst im Abschnitt 2.2 auf das zentrale Dilemma aufmerksam machen, im welchem sich die Methodendiskussion befindet: Die Methoden der A.O.-Psychologie rekrutieren sich seit Beginn ihrer Geschichte überwiegend aus der psychologischen Grundlagenforschung, sie sollen aber vor allem im Anwendungsfeld der A.O.-Psychologie, also z.B. in Betrieben eingesetzt werden. Gerade hierbei werden aber Defizite sichtbar, auf die wir näher eingehen werden.

Hinzu kommt, daß die Methoden der A.O.-Psychologie nicht nur reine Instrumente zur Erhebung von Daten sind, sondern sie haben - und auch dies wird im historischen Rückblick deutlich - darüber hinaus auch immer schon eine weitere Funktion gehabt: Die Psychologie als Ganze und damit auch sicherlich die einzelnen Teilgebiete waren und sind auch stets über die Methoden konstituiert und definiert worden. Die Wissenschaftlichkeit und damit auch die Seriosität der Forschung wurden deshalb maßgeblich über die verwendeten Methoden garantiert. Von daher ist es auch verständlich, daß die kontroverse Diskussion über den Stellenwert der Methoden auch eine Diskussion über das Selbstverständnis und das Selbstbewußtsein von A.O.-Psychologen gewesen ist - ein Umstand, der die Dispute nicht immer gerade erleichtert hat. Im Gegenteil, diese Doppelfunktion der Methoden führte eher zu einer "Tabuisierung" des gesamten Themas.

Nach dem historischen Rückblick werden wir dann im Abschnitt 2.3 aufzeigen, daß unabhängig vom wissenschaftstheoretischen Standort in der Feldforschung, die für die A.O.-Psychologie als Anwendungsgebiet eine zentrale Rolle spielt, eine Vielzahl von pragmatischen Grenzen wie z.B. arbeitsrechtliche Rahmenbedingungen oder Finanzierungsfragen gegeben sind, die ebenfalls beachtet werden müssen.

2.2   Historischer Rückblick

Wie zuvor bereits gesagt, wurde über methodische Fragen innerhalb
der A.O.-Psychologie im Laufe der Entwicklung dieser Disziplin
relativ wenig diskutiert, weil man in vielen Teilbereichen die empirischen Erhebungstechniken und Auswertungsverfahren der Grundlagenforschung mehr oder weniger unkritisch übernommen hat. Dieses
Vorgehen erfolgte nicht zufällig, sondern muß im Zusammenhang mit
der dominierenden wissenschaftlich-normativen Orientierung innerhalb der A.O.-Psychologie gesehen werden, die für Forscher eine entscheidende handlungsregulierende und identitätschaffende Funktion
hat. Diese Favorisierung eines "grundlagenorientierten" Paradigmas
innerhalb der A.O.-Psychologie läßt sich dabei rückblickend aus der
Entwicklung der Psychologie als eigenständiger wissenschaftlicher
Disziplin und insbesondere der Etablierung der einzelnen angewandten Teilbereiche erklären. Im folgenden soll dies in einem historischen
Rückblick erläutert werden (vgl. BUNGARD 1993).

*Entstehung der
Psychologie*

Die Allgemeine Psychologie entstand nämlich nicht primär als Aka-
demisierung einer vorgelagerten praktisch-psychologischen Tätigkeit,
sondern zum Teil quasi als "Spaltprodukt" aus einer im 19. Jahrhun-
dert sich diversifizierenden Philosophie. Die Loslösung von der Philosophie erfolgte dabei vor allem durch die Verknüpfung der Fragestellungen der psychologischen Forschung mit der damals dominierenden
naturwissenschaftlichen Denkweise bzw. mit dem im abendländischen
Denken seit der Neuzeit herrschenden Weltbild. Die Psychologie
entwickelte sich also vorwiegend im Zuge einer sukzessiven Übernahme naturwissenschaftlicher Methoden an vormals philosophischen
Fragestellungen.

Idealer Ort experimenteller Forschung war daher das Labor, in dem
der Psychologe unter Zuhilfenahme von entsprechenden Instrumenten
sein Untersuchungsobjekt, nämlich den Menschen, unter möglichst
"störungsfreien Bedingungen", d.h. in einem "isolierten System",
analog zum Vorgehen in der physikalischen Forschung beobachten
konnte. Man denke hierbei z.B. an das erste psychologische Laboratorium, das 1879 von WUNDT in Leipzig eingerichtet wurde und in
welchem experimentell motorische Reaktionen, Ausdrucksbewegun-
gen und sinnes-physiologische Fragestellungen untersucht wurden
(vgl. Abb. 2.1). Akademische Reputation genoß in erster Linie diese-
nige Forschung, die den Kriterien strenger Theoriegeleitetheit und
experimenteller Methodik möglichst entsprach, nämlich die Grundlagenforschung.

Abb. 2.1: Einer der Experimentierräume im Laboratorium Wilhelm WUNDTS.

Aus dieser Gründungszeit der Psychologie ist eine Fülle von mechani-
schen und elektrischen Apparaturen mit komplizierten Namen als au-
genfälliges Indiz für die damalige Orientierung erhalten geblieben, die
man nicht als "museale Kuriositäten" abtun sollte, sondern die einer
"Archäologie der Psychologie" als überdauernde Fossilien dienen
könnten (GRUNDLACH, 1978). Die Geräte symbolisieren in eindrucks-
voller Weise die damalige und sicherlich auch heute noch oft anzu-
treffende Abhängigkeit zwischen Technik und experimenteller Psychologie, wobei die Faszination des psychischen Untersuchungsge-
genstandes offensichtlich auf die der Apparaturen übertragen wurde
und umgekehrt (vgl. Abb. 2.2 und 2.3).
Auf der Basis dieser wissenschaftlichen Position wurden unter dem
Einfluß der Leipziger Schule zahlreiche experimentell orientierte An-
wendungsdisziplinen gegründet, wie z.B. die "experimentelle Pädagogik" von MEUMANN (1914) oder die "experimentelle Psychiatrie"
von KRAEPELIN (1896).

Abb. 2.2: Kymographion oder Wellenschreiber

Abb 2.3: Chronoskop nach HIPP

Gründung
einzelner An-
wendungsgebiete

Vor dem Hintergrund der Entstehungsgeschichte der Psychologie wird deutlich, daß aufgrund der wissenschaftstheoretischen Basis eine Dichotomie zwischen Grundlagenforschung und Anwendung vorprogrammiert war: In der Grundlagenforschung werden nomologische Aussagen formuliert und überprüft, in einer angewandten Teildisziplin werden die so entwickelten Theorien und Gesetze in einem spezifischen Anwendungsfeld überprüft. Aufgrund der sich damit ergebenden theoretischen und methodischen Abhängigkeit der angewandten Forschung von der psychologischen Grundlagenforschung schien zunächst für die Entwicklung eigener Untersuchungsmethoden, Techniken und Instrumente kein Anlaß zu bestehen. In der Forschungspraxis zeigte sich jedoch sehr bald, daß außerhalb der Labors verschiedene methodische Probleme auftauchten, die zum Teil dadurch gelöst wurden, daß z.B. größere Stichproben verwendet, Kontrollgruppen eingerichtet und naive Versuchspersonen ausgesucht wurden. Insofern trug die "praktische" Psychologie dann doch im Laufe der Zeit zur Entwicklung des Methodenarsenals der grundlagenorientierten Psychologie bei. Aber dieser "Export" aus der Praxis in die Grundlagenforschung änderte dennoch nichts an dem Faktum, daß eine speziell den angewandten Gebieten adäquate Forschungsmethodik einschließlich der Auswertungsverfahren bis heute nicht in zufriedenstellendem Ausmaß entwickelt wurde.

Ganz im Sinne der oben genannten "Arbeitsteilung" zwischen Grundlagenforschung und Anwendungsbereich wurde gleichfalls die Wirtschaftspsychologie, aus der sich dann später teilweise die Organisationspsychologie entwickelte, ins Leben gerufen.

MÜNSTERBERG, der als Schüler von WUNDT den Lehrstuhl für experimentelle Psychologie an der Harvard Universität in Amerika erhalten hatte und dort auch entsprechend "amerikanisiert" wurde, beginnt in seinem Buch "Psychologie und Wirtschaftsleben" (1912) wie folgt: "Es gilt von einer neuen Wissenschaft zu sprechen, die zwischen der Volkswirtschaft und der Laboratoriumspsychologie vermitteln soll. Das psychologische Experiment soll planmäßig in den Dienst des Wirtschaftslebens gestellt werden."

MÜNSTERBERG als Nestor der Wirtschaftspsychologie

Abb. 2.4: Titelblatt des Buches von MÜNSTERBERG 1912

Die Betonung des spezifisch methodischen Vorgehens stand bei ihm im Vordergrund: "Was heute beim Beginn der Bewegung not tut, ist zunächst an einzelnen anschaulichen Beispielen dazutun, was die neue Methode" - gemeint sind Laboratoriumsexperimente - "will und kann." (MÜNSTERBERG, 1912, S.1).

In dem Einleitungskapitel des Buches wurde dabei explizit der Bezug
zu den Naturwissenschaften als idealer Form wissenschaftlichen Ar-
beitens und den damit verbundenen Möglichkeiten praxeologischer
Eingriffe hergestellt: "In engster Fühlung mit den Naturwissenschaften gibt er sich der Beschreibung und der Erklärung des Psychischen
hin. Der Siegeszug der erklärenden Naturwissenschaft wurde jederzeit
auch zum Triumphzug der Technik. Was die Laboratorien der Physi-
ker, der Chemiker, der Physiologen, der Pathologen zutage fördern,
setzte sich schnell in die staunenerregenden Erfolge der physikalischen und chemischen Industrie um" (MÜNSTERBERG 1912, S.2).
Gefesselt durch die Faszination der technischen Errungenschaften
forderte er die Psychologen auf, die "instinktive Scheu" vor
angewandten Fragen im Wirtschaftsleben aufzugeben und "mit dem
praktischen Leben ... in Fühlung zu treten."

MÜNSTERBERG plädierte neben dem Praxisbezug und der Verwendung
des Laborexperimentes folgerichtig auch für die wissenschaftstheoretische Position einer nomologischen Disziplin. Im Vorgriff auf den
Kritischen Rationalismus stellte er schließlich noch fest, daß eine ethische Bewertung der Ziele nicht zum Aufgabenbereich eines Wirt-
schaftspsychologen gehöre.

Nach dieser Standortbestimmung der neuzugründenden wirtschaftlichen Wissenschaft wurden in seinem Buch eine Fülle von Beispielen
angeführt, wie die "Auslese der geeigneten Persönlichkeiten", die
"Gewinnung der bestmöglichen Leistungen" und schließlich "die Er-
zielung der erstrebten psychischen Wirkungen" mit Hilfe entsprechender Experimente vorgenommen werden könne.

Zusammenfassend kann folgendes festgehalten werden: MÜNSTER-
BERG hat damals mit seiner Veröffentlichung die oben dargelegte
methodische und wissenschaftstheoretische Position der Wirtschaftspsychologie ins Stammbuch geschrieben, und auf der Basis
dieser programmatischen Schrift wurde in den 20er und 30er Jahren
die **Psychotechnik** bzw. die Arbeitspsychologie entwickelt. Die zur
gleichen Zeit entwickelten "Principles of Scientific Management" des
amerikanischen Ingenieurs TAYLOR bekräftigten dabei den naturwissenschaftlichen Methodenansatz. Insofern wurde der **Taylorismus** in
Verbindung mit der Experimentalpsychologie zum "Türöffner" in den
Betrieben und der Erste Weltkrieg aufgrund entsprechender Nachfragen nach psychologischer Beratung zum "Schrittmacher" der angewandten Wirtschaftspsychologie (RUEGSEGGER, 1986, S. 82).

Es wäre aber falsch, die Geschichte der Psychologie und ihrer angewandten Teilbereiche lediglich mit der Geschichte der experimentellen Psychologie gleichzusetzen, denn gerade für die Wirtschaftspsychologie und damit für die sich daraus später entwickelnde A.O.-Psy-
chologie sollte ein anderer Bereich große Bedeutung erlangen: Die
Zielsetzung der sich etablierenden Experimentalpsychologie richtete

Glossarbegriff

Die fett gedruck-
ten Wörter werden
im Anhang erklärt.

Beitrag der
Psychodiagnostik

sich ja ganz dem naturwissenschaftlichen Ideal folgend auf die "Entdeckung psychischer Naturgesetze", so daß individuelle Differenzen eher als Störgrößen angesehen wurden, die der mangelnden Präzision der Methode angekreidet werden mußten. Eben diese individuellen Unterschiede wurden jedoch in einem anderen Zweig der Psychologie, der sich mehr oder weniger unabhängig von der experimentellen Richtung etwa zur gleichen Zeit entfaltete, zum eigentlichen Forschungsgegenstand gemacht. Gemeint ist die Persönlichkeitspsychologie bzw. Differentielle Psychologie. Eine wichtige Rolle spielte dabei der Engländer Sir Francis GALTON (1822-1911), der mit Hilfe statistischer Methoden und biographischer Untersuchungen z.B. die Vererbung der Intelligenz analysierte.

Abb. 2.5: Sir Francis Galton (1822-1911) gab mit seinen originellen Arbeiten entscheidenden Anstoß zur Entwicklung der Psychodiagnostik.

Er konstruierte für seine Studien Testverfahren, wie z.B. Fragebögen oder einzelne Denkaufgaben und läutete damit die Ära des Tests als ein weiteres zentrales Forschungsinstrument der Psychologen ein. Die **Psychodiagnostik** konnte sich innerhalb weniger Jahrzehnte explosionsartig ausweiten, weil naheliegende Interessen beim Militär, im Arbeitsleben und im klinischen Bereich zu Forschungsaufträgen für Psychologen führten. Die Verbreitung dieser diagnostischen Verfahren trug also ihrerseits parallel zur experimentellen Psychologie ebenfalls dazu bei, die Psychologie als eigenständige Disziplin mit dem Gütesiegel einer empirisch-quantifizierbaren, der Naturwissenschaft als Vorbild vergleichbaren Wissenschaft zu etablieren. Der scheinbar erfolgreiche Einsatz dieser Verfahren speziell bei der Eignungsdiagnostik im Rahmen der A.O.-Psychologie verfestigte dabei wiederum die Strategie, Techniken aus den Grundlagenbereichen der Allgemeinen bzw. Differentiellen Psychologie in Anwendungsfällen zu übernehmen.

Fazit   Welche Erkenntnisse lassen sich aus diesen Überlegungen für die A.O.-Psychologie im Hinblick auf methodische Fragen ziehen?

Die Situation im Bereich der "klassischen" Arbeitspsychologie sieht so aus, daß das oben beschriebene und historisch ableitbare Paradigma bis heute in diesem Forschungsbereich weitestgehend dominiert. D.h. man favorisiert Laborexperimente oder versucht in Betrieben laborähnliche Untersuchungssituationen zu schaffen.

Etwas schwieriger ist die Einschätzung im Bereich der Organisationspsychologie, denn die Organisationspsychologie entwickelte sich in den 60er Jahren als Konglomerat aus verschiedenen psychologischen und nicht-psychologischen Forschungsbereichen. Aufgrund des interdisziplinären Ansatzes ist folglich eine klare "Revierabgrenzung" zu benachbarten Anwendungsfächern kaum möglich. Ein Teil der Organisationspsychologie deckt sich dabei mit den Fragestellungen der früheren Psychotechnik bzw. der Arbeitspsychologie, und auch der Einsatz der diagnostischen Instrumente spielt bis heute eine wichtige Rolle, z.B. bei der Frage der Personal- bzw. Führungskräfteselektion. Bei diesen Fragestellungen wurde mit der Übernahme der inhaltlichen Schwerpunkte verständlicherweise auch weitestgehend an das dazugehörige Methodenverständnis angeknüpft.

In der Anfangsphase wurde die Organisationspsychologie unabhängig von diesem psychotechnischen und arbeitspsychologischen Erbe im Sinne einer notwendigen Ergänzung auch als angewandte Sozialpsychologie betrachtet, indem z.B. die Ergebnisse der Kleingruppenforschung rezipiert wurden. Es dürfte nach den bisherigen Ausführungen zum wissenschaftlichen Selbstverständnis der akademischen Psychologie verständlich sein, daß vorwiegend gerade der Teil der Sozialpsychologie aufgegriffen wurde, der sich ebenfalls eher dem naturwissenschaftlichen Ideal verpflichtet fühlte, mit der Folge, daß andere wichtige Ansätze, wie z.B. der **Symbolische Interaktionismus**, kaum Beachtung fanden.

Die Organisationspsychologie hat also, wie man sieht, das Erbe sehr unterschiedlicher Forschungsrichtungen angetreten. Der Heterogenität der Fragestellungen und theoretischen Modelle entspricht folglich bis heute stärker als in der Arbeitspsychologie eine Vielfalt der methodischen Ansätze. Dabei ist jedoch nicht zu übersehen, daß in weiten Bereichen der organisationspsychologischen Forschungslandschaft ebenfalls das grundlagenorientierte Paradigma der Psychologie traditionsgemäß bis heute dominiert.

2.3 Pragmatische Grenzen der a.o.-psychologischen Forschung im Feld

In dem historischen Rückblick wurde dargelegt, daß in dem dominierenden Paradigma der A.O.-Psychologie aus der Entstehungsgeschichte heraus erklärbar eine bestimmte Einschätzung der Funktion methodischer Erhebungsinstrumente vorgezeichnet war.

Im 3. Abschnitt dieses Kapitels wollen wir uns nun mit der Frage beschäftigen, ob eine derartige Strategie, selbst wenn sie aus guten Gründen sinnvoll sein mag, tatsächlich unter den Bedingungen im Feld, wo ein Großteil der Forschung einer "Anwendungsdisziplin" stattfinden muß bzw. sollte, konkret auch realisierbar ist. Zur Beantwortung dieser Frage sollen in diesem Abschnitt zwei verschiedene Aspekte näher beleuchtet werden (vgl. BUNGARD 1993):

1. Wie sehen die rechtlichen Rahmenbedingungen bei Felduntersuchungen im Unterschied zur Situation im Labor aus? Denn hier liegt bereits ein erster wesentlicher Unterschied.

2. Wie wird a.o.-psychologische Forschung in Organisationen finanziert? In diesem Abschnitt sollen insbesondere die Drittmittelforschung auf öffentlich-rechtlicher und privatwirtschaftlicher Basis und die daraus resultierenden Konsequenzen verglichen werden.

ad 1: Arbeitsrechtliche Aspekte

Bei a.o.-psychologischen Studien, die in einem Labor oder außerhalb einer Organisation ohne Kontaktaufnahme mit den Mitgliedern einer Organisation stattfinden, spielen im Gegensatz zu ethischen Fragen arbeitsrechtliche Aspekte keine große Rolle. In diesen Fällen gelten die üblichen Rechtsvorschriften, wie sie z.B. auch in den Richtlinien für die empirische Forschung vom Berufsverband Deutscher Psychologen festgelegt worden sind, wonach z.B. die Würde des Menschen, in der Mehrzahl der Fälle Psychologiestudenten, nicht verletzt werden darf.

Sobald jedoch eine Untersuchung in einer Organisation geplant wird, ändert sich die rechtliche Lage dahingehend, daß verschiedene z.T. im **Betriebsverfassungsgesetz** verankerte Vorschriften beachtet werden müssen (FRIEDERICHS, 1980). Arbeitgeber und Betriebsrat haben ganz allgemein die Aufgabe, die freie Entfaltung der Persönlichkeit eines Arbeitnehmers zu schützen, und daraus leitet sich ab, daß empirische Untersuchungen dementsprechend überprüft und vom Betriebsrat genehmigt werden müssen. Im § 94 werden zwar spezielle Personalfragebögen und nicht jegliche Arten von Interviews genannt, aber de facto sind in der Praxis nahezu alle Befragungsaktionen mitbestimmungspflichtig. Neben dem Betriebsverfassungsgesetz und dem

Aufgaben der Tarifpartner

Strafgesetzbuch, in welchem z.B. die Verletzung von Privatgeheimnissen behandelt wird (vgl. EG StGB, § 203), spielt in der Forschungspraxis in den letzten Jahren auch das Bundesdatenschutzgesetz eine zunehmend wichtige Rolle.

§ 75 Grundsätze für die Behandlung von Betriebsangehörigen

Abs. 2: Arbeitgeber und Betriebsrat haben die freie Entfaltung der Persönlichkeit der im Betrieb beschäftigten Arbeitnehmer zu fördern.

§ 94 Personalfragebogen, Beurteilungsgrundsätze

Abs. 1: Personalfragebogen bedürfen der Zustimmung des Betriebsrats. Kommt eine Einigung über ihren Inhalt nicht zustande, so entscheidet die Einigungsstelle. Der Spruch der Einigungsstelle ersetzt die Einigung zwischen Arbeitgeber und Betriebsrat. Unter Personalfragebogen sind schriftliche Unterlagen zu verstehen, nicht mündliche Interviews, unabhängig davon, ob nur eine mündliche Befragung vorliegt oder diese anhand eines Formulars vorgenommen wird. Die Mitbestimmung des Betriebsrats beim Personalfragebogen bezieht sich auf die inhaltliche Gestaltung des Bogens. Sie bezieht sich nicht auf Eignungstests oder Arbeitsproben und auch nicht auf standardisierte Fragen, die Teile eines psychologischen Untersuchungsverfahrens sind. Zur Gestaltung des Personalfragebogens hat der Betriebsrat ein Zustimmungs-Verweigerungsrecht; er selbst kann nicht initiativ werden und die Einführung von Personalfragebögen verlangen.

Abs. 2: Abs. 1 gilt entsprechend für persönliche Angaben in schriftlichen Arbeitsverträgen, die allgemein für den Betrieb verwendet werden sollen sowie für die Aufstellung allgemeiner Beurteilungsgrundsätze. Hinsichtlich der Aufstellung allgemeiner Beurteilungsgrundsätze besteht ein Mitbestimmungsrecht des Betriebsrats, sofern ein System solcher Grundsätze fixiert werden soll. Zum Rahmen solcher Beurteilungsgrundsätze können auch Grundsätze der Anwendung psychologischer Untersuchungen zählen, nicht dagegen die einzelnen Untersuchungsmethoden (Test u.a.). Der Betriebsrat hat dazu kein Initiativrecht. Er besitzt auch keine nachträgliche Mitbestimmungsmöglichkeit bezüglich bereits bestehender Beurteilungsgrundsätze. Weiter Paragraphen des Betriebsverfassungsgesetzes sind in § 92, der die Personalplanung betrifft, § 95, der das Verfahren bei der Verwendung sogenannter Arbeitsrichtlinien festlegt, und § 96, der die Beteiligungsrechte bei der Berufsbildung regelt.

Abb. 2.6: Auszug aus dem Betriebsverfassungsgesetz

Offenlegung der Fragestellung

All dies bedeutet für die anwendungsbezogene a.o.-psychologische Forschungspraxis, daß im Prinzip jede Untersuchung von Arbeitgeberseite und vom Betriebsrat genehmigt werden muß. Dies wiederum impliziert, daß zu Beginn einer Studie die Zielsetzung, der Untersuchungsplan und die konkrete Durchführung offengelegt werden müssen, so daß z.B. über Vertrauensleute oder Führungskräfte die Informationen in Windeseile im Betrieb "durchsickern". Weiterhin muß man davon ausgehen, daß bei relevanten Fragestellungen die Forscher mit ihrem Anliegen mitten in die innerbetrieblichen Konflikte hinein-gezogen werden und daß sie im Falle einer eindeutigen Parteinahme nicht mit einer Genehmigung durch die entsprechende "Gegenseite" rechnen können. Eine "neutrale" Position läßt sich in vielen Fällen aber auch nicht aufrechterhalten, so daß also letztendlich häufig eine Studie aufgrund betriebsinterner Querelen nicht realisiert werden kann, da das Genehmigungsverfahren zum Schauplatz für andere Konfliktfelder umfunktioniert wird. Oder aber eine Studie muß derartig modifiziert werden, z.B. durch Aussonderung potentiell "gefährlicher" Fragen in einem Fragebogen, daß vom ursprünglichen Vorhaben nicht mehr allzuviel übrig bleibt.

Ein schwerwiegendes Hemmnis entsteht angesichts dieses Genehmigungsrituals allein schon durch den Zeitfaktor. Da insbesondere der Betriebsrat seine Entscheidung in verschiedenen Ausschüssen vorab klären muß und die Sitzungen des Gesamtbetriebsrats nur in bestimmten Zeitabschnitten stattfinden, ist es keine Seltenheit, daß die endgültige Freigabe angesichts der zwischenzeitlichen Abstimmungen, Rückfragen und Änderungswünsche erst nach mehreren Monaten erfolgt. Für die Forschung impliziert eine derartige Verzögerung, daß u.U. vorgesehene Diplomanden wieder "abspringen", Mitarbeiterverträge auslaufen u.v.m.

Zeitverzögerungen

Zusätzliche Probleme ergeben sich in der Praxis insbesondere bei Untersuchungen in Großbetrieben dann, wenn vor Ort ein Betriebspsychologe angestellt ist. Die Präsenz eines externen Forschers kann als Bedrohung bzw. Konkurrenz empfunden werden, so daß auch eine intensive Abstimmung mit dem "Haus-Psychologen" notwendig und sinnvoll ist, der seinerseits in störanfälliger Art und Weise in die Machtfigurationen der Organisationen "eingekeilt" ist.

Haus-Psychologe

Angesichts der potentiellen Möglichkeit, a.o.-psychologische Forschungsergebnisse zur Durchsetzung bestimmter innerbetrieblicher Positionen zu mißbrauchen und aufgrund der Skepsis hinsichtlich der negativen Auswirkungen solcher Studien für die Betroffenen, ist die konsequente Kontrolle der wissenschaftlichen Aktivitäten von Forschern durch die Tarifpartner oder sonstige innerbetriebliche Instanzen verständlich. Die Kehrseite der Medaille muß aber auch gesehen werden: Der oft mühselige und strapaziöse Gang durch die Bürokratie und die verschiedenen Entscheidungsinstanzen läßt so manches interessante Projekt scheitern, weil der "Anwendungs-Forscher" entmutigt seine (methodischen) Waffen streckt und entweder auf Felder mit minimaler tarifpolitischer Brisanz ausweicht oder in eine sterile Simulations- und Laborwelt "zurückkehrt", wo er sich im Zweifelsfalle ohnehin besser auskennt, wissenschaftlich "sauberer" arbeiten kann und von "lästigen" Paragraphen nicht weiter verfolgt wird.

ad 2:   Barrieren der Drittmittelforschung: öffentlich-rechtliche versus privatwirtschaftliche Förderung

A.o.-psychologische Forschung im Anwendungsfeld setzt nicht nur voraus, daß die Betroffenen eine derartige Studie genehmigen, sie muß auch auf der Basis ausreichender finanzieller Mittel durchgeführt werden können. Die zur Verfügung stehenden Konten der Universitätseinrichtungen reichen in der Regel nur zur Abdeckung der "berühmten" Portokosten, und die nicht-materiellen Ressourcen in Form von Diplomanden und Doktoranden sind ebenfalls begrenzt.

Zur Finanzierung von Projekten ergeben sich grundsätzlich zwei Wege, nämlich einmal die Beantragung von Projekten bei öffentlich-rechtlichen Institutionen, wie z.B. bei der Deutschen Forschungsgemeinschaft (DFG) oder beim Bundesministerium für Forschung und Technologie (BMFT), und zum anderen die Durchführung von Auftragsforschung in direkter Absprache mit Organisationen, also privatwirtschaftliche Förderung.

Frühzeitige Festlegung des Untersuchungsplans

Was die öffentlich-rechtliche Förderung betrifft, so ist die Anwerbung von Drittmittelgeldern bislang häufig auf einige spezifische Schwierigkeiten gestoßen. Bei der Bewilligung geht man meistens davon aus, daß bei der Beantragung einer Studie die Zielsetzung klar definiert und die Operationalisierung der Variablen sowie das **Untersuchungsdesign** im vorhinein festgelegt sind. Die Folge davon ist, daß primär explorativ ausgerichtete Projekte nur schwerlich die Bewilligungshürden nehmen können (eine positive Ausnahme stellen die zahlreichen Untersuchungen im Rahmen des Programms zur Humanisierung der Arbeit dar). Das vorhandene a.o.-psychologische Wissen wird in diesen Fällen in einem enggesteckten Rahmen tendenziell eher reproduziert und bestenfalls auf "neue" Fragestellungen angewendet. Dieses grundsätzliche Dilemma läßt sich, nebenbei bemerkt, ebenfalls auf grundlagenorientierte Forschung übertragen.

Zwei praktische Probleme kommen hinzu: Die Beantragung eines Projekts setzt einmal voraus, daß man im Vorfeld bei den potentiellen Organisationen vorsondiert, ob eine derartige Studie unterstützt werden würde, falls die Drittmittelgeber das Projekt bewilligen würden. Wird diese Bereitschaft grundsätzlich signalisiert, so haben die Gesprächspartner wenig Verständnis dafür, daß die Klärung der Finanzierungsfrage oft 1-2 Jahre dauert. Es soll auch vorgekommen sein, daß in den Betrieben die Kontaktpersonen zwischenzeitlich gewechselt hatten oder die Fragestellung als solche inzwischen überholt war. Forschungsaufträge werden deshalb oft von der Industrie an Beratungsfirmen gegeben, die für relativ viel Geld entscheidungsfreudig "Quick-and-dirty" Studien durchführen. Angesichts dieser Probleme haben grundlagenorientierte, möglichst von Betriebszusagen unabhängige Untersuchungen, also z.B. klassische Labor- oder Simulationsstudien, die größten Chancen, über Drittmittel finanziert und durchgeführt zu werden.

Genau die Kriterien, die die Wahrscheinlichkeit einer positiven Bewertung durch das Gutachtergremium der öffentlich-rechtlichen Institutionen erhöhen, sind zweitens zugleich diejenigen, die die Zustimmung einer Organisation zur Durchführung einer Studie in ihrem Bereich in Frage stellen. Unternehmen sind eher daran interessiert, ein Projekt zu ermöglichen, bei dem neuartige Phänomene analysiert werden, um daraus u.U. konkrete Handlungsanweisungen ableiten zu können. Die genauen Ziele einer Untersuchung sind dabei zu Beginn eher unklar, sie erfahren erst im Laufe der Studie ihre Präzisierung. Nicht allgemeine, gerade von ihrem eigenen Unternehmen abstrahierende, sondern spezifische, auf konkrete Situationen sich beziehende Studien werden präferiert. Die methodische und damit wissenschaftliche Kompetenz wird weniger hinterfragt, aber die Relevanz der Untersuchungsthematik und die praktischen Konsequenzen müssen unmittelbar erkennbar sein.

Interessen der Betriebe

Bezüglich der privatwirtschaftlichen Förderung läßt sich folgendes sagen: Die zuvor aufgezeigten Selektionsmechanismen haben zu einer augenfälligen Polarisierung der organisations-psychologischen Forschung geführt. Auf der einen Seite finden wir die "klassische" grundlagenorientierte und tendenziell von öffentlich-rechtlichen Institutionen oder über inneruniversitäre Ressourcen finanzierte Forschung. Auf der anderen Seite gewinnt gerade in den letzten Jahren die "direkte" privatwirtschaftliche Auftragsforschung wieder an Bedeutung. Die vielen Vor- und Nachteile der Auftragsforschung sind in den letzten Jahren intensiv diskutiert worden und sollen an dieser Stelle nicht aufgegriffen werden (vgl. hierzu auch Kapitel 8: Evaluation).

Polarisierung der a.o.-psychologischen Forschung

Wie immer man diese Aspekte gewichten mag, fest steht, daß gerade die A.O.-Psychologie aufgrund der forschungspolitischen Rahmenbedingungen und wegen der Notwendigkeit enger Kooperationen mit Organisationen auf direkte Auftragsforschung nicht verzichten kann. Die Ausschaltung der verschiedenen Gefahrenquellen wird dabei mit institutionalisierten Kontrollen und Regelungen nur zum Teil gelingen, dem gegenüber ist hier in erster Linie das Verantwortungsbewußtsein und die ethisch-moralische Einstellung des Forschers gefordert. Die Entwicklung von entsprechenden Richtlinien analog zum Bereich der klinischen Psychologie seitens der psychologischen Berufsverbände wäre sicherlich zur groben Orientierung der Forscher nützlich.

Fazit

An zwei unterschiedlichen Beispielen wurde zu zeigen versucht, daß Untersuchungen im Feld tatsächlich nach anderen Spielregeln durchgeführt werden müssen als grundlagenorientierte Laboruntersuchungen. Damit soll keineswegs der Stellenwert von Laboruntersuchungen geschmälert werden, aber bei empirischer Forschung in Organisationen muß man eben die Fragestellung "politisch" absegnen lassen und damit entfallen alle sonst üblichen methodisch sanktionierten Täuschungsmanöver. Ebenso muß man aufgrund der Einwilligung und des finanziellen Engagements mit speziellen Effekten rechnen und sich darauf einstellen, und, last not least, ein klassisches experimentelles Design zur Ableitung von Kausalschlüssen läßt sich in der Praxis nur selten realisieren.

D.h., selbst wenn man die oben skizzierte methodische Grundorientierung für richtig hält, kann man diese Standards bestenfalls nur approximativ einlösen. A.o.-psychologische Forschung ist in diesem Sinne von vornherein defizitär und löst die bereits zu Anfang erwähnten "Selbstverzerrungseffekte" aus. Wir werden im 5. Kapitel auf diese Probleme noch einmal näher eingehen.

3.   Darstellung eines typischen Fallbeispiels

Nachdem im vorangegangenen Kapitel allgemeine einführende Bemerkungen zur Thematik gemacht wurden, soll nun in diesem 3. Kapitel wie angekündigt ein typischer Anwendungsfall a.o.-psychologischer Forschung dargestellt werden.

Fallbeispiel als roter Faden

Anhand eines solchen Beispieles soll als erstes beschrieben werden, wie typische Fragestellungen angewandter a.o.-psychologischer Forschung in der Praxis konkret aussehen, wie sie überhaupt zustande kommen, welches die Zielsetzungen sind usw. Vor dem Hintergrund dieses Beispiels soll dann in den folgenden Kapiteln geschildert werden, welche methodischen Probleme im Einzelnen bei derartigen Untersuchungen auftreten.

 Dieses Symbol weist auf unser Fallbeispiel hin

In den späteren Kapiteln wird bei der Erklärung einzelner Methoden jeweils zur Illustration auf dieses Eingangsbeispiel zurückgegriffen. Wir hoffen, daß es dadurch dem Leser leichter fällt, die Einordnung der einzelnen methodischen Vorgehensweisen in ein Gesamtkonzept vornehmen zu können.

Wenn man aus didaktischen Gründen ein einzelnes, wenn auch komplexes Beispiel als roten Faden verwendet, dann sind damit natürlich auch Nachteile verbunden. Das Arbeitsfeld der A.O.-Psychologie ist so vielseitig, daß durch die Auswahl eines einzigen Beispiels der Ausschnitt nur sehr begrenzt sein kann. Es besteht außerdem die Gefahr, daß man von den inhaltlichen Fragen zu sehr abgelenkt wird und beim Lesen vergißt, daß das Beispiel mehr oder weniger fiktiv erstellt wurde.

Trotz dieser Bedenken haben wir uns für dieses Vorgehen entschieden, weil die Veranschaulichung der Methoden erheblich zum Verständnis beiträgt und nicht zuletzt auch deshalb, weil es auch später in der Praxis so sein wird, daß man zunächst mit einer konkreten Fragestellung konfrontiert wird und erst dann im zweiten Schritt nach adäquaten Methoden sucht.

Nun aber konkret zu unserem Beispiel. Wir werden zunächst die Ausgangssituation in dem Betrieb schildern, dann die konkreten Fragestellungen ableiten und die methodischen Implikationen erörtern.

3.1   Ausgangssituation

In unserem Beispiel handelt es sich um eine Automobil-Zuliefer-Firma mit dem Namen **"Auto-Serv GmbH"**, in der etwa 1000 Mitarbeiter beschäftigt sind.

Darstellung des Unternehmens

Es werden verschiedene Produkte gefertigt, insbesondere Stoßdämpferteile und Gummidichtungen.

In der Produktion dominiert noch die klassische Fließbandproduktion, die gesamte Organisation ist nach typischen tayloristischen Prinzipien aufgebaut. Also klare Trennung zwischen direkten und indirekten Bereichen, es gibt insgesamt fünf Hierarchieebenen, das Qualifikationsniveau der Produktionsmitarbeiter ist eher niedrig. In den Vormontage-Bereichen sind überwiegend Frauen beschäftigt. Die Auto-Serv GmbH ist insofern paradigmatisch für die zahlreichen mittelgroßen Firmen, die mit Hilfe von Akkordlöhnen und einer klassischen Aufbauorganisation in erster Linie hohe Stückzahlen erreichen wollen. Die Qualität des Produktes spielt trotz gegenteiliger Lippenbekenntnisse keine primäre Rolle.

Verschärfter Wettbewerbsdruck

Die Situation hat sich aber über Nacht völlig verändert - so unser fiktives Beispiel.

Die Automobilindustrie gerät nicht zuletzt durch den verschärften internationalen Wettbewerb unter Kostendruck und die gibt ihn naheliegenderweise an die Zulieferer weiter. Ein hochrangiger Einkäufer des größten Abnehmers der Auto-Serv GmbH mit dem Spitznamen "Peseten-Joker" hat kürzlich bei einem Besuch deutlich gemacht, daß der Preis der Produkte um 25% gesenkt werden und daß gleichzeitig die Qualität um das zehnfache gesteigert werden müsse, wenn die bisherige Zusammenarbeit fortgesetzt werden solle.

Diese Ankündigung hat in der Geschäftsetage der Auto-Serv GmbH wie einen Bombe eingeschlagen. Es wurde in hektischer Betriebsamkeit über entsprechende ("Überlebens"-) Strategien nachgedacht. Als erstes trat Auto-Serv aus dem Automobilzuliefer-Verband aus, weil man die eigenen Interessen zu wenig vertreten sah, dann wurden einige Führungskräfte als die Hauptschuldigen identifiziert und im Namen der **lean-management**-Philosophie entlassen.

Auch in dieser Hinsicht ist unsere Firma also durchaus "normal".

Nach den ersten panikartigen Reaktionen haben einige Führungskräfte ernsthaft darüber nachgedacht, welche konkreten Maßnahmen in diesem Existenzkampf beschlossen werden könnten und sie sind nach der Teilnahme an einigen Kongressen und dem Besuch bei Konkurrenten, natürlich auch bei japanischen Firmen in England, sogenannten Transplans, zu der Erkenntnis gekommen, daß der Schlüssel zum Erfolg nur in der Einführung von "Teamarbeit" liegen kann.

Einführung von Gruppenarbeit als Erfolgsstrategie

Die Lektüre der lean-management-Bibel (WOMACK u.a. 1991) hat die letzten Zweifel genommen: Nur durch die flächendeckende Einführung von Gruppenarbeit kann die notwendige Flexibilität und Produktivität bei gleichzeitiger Erhöhung der Qualität erzielt werden. Im übrigen wird täglich in der Presse darüber berichtet, daß auch die Abnehmer ihrer Produkte, also die Automobilfirmen ihr Heil in Gruppenarbeitskonzepten suchen. Wieder einmal reagiert die Auto-Serv GmbH typisch für die gesamte Branche.

Nun wollen wir an dieser Stelle nicht über die Erfolgsaussichten einer derartigen Strategie spekulieren und auch nicht die verschiedenen tatsächlichen oder Pseudo-Gruppenarbeitsformen diskutieren, all dies bleibt anderen Publikationen vorbehalten.

Für uns ist der Aspekt wichtig, wie es in der Auto-Serv GmbH nun konkret weitergeht und wie in diesem Prozeß A.O.-Psychologen ins Spiel kommen.

Das Grundproblem besteht darin, daß man trotz aller Überzeugung von der neuen Zauberformel nicht einfach von heute auf morgen Gruppenarbeit einführen kann. Vielmehr muß ein Implementierungs-prozeß geplant, gesteuert, begleitet und evaluiert werden.

In der Praxis sieht dies idealerweise so aus, daß eine Projektgruppe konstituiert wird, die sich mit dem gesamten Thema beschäftigen soll. Größere Unternehmen haben dabei a.o.-psycholgisches Know-how im weiteren Sinne vor Ort, bei mittleren oder kleineren Unternehmen ist dies eher nicht der Fall. Wir wollen deshalb in unserer Fallstudie idealiter folgenden Verlauf unterstellen:

Gründung einer Projektgruppe

- Die Geschäftsleitung entschließt sich, Gruppenarbeit einzuführen
- Es wird eine Projektgruppe gegründet
- Mitglieder sind
  - Geschäftsführer
  - Personalvertreter
  - Betriebsrat
  - Leiter der Weiterbildung
  - Leiter der Instandhaltung
  - Leiter der Qualitätskontrolle
  - Produktionsleiter
- Für die Koordination der Aktivitäten wird ein Projektgruppen-Leiter für ein Jahr freigestellt
- Die Projektgruppe trifft sich zu ihrer ersten konstituierenden Sitzung und plant den gesamtem Projektverlauf.

Bis hierhin ist der Ablauf wiederum typisch, aber danach unterscheiden sich die Firmen stark voneinander: Ein nicht unerheblicher Teil beginnt mit dem langjährig erprobten Aktivismus, in dem Glauben, man könnte innerhalb kürzester Zeit Gruppenarbeit quasi nebenbei einführen. Ein hoffentlich steigender Anteil der Firmen erkennt, daß im eigenen Haus die Kompetenz angesichts der Dominanz der "Technokraten" nicht vorhanden ist und daß außerdem die Einführung erst nach vorhergehender Analyse der Ausgangsbedingungen erfolgen kann, weil es das Gruppenarbeitsmodell nicht gibt, es muß vielmehr maßgeschneidert werden. Im letzteren Falle wird man deshalb unter Umständen in der Projektgruppe beschließen, mit einem Team von A.O.-Psychologen zusammenzuarbeiten.

Es gibt verschiedene Möglichkeiten, wie ein solcher Kontakt dann zustande kommen kann:

Kontakte zu A.O.-Psychologen

- Hinweise in entsprechenden Publikationen
- Kontakte mit Kongreßreferenten

- Inserate von Beratern
- Mundpropaganda
- Kenntnisse aus den Besuchen bei anderen Konkurrenzfirmen usw.

Grobziele der Zusammenarbeit

Unterstellen wir in unserem Beispiel, daß die Auto-Serv GmbH ein kompetentes Team von A.O.-Psychologen gefunden hat. In der ersten gemeinsamen Sitzung werden die Grobziele festgelegt:

1. Analyse der Literatur zur Thematik
2. Formulierung einer vorläufigen Forschungskonzeption
3. Analyse der Ausgangsbedingungen im Betrieb
4. Präsentation der Ergebnisse vor der Geschäftsleitung
5. Rückspiegelung der Befunde an die Belegschaft
6. Konzipierung des Gruppenarbeit-Modells
7. Durchführung von entsprechenden Trainingsmaßnahmen
8. Prüfung der Effizienz der Trainingsmaßnahmen
9. Fortlaufende Bewertung des Einführungsprozesses
10. Umfassende Diagnose der Effizienz.

Wenn man sich die Punkte im Einzelnen ansieht, dann können die Schritte auf drei klassische Tätigkeiten von Psychologen reduziert werden, nämlich

1. Analyse bzw. Diagnose
2. Intervention
3. Evaluation.

Analysen und Diagnosen

ad 1

Bei der Analyse bzw. der Diagnose von Ausgangsbedingungen handelt es sich vor allem um eine methodische Fragestellung: Mit Hilfe von verschiedenen Verfahren sollen Arbeitsplätze, die Arbeitsmotivation, das Betriebsklima, Führungskräfte usw. untersucht werden. Die Auswahl der Variablen richtet sich natürlich nach der Zielsetzung des Projektes, nämlich Einführung von Gruppenarbeit, insofern werden nicht "blind" alle nur erdenklichen Konstrukte erfaßt: Der Schwerpunkt liegt dabei aber auf der Operationalisierung der Faktoren und der empirischen Erhebung. Wir werden im 5. Kapitel. auf die verschiedenen Instrumente im Einzelnen näher eingehen und als Beispiel die Situation in der Auto-Serv GmbH zugrunde legen.

Intervention

ad 2

Bei der Planung der konkreten Interventionen geht es primär um die Festlegung der konstituierenden Bedingungen für das Gruppenarbeit-Modell. Insofern stehen methodische Fragen auf den ersten Blick nicht im Vordergrund. Bei der zwischenzeitlichen Bewertung der Effizienz einzelner Schritte, z.B. des Trainings im Sinne einer sogenannten formativen Evaluation, handelt es sich aber eindeutig um methodische

Fragen. Hinzukommt noch, daß die Interventionsmaßnahmen in Abstimmung mit der Evaluation geplant werden müssen (siehe hierzu nächster Punkt).

ad 3   Evaluation

Bei der Evaluation kehren wir erneut zu methodischen Fragen zurück. Im Vordergrund steht u.a. die Problematik, Kausalschlüsse über die Wirksamkeit des Modells abzuleiten. Dies setzt wiederum voraus, daß eine Art Versuchsplanung vorgenommen wird, indem z.B., Experimentier- und Kontrollbereiche definiert werden. Auf diesen Aspekt werden wir im Kapitel 4 näher eingehen. Zusätzlich müssen im Rahmen von **Evaluationsstudien** auch Daten erhoben werden. Diese spezifischen Erhebungsinstrumente werden im 5. Kapitel besprochen. Beispiele werden sich auf die Auto-Serv GmbH beziehen.

Wie Sie sehen werden Sie alle wichtigen methodischen Schritte von a.o.-psychologischen Studien im Prinzip kennenlernen. Zur Methodik gehört aber auch die statistische Auswertung der Daten. Auf Grundlagen der Statistik werden wir in diesem Buch nicht eingehen, da dies den Rahmen sprengen würde. Es gibt aber einige spezifische Schwerpunkte, die im Kapitel 6 dargestellt werden.
Die zur Verdeutlichung verwendeten Daten werden ebenfalls aus einer fiktiven Erhebung im Rahmen des fiktiven Beispiels herstammen.

3.2 Vorgehensweise bei der Einführung von Gruppenarbeit

In der Beschreibung des Fallbeispieles dürfte deutlich geworden sein,   Organisations-
daß die Einführung von Gruppenarbeit ein längerer, komplexer Prozeß   entwicklung
ist, der als **"Organisationsentwicklungsprozeß (OE)"** beschrieben
werden kann. Unter Organisationsentwicklung wird ein geplanter, systematischer Veränderungsprozeß von Organisationen verstanden, mit dem Ziel der Verbesserung ihrer Anpassungsfähigkeit an eine sich dynamisch verändernde Umwelt, z.B. ihrer Anpassungsflexibilität, ihrer Innovationsbereitschaft und ihrer Lernfähigkeit, gesteuert durch einen Berater (change agent), unter Benutzung sozialwissenschaftlicher Methoden und unter Einbeziehung der betroffenen Organisationsmitglieder (vgl. TREBESCH 1980, GEBERT 1982, SCHULER 1993).
Bei der Darstellung des Fallbeispiels wurden die typischen Phasen
eines solchen Veränderungsprozesses aufgezeigt, die in Abb. 3.1 nochmals als Übersicht dargestellt sind.

Phasen des OE-Prozesses

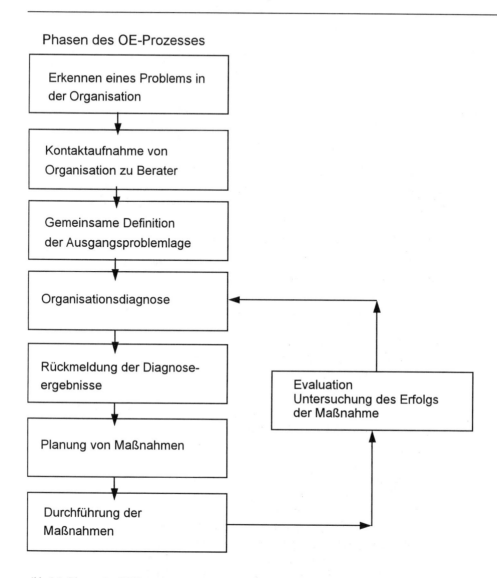

Abb. 3.1: Phasen des OE-Prozesses

Deutlich wird dabei, daß ein solcher Organisationsentwicklungsprozeß aus vielen Schritten besteht, in denen sehr unterschiedliche
methodische Fragestellungen auftauchen können. Grundsätzlich
beginnt der Prozeß nicht, wie oft eine Untersuchung in der Grundlagenpsychologie, mit der Vorgabe eines durch den Psychologen genau
definierten und theoretisch begründeten Untersuchungszieles, sondern
mit der Vorgabe eines oft erst undeutlich erkennbaren, problemati-
schen Sachverhalts. Auch wenn der Organisationspsychologe in unserem Falle bereits als Experte für die Einführung von Gruppenarbeit
herangezogen wird, so besteht seine erste Aufgabe dennoch in der
genauen Problembestimmung (vgl. Abb. 3.2). Erkannt wird das Pro-

blem irgendwo in der Organisation selbst, wobei dort u.U. nur sehr vage Problemvorstellungen existieren können.

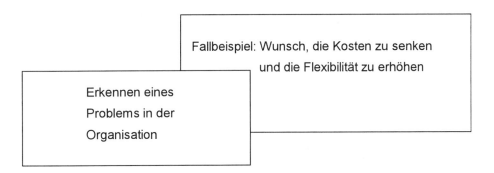

Abb. 3.2: Erkennen eines Problems in der Organisation

In unserem Beispiel muß die Firma aufgrund des Drucks durch den Hauptabnehmer, die Auto-Bau, die Kosten senken und die Produktqualität verbessern, und man ist nach verschiedenen internen Beratungen zu dem Schluß gekommen, dies durch Gruppenarbeit erreichen zu können. Welche Funktion genau die Gruppenarbeit hinsichtlich z.B. der Kostenreduzierung haben soll, oder welcher Typ von Gruppenarbeit dazu eingeführt werden soll, ist weder durchdacht, geschweige denn geklärt worden; d.h. bislang stehen weder die genauen Ziele des OE-Prozesses, noch Kriterien der Zielerreichung fest. Zu diesem Zeitpunkt wird mit dem Organisationspsychologen Kontakt aufgenommen, wobei seine Rolle zunächst hauptsächlich darin gesehen wird, bestimmte Kommunikations- und Interaktionstrainings als zusätzliche Hilfsmaßnahmen bei der Einführung von Gruppenarbeit anzubieten (vgl. Abb. 3.3).

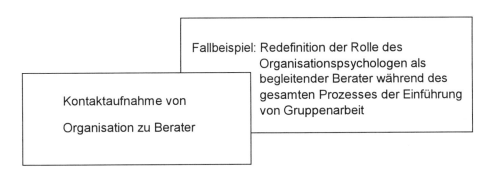

Abb. 3.3: Kontaktaufnahme von Organisation zu Berater

Die Tatsache, daß ein Problemkomplex überhaupt zu einem Kontakt mit einem Wissenschaftler geführt hat, ist noch nicht gleichbedeutend damit, daß damit die Problemlage und die Zielvorstellungen genau definiert sind. In diesem Stadium des Prozesses muß der Psychologe der Organisation helfen, unangemessene Erwartungen an den Prozeß der Einführung von Gruppenarbeit zu revidieren, die eigene Konzeptlosigkeit zu überwinden und eine erste Grundlage für die Einführung zu erarbeiten. Diese Phase ist gekennzeichnet durch lange Gespräche auf verschiedenen Ebenen der Organisation, in denen der Organisationspsychologe ziemlich viel Überzeugungsarbeit leisten muß. So muß er u.a. verdeutlichen,

Klärung der
Zielsetzung

- daß der Einführungsprozeß kein kurzer, sondern ein auf mehrere Jahre angelegter Prozeß sein wird;

- daß alle beteiligten Ebenen und Bereiche der Organisation die Selbstverpflichtung eingehen müssen, diesen Prozeß auch zu unterstützen und zu tragen, und daß, solange dies nicht gesichert ist, es sinnvoller erscheint, erst einmal entsprechende Aufklärungsarbeit zu leisten, als sofort mit dem Prozeß selbst zu beginnen;

- daß für den Prozeß eine eigene Infrastruktur, bestehend aus z.B. verantwortlicher Projektgruppe, Koordinator, eigenen Räumlichkeiten und eigenem Budget, unverzichtbar ist;

- daß die Rolle des Beraters sich nicht auf spezielle begrenzte Dienstleistungen, wie z.B. Trainings oder Gruppenmoderation begrenzen darf, sondern daß seine Hauptfunktion darin besteht, den Gesamtprozeß zusammen mit dem Projektteam zu planen und zu steuern;

- daß die Einführung von Gruppenarbeit zunächst Kosten verursachen wird, da sehr viele kostspielige Begleitmaßnahmen, wie z.B. zusätzliche Qualifizierungen, Anschaffung zusätzlicher Arbeitsmittel, Informationsveranstaltungen usw., durchgeführt werden müssen, und daß die Veränderungen notwendigerweise zunächst zu Produktivitätseinbußen führen werden.

Erst wenn dies verstanden worden ist und die entsprechenden Vorbedingungen geschaffen worden sind, kann der eigentliche Einführungsprozeß in Angriff genommen werden.

Bis jetzt sind methodische Fragestellungen im eigentlichen Sinne gar nicht berührt worden. Dies geschieht in der nächsten Phase, in der die bisher vage Problemausgangslage und die diffusen Ziele genauer expliziert und, wenn möglich, bereits Kriterien für die Zielerreichung definiert werden müssen.

Fallbeispiel: Die ursprüngliche Zieldefinition, die Produktivität, Fertigungsflexibilität und Qualität verbessern zu wollen durch Reduktion der Durchlaufzeiten, der Fertigungsstationen, Integration von Vertrieb und Fertigung, Reduktion des Ausschusses u.s.w.

Kontaktaufnahme von

Organisation zu Berater

Abb. 3.4: Gemeinsame Definition der Ausgangsproblemlage

Kostenreduktion und Qualitätsoptimierung werden schrittweise präzisiert, indem Kostenreduktion aufgelöst wird in z.B. Erhöhung der Produktivität und der Flexibilität der Fertigung, diese wiederum in z.B. Reduktion der Durchlaufzeiten und Verringerung der Stationen von Auftragseingang bis Produktversand. Qualitätsverbesserung kann aufgelöst werden in z.B. Reduktion des Ausschusses, Reduktion von Nacharbeiten, Reduktion von Reklamationen, möglichst frühe Fehlererkennung usw. Je genauer diese Kriterien definiert sind und je besser sie operationalisiert werden können, desto effizienter können anschließend Maßnahmen auf diese Kriterien hin entwickelt werden, und desto eindeutiger kann der Erfolg der Maßnahmen an Hand der Kriterien überprüft werden.

Operationalisierung der Ziele

Dabei zeigt sich, daß oft auch vordergründig nach wirtschafts- und ingenieurwissenschaftlichen Maßstäben objektive und eindeutige Kriterien u.U. bei genauer Betrachtung ihrer eigentlichen Funktionszusammenhänge überprüft und präzisiert werden müssen. Ein Beispiel: Als ein zentrales Kriterium für die Produktqualität bietet sich die Erfassung der Ausschußmenge an, wenn man als Ausschuß alle jene Teile definiert, die bestimmten Normvorgaben nicht entsprechen. Diese Teile werden als fehlerhaft gekennzeichnet und gehen nicht in den Versand. Wenn aber die Abnehmerfirma Auto-Bau ihre eigene Fertigung nicht so gut vorplanen kann, daß sie genaue Liefervorgaben an die Auto-Serv geben kann, könnte bei einem Lieferengpaß die Auto-Bau, damit bei ihr nicht die Bänder stillstehen, die Auto-Serv nötigen, alle irgendwie verfügbaren Teile zu liefern, auch wenn diese den eigentlichen Qualitätsnormen nicht ganz entsprechen.

Wenn aber andererseits die Nachfrage bei der Autobau stagniert, könnte diese, um nicht große Mengen von Teilen zwischenlagern zu müssen, Teile als fehlerhaft reklamieren und zurückschicken, die durchaus den Normanforderungen entsprechen. In solchen Situationen würde der sogenannte Ausschuß nicht mehr mit der tatsächlichen Produktqualität kovariieren, sondern mehr mit Produktionsschwankungen bei der Autobau und wäre damit als Kriterium und Maß für die Produktqualität nicht geeignet. Entsprechend müßte hier zunächst innerhalb der Auto-Serv und dann zwischen Auto-Serv und Auto-Bau die

Frage der Eindeutigkeit und Konstanz der Qualitätsanforderungen abgeklärt werden, bevor Ausschußmenge als Kriterium weiter verwendet werden kann. Eine solche Klärung wäre sicherlich für alle Beteiligten vernünftig, denn sie würde auch zu Optimierungen bei der Auto-Bau führen. Diese müßte ihre Produktionsplanung so verbessern, daß sie der Auto-Serv realistische Liefervorgaben geben kann, statt eigene Produktionsschwankungen über fingierte Qualitätsreklamationen zu entschärfen.

Kriterienvielfalt Da es in der Regel für ein Ziel nicht "das eine" vollkommene Kriterium gibt, empfiehlt es sich, immer mehrere Kriterien zu benutzen. Es könnte ja auch sein, daß man, um bei einem Kriterium die Werte zu optimieren, Reduktionen bei anderen Kriterien in Kauf nimmt. Z.B. könnten, ohne daß sich die Qualität im Fertigungsprozeß selbst ändern würde, durch sehr aufwendige Nachkontrollen und umfangreiche Nacharbeiten die externen Reklamationen reduziert werden. Nur wäre eine solche Qualitätsstrategie sehr kostspielig und damit gesamtbetrieblich gesehen nicht sinnvoll. Ihre Sinnlosigkeit wird sofort evident, wenn man multiple Qualitätskriterien verwendet, wie z.B. neben Anzahl der Reklamationen auch Nacharbeitszeiten und -kosten.

Vorher ist gesagt worden, daß Maßnahmen auf die Kriterien hin entwickelt werden. Dies bedeutet allerdings nicht, daß die Maßnahmen direkt aus den Kriterien ableitbar wären. Insgesamt sollen die Ziele ja mit der Einführung von Gruppenarbeit erreicht werden, wobei es sich dabei nicht um eine einzige Maßnahme handelt, sondern ein ganzes Maßnahmenbündel. So müssen auf jeden Fall die Aufbau- und die Ablauforganisation im Produktionsbereich verändert werden, Funktionen indirekter Bereiche wie Qualitätskontrolle und Qualitätssicherung, Instandhaltung und vorbeugende Instandhaltung in die neu zu schaffenden Produktionseinheiten integriert werden, der Maschinenplan geändert werden, z.T. neue Maschinen angeschafft werden usw.

Ziele einer Organisationsdiagnose Zusätzlich zu diesen direkt mit Gruppenarbeit verbundenen strukturellen Veränderungen müssen, damit diese überhaupt durchführbar sind, eine Reihe flankierender Maßnahmen durchgeführt werden. Dazu zählen insbesondere Qualifikationen hinsichtlich fachlicher und sozialer Kompetenzen und Verbesserungen der innerbetrieblichen Kommunikation. Welche Maßnahmen in welcher Reihenfolge und wie gestaltet durchgeführt werden, ist vom derzeitigen Zustand des Betriebes, d.h. u.a. vom Qualifikationsniveau der Mitarbeiter und der Führungskräfte, von der Organisationskultur, von der Qualität der vorhandenen Technik, von den gegenwärtigen Organisationsabläufen, vom Führungsstil, von der Motivation der Mitarbeiter usw. abhängig. Zu allen diesen und anderen Tatbeständen sind Informationen notwendig, wenn Maßnahmen vernünftig geplant und umgesetzt werden sollen. Mit anderen Worten: Wir haben zwar inzwischen Kriterien formuliert, auf die hin Maßnahmen entwickelt werden sollen, aber zur genauen Operationalisierung der Maßnahmen sind weitere Informationen über den Ist-Zustand des Unternehmens wichtig. Diese Informationen werden in einer **Organisationsdiagnose** gesammelt. Die Diagnose wird vom Organisationspsychologen und seinen Mitarbeitern durchgeführt, und hier kommen sozial- und verhaltenswissenschaftliche Methoden zum Einsatz (vgl. Abb. 3.5).

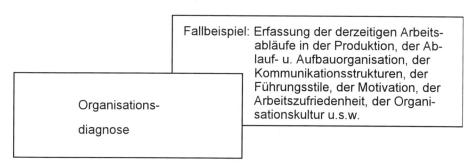

Abb 3.5: Organisationsdiagnose

Erfaßt werden in der Organisationsdiagnose alle beteiligten Bereiche und alle beteiligten Hierarchieebenen. Idealerweise sollte die Diagnose ein abgestuftes Verfahren darstellen, das mit eher unstrukturierten, qualitativen Datenerhebungen bei einer kleinen Anzahl von Mitarbeitern beginnt, die dort gewonnenen Informationen in die Entwicklung stärker strukturierter Meßverfahren einfließen läßt und mit diesen abschließend eine größere Anzahl von Mitarbeitern erfaßt. Entsprechend könnte eine solche Diagnose wie folgt aufgebaut sein:

- Begehung des Werkes mit Vertretern der Werksleitung;

- Auswertung vorliegender Daten wie Entwicklung des Produktionsvolumens über die letzte Zeit, Ausschuß und Reklamationen, Fehlzeiten usw.;

- Explorative unstrukturierte Interviews mit Vertretern der Werksleitung, Abteilungsleitern, ausgesuchten Meistern und Mitarbeitern;

- Erstellung eines standardisierten Fragebogens oder Interviewleitfadens;

- Befragung mit Hilfe dieses Instrumentes in Form einer schriftlichen Befragung oder leitfadengestützter Interviews der Meister, Schichtführer, Gruppenführer oder Vorarbeiter (wenn vorhanden) und einer für den Gesamtbereich repräsentativen Stichprobe von Mitarbeitern;

- zusätzliche Befragung der Leiter und ausgesuchter Mitarbeiter der indirekten Bereiche wie z.B. Qualitätssicherung, Instandhaltung, Betriebstechnik mit demselben, aber um bereichsspezifische Fragen erweiterten Instrument.

Ablauf einer Organisationsdiagnose

Wichtig zum Verständnis der Funktion der Organisationsdiagnose ist, daß es sich bei ihr nicht um eine wissenschaftliche Untersuchung handelt, mit der Kausalzusammenhänge überprüft werden sollen. Vielmehr handelt es sich um eine zunächst rein deskriptive Erfassung wichtiger Organisationsmerkmale. Ihre Hauptfunktion besteht darin, Grundlageninformationen für die Begründung und Entwicklung der Maßnahmen, die für die Einführung von Gruppenarbeit wichtig sind, zu liefern. Hier sollen Fragenkomplexe beantwortet werden wie z.B.: Wie ist das augenblickliche Qualifikationsniveau der Mitarbeiter? Reicht es für die Einführung von Gruppenarbeit aus oder wo muß wie umfangreich nachqualifiziert werden?

Welche Merkmale dafür erfaßt werden müssen, entscheidet der Organisationspsychologe nicht aufgrund empirischer Evidenzen, sondern aufgrund seiner bisherigen Erfahrung mit ähnlichen Problemlagen in ähnlichen Betrieben, sowie der in den explorativen Interviews erhaltenen Informationen. Natürlich gehen dabei Annahmen über kausale Zusammenhänge, z.B. zwischen Qualifikation und Produktivität oder Organisationsklima und Konflikthäufigkeit, in die Einführung von Gruppenarbeit ein, aber diese werden nicht Thema der späteren empirischen Untersuchung. Genauso gehen solche impliziten Annahmen über Kausalzusammenhänge auch in die spätere Planung von Maßnahmen ein, ohne daß sie explizit empirisch untersucht worden sind oder werden.

Was in dieser Phase wissenschaftlich bedeutsam wird, sind noch nicht Fragen der Untersuchungsplanung, sondern lediglich Kenntnisse und Regeln für die Konstruktion und Anwendung von sozialwissenschaftlichen Meßinstrumenten. Auch wenn in der Organisationsdiagnose, wenn sie so wie beschrieben angelegt ist, keine kausalen Zusammenhänge überprüft werden, so können allerdings Datenmuster und Kovariationen von Merkmalen aufgezeigt werden, die quasi eine Vorbedingung für einen kausalen Zusammenhang darstellen. Es kann also annäherungsweise überprüft werden, ob aufgrund von Annahmen über mögliche kausale Zusammenhänge von Merkmalen vermutete Kovariationsmuster tatsächlich gegeben sind oder nicht. Zusammenhänge dieser Art haben aber nicht kausalen, sondern nur korrelativen Charakter.

De facto stellt die Diagnose die erste methodisch anspruchsvollere Datenerfassung vor der späteren Intervention, d.h. der Anwendung der noch zu planenden Maßnahmen, dar. Man kann also, wenn bei der Diagnose die Qualitätskriterien empirischer Forschung beachtet worden sind, die dort gewonnenen Daten für eine spätere Evaluation der Intervention verwenden. Deswegen ist es hilfreich, bereits zu diesem Zeitpunkt ein Grobkonzept des späteren Untersuchungsplans der Evaluation zu entwickeln.

Der nächste Schritt ist die Rückmeldung der Diagnosedaten an die Beteiligten:

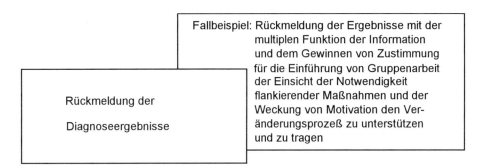

Abb. 3.6: Rückmeldung der Diagnoseergebnisse

Die Rückmeldung stellt mit den in der Abbildung 3.6 genannten multiplen Funktionen den ersten betriebsöffentlichen Schritt im Organisationsentwicklungsprozeß dar. Mit dieser Information sollen die Mitarbeiter nicht nur von der Notwendigkeit von Veränderungsmaßnahmen überzeugt, sondern auch für diese motiviert und in die Gestaltung des OE-Prozesses einbezogen werden. Die nächsten Schritte nämlich, die Planung und die Durchführung der Maßnahmen, sollten der Grundphilosophie der Organisationsentwicklung entsprechend nur mit weitgehender Einbeziehung der Betroffenen durchgeführt werden (vgl. Abb. 3.7).

Vorher wurde gesagt, daß der Organisationspsychologe implizite Annahmen über kausale Zusammenhänge zwischen Organisationsmerkmalen und den Kriterien für die Zielerreichung macht, die auch sein Vorgehen bestimmen, ohne daß sie explizit empirisch überprüft würden. Derartige implizite Annahmen sind natürlich auch bei den Mitgliedern der Organisation vorhanden. Für die Operationalisierung von Maßnahmen müssen nun diese verschiedenen maßnahmenrelevanten Annahmen überprüft und abgeglichen werden. Dies kann nicht an Hand empirisch gewonnener Erkenntnisse geschehen, sondern geschieht in einem sozialen Diskurs, in dem alle subjektiv gewonnenen Erfahrungen möglichst systematisch gegenübergestellt und miteinander verglichen werden. Entscheidungen für bestimmte Operationalisierungsvarianten ergeben sich am Ende des Diskurses durch sozialen Konsens.

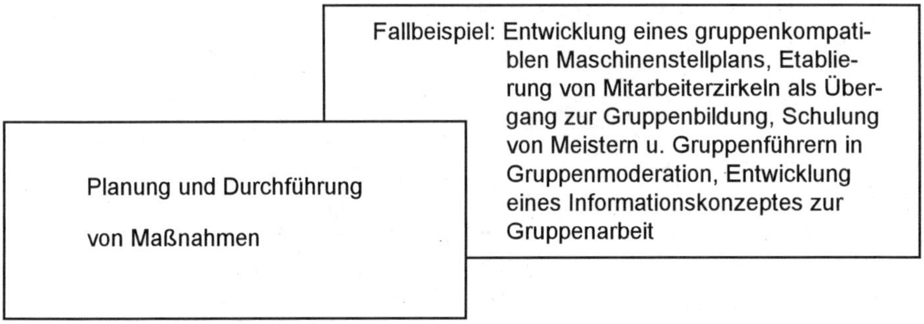

Fallbeispiel: Entwicklung eines gruppenkompati-
blen Maschinenstellplans, Etablie-
rung von Mitarbeiterzirkeln als Übergang zur Gruppenbildung, Schulung
von Meistern u. Gruppenführern in
Gruppenmoderation, Entwicklung
eines Informationskonzeptes zur
Gruppenarbeit

Planung und Durchführung

von Maßnahmen

Abb. 3.7: Planung und Durchführung von Maßnahmen

Im Verlauf dieses Diskurses können natürlich auch die Ziele und Kriterien neu diskutiert und verändert werden. Wenn es sich dabei ergibt,
daß neue oder modifizierte Ziele und Kriterien auch verlangen würden, weitere als die bisher in der Diagnose berücksichtigten Merkmale
zu erfassen, wird, wenn man die Diagnosedaten zu Evaluationszwek-
ken nutzen will, eine zusätzliche Zwischenerhebung der neuen Mark-
male notwendig.

Der nächste Schritt ist dann die Evaluation.

Aufgaben der
Evaluation

Aus der Übersicht in Abb. 3.1 geht hervor, daß jetzt der OE-Prozeß
einen quasi spiralförmigen Verlauf nimmt: Zunächst werden die Maßnahmen während und nach ihrer Durchführung auf ihre Wirkung hin
überprüft. Dies geschieht in einer Art neuer Organisationsdiagnose,
diesmal ohne den exploratorischen Teil. Die Ergebnisse der Evaluation können entweder zur Beibehaltung erfolgreicher, oder zur Modifikation partiell erfolgreicher oder zur Absetzung erfolgloser Maßnahmen führen. Eine Maßnahmenveränderung würde wiederum empirisch überprüft, was zu neuen Modifikationen führen kann, die wiederum überprüft werden usw.

Abschließende Bemerkungen

Die Ausführungen in diesem 3. Kapitel haben hoffentlich deutlich
gemacht, daß die Einführung eines Gruppenarbeitskonzeptes ein
höchst komplexes Unterfangen darstellt. Die praktische Tätigkeit
eines Arbeits- und Organisationspsychologen kann im Rahmen dieses
Prozesses eine Vielzahl unterschiedlicher Aktivitäten umfassen.

So berät er bei der genauen Festlegung der Zielsetzung. Er kann
Trainingsmaßnahmen entwerfen und durchführen. Er konzipiert ein
Bündel von Interventionstechniken und steuert deren Durchführung
bzw. führt sie z.T. selbst durch. Nicht zuletzt erhebt er Daten, um den
Einführungsprozeß hypothesengeleitet, d.h. an Hand genauer Fragestellungen, empirisch zu überprüfen und auf dieser Grundlage zu
bewerten. Häufig werden sich im konkreten Fall mehrere Aspekte

überlagern. So ist meist die Datenerhebung von den eigentlichen Organisationsentwicklungsmaßnahmen nicht klar zu trennen, da die Datenerfassung und -rückmeldung bereits Vertrauen schaffende und Akzeptanz fördernde Maßnahmen darstellen.

In dem vorliegenden Buch wollen wir uns ja, wie in der Einleitung gesagt, auf die empirischen Methoden konzentrieren und von daher soll abschließend zu diesem Kapitel folgende Situation konstruiert werden:

In unserem fiktiven Fall sollen folgende Forschungsphasen durchlaufen werden :

1. Untersuchungsplanung

- Untersuchungsdesign
- Explikation von Drittvariablen
- Stichprobenfestlegung

2. Einsatz verschiedener Erhebungstechniken

- mündliche Interviews
- schriftliche Befragungen
- Beobachtungen
- nichtreaktive Verfahren
- Rollenspiel

3. Statistische Auswertung der Daten

4. Präsentation der Befunde

5. Zusammenfassende Evaluation

Diese Phasen werden in den folgenden Kapiteln behandelt werden.

Übungsaufgaben zu Kapitel 3:

Stellen Sie sich bitte vor, es soll im Rahmen einer OE-Maßnahme in einem Krankenhaus Teamarbeit in einzelnen Abteilungen eingeführt werden.

1. Wie könnten die Phasen eines solchen OE-Prozesses aussehen?

2. Versuchen Sie, eine fiktive Ausgangsproblemlage zu definieren!

4. Untersuchungsplanung

4.1 Vorbemerkungen

Nach der Darstellung des Gesamtprozesses der Tätigkeit von A.O.-Psychologen anhand der Fallstudie werden wir uns in diesem Kapitel intensiv mit Fragen der **Untersuchungsplanung** auseinandersetzen. Diese Auseinandersetzung sollte in jedem Fall vor der eigentlichen Erhebung stattfinden. Hier beginnen wir erstmalig, kausale Zusammenhänge zu überprüfen. Wir wollen ja hinterher wissen, ob die Entscheidung für eine bestimmte Interventionsmaßnahme richtig gewesen ist oder nicht, d.h. wir wollen wissen, ob die Interventionsmaßnahme tatsächlich dazu beigetragen hat, die bei der Einführung von Gruppenarbeit vorgegebenen Ziele zu erreichen. Formal betrachtet fragen wir uns, ob ein Ereignis A (Interventionsmaßnahme) ein Ereignis B (Erreichung des Zielkriteriums bzw. Annäherung an das Zielkriterium) bewirkt hat; dies ist die Frage nach einem kausalen Zusammenhang und jetzt werden Fragen der Untersuchungsplanung im klassischen Sinne wichtig.

Allgemeine Zielsetzung

4.2 Untersuchungsplanung bei der Analyse kausaler Zusammenhänge

Die Untersuchungsplanung beinhaltet erstens die aus der allgemeinen Fragestellung abgeleitete Konkretisierung der Untersuchungsziele und der Untersuchungsmittel, d.h. der Instrumente und Methoden, mit denen diese Ziele erreicht werden sollen. Konkretisierung der Ziele wiederum bedeutet zum einen die Explikation von genauen Kriterien und zum anderen die Präzisierung von Hypothesen, z.B. über Verteilungen der Kriterien in der untersuchten Population oder über Zusammenhänge zwischen verschiedenen Kriterien (zum Problem der Festlegung von Kriterien vgl. Teil 8 Evaluation später in diesem Buch).

Konkretisierung der Untersuchungsziele und Untersuchungsmittel

Die zweite zentrale Aufgabe der Untersuchungsplanung ist die Festlegung der einzelnen Schritte des Untersuchungsprozesses. Das Ziel a.o.-psychologischer Forschung besteht wie auch sonst in der Psychologie in der Erklärung und Vorhersage von Ereignissen. Dies bedeutet, daß die damit verbundene empirische Arbeit sich im wesentlichen auf die Überprüfung von vermuteten Datenzusammenhängen, z.B. zwischen der Realisation der Gruppenarbeit und der Arbeitsmotivation der Mitarbeiter, beschränkt. Die Überprüfung geschieht dadurch, daß ich für die Tatbestände "Realisation der Gruppenarbeit" und "Arbeitsmotivation" Indikatoren bilde (z.B. einen Arbeitsmotivationsfragebogen), dann die Ausprägung der Indikatoren bei den betroffenen Mitarbeitern erfasse (z.B. durch Beobachtung oder Mes-

Festlegung der einzelnen Schritte

sung mit dem Fragebogen) und dann statistisch prüfe, ob die Indikatorvariablen in einem überzufälligen Zusammenhang stehen. Um dieses machen zu können, muß ich nicht nur Indikatoren bilden (zum Problem von Indikatoren vgl. Teil 8: "Evaluation"), sondern ich muß auch entscheiden, wen ich wann, wo, wie und wie oft erfasse. Alle diese Entscheidungen zusammengenommen ergeben einen festen Plan für die Durchführung der Untersuchung, eben den Untersuchungsplan. Den Prozeß der Überprüfung von alternativen Möglichkeiten der Untersuchungsdurchführung und der Entscheidung für die der Fragestellung angemessenste Möglichkeit bezeichnet man entsprechend als Untersuchungsplanung.

Untersuchungsplanung in der A.O.-Psychologie entspricht damit dem Bereich der "Versuchsplanung" in der Grundlagenpsychologie, wobei allgemein ein Versuchsplan (Design) verstanden wird als "Plan, der angibt, wieviele unabhängige Variablen in welcher Abstufung in einer Untersuchung manipuliert werden". Im Vergleich dazu stellt allerdings die Untersuchungsplanung in der A.O.-Psychologie einen viel komplexeren und komplizierteren Prozeß dar, weil

1. sie sich in der Regel nicht auf eine einzige theoretisch genau begründete Manipulation, sondern auf einen längeren, komplexen und anfangs unscharf definierten Problemlösungsprozeß bezieht, der auch die Planung und Umsetzung von Interventionen einschließt; und

2. Experimente im klassischen Sinn im Bereich der A.O.-Psychologie kaum erfolgreich durchgeführt werden können.

Entsprechend erfordert die Überprüfung von kausalen Zusammenhängen gerade in der A.O.-Psychologie, wie wir im folgenden noch sehen werden, eine ganz besonders sorgfältige und logisch durchdachte, aber auch einfallsreiche Untersuchungsplanung.

4.2.1   Wahl des geeigneten Analyseniveaus

Differenziertheit   Eine der Fragen, die zunächst zu klären wäre, ist die Frage nach der Differenziertheit oder dem Auflösungsgrad der kausalen Analyse. Wir unterscheiden hier grob zwischen molarem und molekularem Analyseniveau. Eine Analyse auf molarem Niveau wäre z.B. die Analyse von Veränderungen betriebswirtschaftlicher Daten auf Abteilungsebene. Die Erfassung der Veränderungen auf Verhaltensebene durch bestimmte Trainingsmaßnahmen, z.B. das Kommunikationsverhalten der Mitarbeiter, würde man dagegen als Analyse auf molekularem Niveau bezeichnen. In der angewandten A.O.-Psychologie werden häufiger als in der Grundlagenpsychologie kausale Analysen auf molarem Niveau durchgeführt. Der Grund dafür ist, daß in der Angewandten Psychologie oft nur der Aspekt der Nützlichkeit einer Maßnahme von

Interesse ist, d.h. ob z.B. eine Intervention erfolgreich gewesen ist oder nicht, ohne daß die darin enthaltenen Teilprozesse erklärt werden müßten. Die Feststellung eines kausalen Zusammenhangs auf molarem Niveau kann also auch dann sinnvoll sein, wenn die eigentlichen Verursachungsprozesse auf niedrigerem Analyseniveau unerkannt bleiben.

In unserem Falle ist es z.B. für den Controller im Unternehmen durchaus wichtig festzustellen, ob denn die Globalintervention, d.h. das Gesamt der Bemühungen im Zusammenhang mit der Einführung von Gruppenarbeit, die das Unternehmen ja sehr viel Geld kosten, tatsächlich zu einer Reduzierung der Fertigungskosten und einer Verbesserung der Produktqualität beiträgt oder nicht, ohne daß er z.B. analysiert haben müßte, durch welche spezifischen Prozesse in den Arbeitsgruppen das Ergebnis zustande kommt.

Deutlich wird dabei unmittelbar, daß die Wahl des jeweiligen Analyseniveaus sich sehr direkt nach dem jeweiligen Erkenntnisinteresse richtet. Was dem Controller u.U. genügt, kann z.B. für den Projektleiter des OE-Projektes "Einführung von Gruppenarbeit" natürlich nicht ausreichend sein, denn Kausalanalysen auf molarem Niveau bringen verschiedene methodische Probleme mit sich:

- Ergebnisse auf molarem Niveau eröffnen keine neuen Gestaltungsmöglichkeiten hinsichtlich der Intervention. Konkret kann ich z.B. als Konsequenz der Ergebnisse die Einführung von Gruppenarbeit nur fortführen oder beenden, aber ich erhalte keine Hinweise für möglicherweise sinnvolle Modifikationen meines Vorgehens.

- Wir haben ja gesagt, daß die Einführung von Gruppenarbeit ein ganzes Maßnahmenbündel darstellt. Da ist es natürlich von Interesse zu erfahren, welche Teilmaßnahmen sich bewährt haben und ausgebaut werden sollten und welche nicht. Um dieses zu erfahren, müßten die Teilprozesse aber auch einzeln analysiert werden, d.h. die Analyse auf molekularem Niveau durchgeführt werden.

- Effekte auf molarem Niveau können als an sich positive Effekte im Sinne der Erwartungen durch den nicht einkalkulierten Einfluß von Drittvariablen maskiert werden. Derartige Wechselwirkungen bleiben unerkannt, solange nicht auf molekularen Niveau analysiert wird.

- Kausale Zusammenhänge auf molarem Niveau können sich im zeitlichen Verlauf umkehren. So ist zum Beispiel zu erwarten, daß im Anfangsstadium die Gruppenarbeit nicht zu einer Kostenreduktion, sondern im Gegenteil zu erhöhten Kosten führt, obwohl die Intervention durchaus auf dem richtigen Wege sein kann und die Auswirkungen der Maßnahmen längerfristig wahrscheinlich zu einer Kostenreduktion führen werden. Auf diese

Methodische Probleme bei Kausalanalysen auf molarem Niveau

Weise ist einerseits schon manche Intervention verfrüht beendet worden, weil die Fortschritte nicht erkannt wurden. Andererseits kann auch ein zu langes Festhalten an unerkannt erfolglosen Vorgehensweisen zu erhöhten Kosten führen.

Zusammenfassend spräche gerade in unserem Fall alles dafür, neben der Analyse der molaren Kausalzusammenhänge bei der Evaluation auch die vermittelnden Prozesse auf molekularem Niveau zu analysieren.

4.2.2   Wahl des geeigneten Untersuchungsdesigns

Die nächste zu klärende Frage ist, wie denn die kausalen Zusammenhänge analysiert werden sollen. Seit Stuart Mill werden von Wissenschaftlern, u.a. auch von dem für die Methodologie der Verhaltenswissenschaften entscheidend verantwortlichen Wissenschaftstheoretiker POPPER (1935), drei notwendige Bedingungen für die Ableitung eines kausalen Zusammenhanges genannt:

Drei notwendige
Bedingungen für
Kausalschlüsse

1.   die Ursache muß der Wirkung zeitlich vorausgehen;

2.   Ursache und Wirkung müssen einen erkennbaren Zusammenhang aufweisen, d.h. sie müssen kovariieren und

3.   alternative Erklärungen des beobachteten Ursache-Wirkungszusammenhanges müssen eindeutig ausgeschlossen werden können. Dies bedeutet auch, daß nicht schon das bloße Aufzeigen eines bestimmten Effektes nach einer vorhergehenden "Ursache" einen hinreichenden Beleg für einen zugrundeliegenden Ursache-Wirkungszusammenhang (einen "Wenn-dann Effekt") darstellt, sondern daß sichergestellt werden muß, daß nicht irgendwelche anderen Veränderungen unabhängig von der vorgeblichen "Ursache" den Effekt möglicherweise bewirkt haben. Am eindeutigsten kann dieser Beweis geführt werden, wenn außer der Ursache, d.h. der als für den Effekt ursächlich angenommenen Veränderung, und dem Effekt, d.h. der Auswirkungsveränderung, alle anderen Bedingungen konstant bleiben.

4.2.2.1 Das Experiment als Grundmodell psychologischer Untersuchungsplanung

Logik des
Experimentes

Dieser eben geschilderten Logik folgend wurde in den empirischen Wissenschaften, und so auch in der Psychologie, das Experiment zur vorherrschenden Untersuchungsmethode, da im Experiment Ursache-Wirkungszusammenhänge am eindeutigsten überprüft werden können (vgl. Kap. 2, Abschnitt 2.2). Die Logik des Experimentes besteht darin, daß nur eine Bedingung bzw. Variable als Ursache systematisch verändert oder manipuliert wird (die sogenannte unabhängige Variable UV), daß alle anderen Bedingungen kontrolliert werden (am eindeutigsten durch Konstanthaltung) und daß bei einer anderen Variable, bei der eine Auswirkung erwartet wird (der sogenannten abhängigen Variablen oder AV), diese Wirkungen systematisch erfaßt, d.h. gemessen werden. Wenn sich die unabhängige Variable durch Manipulation zeitlich vor der abhängigen Variable verändert hat, dann kann der Zusammenhang zwischen unabhängiger und abhängiger Variable dahingehend interpretiert werden, daß die Veränderung der UV die Veränderung der AV bewirkt hat, d.h. daß zwischen diesen Variablen ein kausaler Zusammenhang festgestellt werden konnte.

Die Durchführung von Experimenten ist in der Psychologie allgemein nicht ganz unproblematisch, und die sich im Anwendungsbereich stellenden Probleme sind sogar noch gravierender als in der psychologischen Grundlagenforschung. Dies ist auch der Grund dafür, daß Experimente in der A.O.-Psychologie eher die Ausnahme als die Regel darstellen (vgl. BUNGARD 1993). Die Schilderung des "idealen" experimentellen Vorgehens wird an dieser Stelle dargestellt, um ein besseres Verständnis für die Logik der im folgenden geschilderten "quasi-experimentellen Untersuchungspläne" zu schaffen.

Allgemein stellte sich bei der Durchführung von Experimenten in der Psychologie das Problem, daß, abgesehen von den bereits erörterten Problemen, weder die Manipulation der UV ganz genau ist, noch die AV sich exakt erfassen läßt. Es muß also mit Meßfehlern gerechnet werden. Eine Möglichkeit, die Auswirkungen der Meßfehler verringern und auch die Größe des Fehlers abzuschätzen zu können, besteht darin, das Experiment nicht nur jeweils mit einer Einzelperson, sondern mit Gruppen von Personen durchzuführen, um durch die Aggregation der Einzelmessungen mit anschließender Bildung des Durchschnittswertes den Meßfehler reduzieren zu können.

Gruppen von Vpn

Im Experiment kann ein Effekt, d.h. die systematische Veränderung der AV durch eine Veränderung der UV, nur nachgewiesen werden, wenn die Veränderung der AV zu einem neutralen Meßpunkt in Beziehung gesetzt wird, z.B. dadurch, daß eine Kontrollbedingung für den experimentellen Effekt eingeführt wird. Grundsätzlich gibt es zwei Möglichkeiten der experimentellen Kontrolle: Man kann vor der Manipulation der UV eine Messung der AV durchführen und dann den Meßwert der AV nach der Manipulation mit dem vor ihr vergleichen. Oder man kann die Meßwerte einer Gruppe von Personen, die der experimentellen Manipulation ausgesetzt wurden (Experimentalgruppe) mit denen einer Gruppe, die nicht experimentell manipuliert wurde (Kontrollgruppe), vergleichen. In beiden Fällen kann bei einem Unterschied zwischen den Werten der Vorher- und der Nachhermessung, bzw. der Experimental- und der Kontrollgruppe, auf eine Wirkung der UV auf die AV geschlossen werden.

Manipulation der Variablen

Einfluß von
Drittvariablen

Ein weiteres Problem beim Experiment ist, daß der Einfluß anderer Bedingungen als der UV, sogenannter Drittvariablen, nie ganz ausgeschlossen werden kann. Das Bemühen um Kontrollierbarkeit bezieht sich neben unmittelbaren situativen Variablen wie z.B. Lärm, Hitze u.a., auf unerwünschte Einflußbedingungen in den Personen selbst, z.B. unterschiedliche Personenmerkmale. Während die situativen Variablen ähnlich wie in physikalischen Experimenten noch ganz gut kontrolliert werden können, entziehen sich die Personenvariablen den klassischen Kontrolltechniken wie Elimination oder Konstanthaltung, weil die vielen möglichen Einflußfaktoren, die unvermeidbar, da sie im eigentlichen Untersuchungsobjekt - dem Menschen selbst - angelegt sind, nie vollständig kontrolliert werden können. Das bedeutet, daß davon ausgegangen werden muß, daß Experimental- und Kontrollgruppe sich auch in anderen als den experimentellen Bedingungen unterscheiden. Sie sind also nicht äquivalent.

Da die Äquivalenz von Experimental- und Kontrollgruppe wie erwähnt nicht mit den klassischen Kontrolltechniken gesichert werden kann, greift dazu die Psychologie auf die Technik der **Randomisierung** zurück; d.h. aus einer gemeinsamen Grundgesamtheit heraus werden die Versuchspersonen nach Zufall den experimentellen Bedingungen zugeteilt. Dabei wird davon ausgegangen, daß durch diese zufällige Zuordnung systematische Effekte anderer Einflußgrößen, insbesondere von Personenvariablen, ausgeschaltet und damit alternative Erklärungen für das Zustandekommen der experimentellen Effekte ausgeschlossen werden können.

Wir fassen zusammen: Zur Überprüfung eines kausalen Zusammenhanges zwischen zwei Variablen wird in der Grundlagenforschung die experimentelle Methodik favorisiert. Es handelt sich dabei um eine spezifische Methodik der Datenerhebung, wobei die Ermittlung der Merkmale unter zwei Voraussetzungen erfolgt (HERRMANN, 1979):

1. Die Bedingungen, unter denen die Erhebung erfolgt, werden z.B. durch die Verwendung von Experimental- und Kontrollgruppen partiell konstant gehalten und partiell planmäßig variiert. Dies ist das Prinzip der Bedingungskontrolle.

2. Die Merkmalsträger werden den variablen Bedingungen per Zufall zugeteilt. Das ist das Prinzip der Randomisierung.

Die so konzipierte Experimentiermethodik ist in der Psychologie immer wieder grundsätzlich diskutiert und kritisiert worden (HERRMANN, 1979; HOLZKAMP, 1986; MERTENS, 1975; BUNGARD, 1984). Im Rahmen unseres Falles beschränken wir uns auf die forschungspraktische Frage, inwieweit die beiden zentralen Bedingungen der Experimentalmethodik, nämlich Bedingungsvariation und Randomisierung, außerhalb des Labors, z.B. in einem Betrieb, überhaupt realisierbar sind.

Für die Untersuchungen in den Betrieben ergäben sich, wollte man nur experimentell arbeiten, zahlreiche Probleme. Alternative Einflußfaktoren lassen sich nur sehr ungenügend kontrollieren, und eine Randomisierung der untersuchten Personen ist zumeist auch nicht möglich.

Probleme bei Experimenten in Organisationen

Was die Kontrolle von Drittvariablen angeht, ist ja schon wiederholt angeführt worden, daß es sich bei der Einführung von Gruppenarbeit nicht um eine distinkte Einzelmaßnahme handelt, sondern um ein Maßnahmenbündel, bei dem es auch eine Vielzahl von unkontrollierbaren Wechselwirkungen zwischen den Einzelmaßnahmen gibt. Zudem ist das Unternehmen, um das es geht, ein offenes System, das einer Vielzahl von unkontrollierbaren externen Einflüssen ausgesetzt ist. Die Betriebskosten und die Produktqualität, welche ja primär von der Einführung von Gruppenarbeit beeinflußt werden sollen, werden sicherlich auch von übergreifenden Veränderungen der Markt- und Wettbewerbsbedingungen, von sozialpolitischen Bedingungen wie insbesondere dem Arbeitgeber-Arbeitnehmerverhältnis oder von Veränderungen des Arbeitsmarktes beeinflußt - um nur einige zu nennen.

unkontrollierbare externe Einflüsse

Was die Bedingungskontrolle betrifft, so ist die Variation einer (unabhängigen) Variablen unter günstigen Bedingungen durchaus möglich. Die Zustimmung zu einer Untersuchung erfolgt betrieblicherseits oft gerade im Hinblick darauf, daß die Auswirkungen einer speziellen Maßnahme (z.B. einer Arbeitsstrukturierungsmaßnahme) überprüft werden sollen. Problematisch ist jedoch fast immer (was im übrigen auch für Laborstudien gilt) die Konstanthaltung sonstiger Faktoren. Ein Eingriff in den Arbeitsablauf löst ja notwendigerweise eine Fülle weiterer Veränderungen aus. In den meisten Organisationen ist es außerdem kaum möglich, mindestens zwei wirklich in jeder Hinsicht vergleichbare Stichproben zu definieren, um dann in der Experimentalgruppe eine Variation X herbeizuführen und in der Kontrollgruppe entsprechend keine Veränderung vorzunehmen.

Konstituierung einer Kontrollgruppe

Durch die Offenlegung der Fragestellung und des Untersuchungsdesigns im Vorfeld des Genehmigungsverfahrens ist die Bildung einer echten Kontrollgruppe ebenfalls gefährdet. Die Mitglieder der Kontrollgruppe wissen nämlich notgedrungen, daß bei ihnen ein Faktor X nicht verändert wurde, wodurch mit **Reaktivität**seffekten gerechnet werden muß. Die Geschäftsleitung und der Betriebsrat werden im übrigen in vielen Fällen intervenieren, wenn eine derartige Differenzierung nur aus experimental-logischen Gesichtspunkten vorgenommen wird, da dadurch die Kontrollgruppe nicht in den Genuß der zu überprüfenden Maßnahmen kommt.

Das zweite zentrale Prinzip der experimentellen Methodik, nämlich die Randomisierung, ist bei a.o.-psychologischen Studien in der Praxis nur selten realisierbar (vgl. hierzu bereits COOK & CAMPBELL, 1976). Die Organisationsmitglieder haben feste Arbeitsbereiche bzw. -plätze, und Versetzungen aufgrund eines Experimentes würden den Arbeits-

Probleme bei der Randomisierung

ablauf erheblich stören. Man kann zwar u.U. ganze Bereiche per Zufall auswählen, aber eine Vielzahl von innerbetrieblichen Überlegungen schränkt auch diesen Selektionsprozeß ein. Eine Intervention, die im Rahmen einer Studie evaluiert werden soll, wird dort vorgenommen, wo der Bedarf vermeintlich am größten ist und wo die verantwortlichen Führungskräfte die Intervention und die Untersuchung auch persönlich befürworten und unterstützen. Wenn also eine a.o.-psychologische Studie genehmigt wird, weil ein entsprechendes Eigeninteresse der Organisation gegeben ist, dann wird dieses Eigeninteresse auch die Bedingungen für die Durchführung der Untersuchung diktieren. Dies bedeutet, daß die Manipulationen primär bedarfsorientiert, und nicht nach der experimentellen Logik ausgerichtet vorgenommen werden.

Zufallszuweisungen zu unterschiedlichen Interventionsbedingungen sind grundsätzlich nur möglich, wenn sich die Intervention auf Einzelpersonen bezieht, z.B. die Teilnahme an einem bestimmten Stressreduktionstraining, flexiblen Arbeitszeitmodellen und ähnlichem. Bezieht sich die Intervention, wie in unserem Falle der Einführung von Gruppenarbeit, auf strukturelle Einheiten im Unternehmen, ist eine Zufallszuweisung ohnehin ausgeschlossen. Aber selbst bei individuellen Interventionen werden Zufallszuweisungen gescheut, weil sie teurer und zeitaufwendiger sind, weil sich gegen zufällige Zuweisungen begünstigender Bedingungen meist die Betriebsräte und die Leiter der nicht bedachten Abteilungen aussprechen und weil oft bestimmte organisationale oder technische Gründe festlegen, warum jemand in den Genuß einer Maßnahme kommt oder nicht.

Randomisierungsmodelle Trotz dieser Schwierigkeiten werden von COOK & CAMPBELL (1979), die sich gerade mit Fragen der Untersuchungsplanung in der angewandten Forschung sehr intensiv beschäftigt haben, randomisierte Untersuchungspläne gegenüber nicht-randomisierten ausdrücklich favorisiert. Sie raten, in jedem Fall eine Randomisierung zumindest zu versuchen, wann immer es möglich ist. Selbst wenn die Randomisierung letztlich nicht gelingen sollte, ist meist die Zahl alternativer Erklärungen und damit die Gefährdung der Gültigkeit der Untersuchungsergebnisse auch bei einer "zusammengebrochenen" Randomisierung immer noch geringer, als wenn von vornherein gar keine Randomisierung angestrebt worden wäre. COOK & CAMPBELL (1979) diskutieren ausführlich verschiedene Methoden, Randomisierungen in realen Untersuchungsbedingungen zu erreichen und zeigen eine Anzahl z.T. sehr phantasievoller Möglichkeiten auf (1979, S. 341 - 386). Für unseren Fall muß aber einschränkend gesagt werden, daß die aufgezeigten Möglichkeiten sich hauptsächlich auf Untersuchungen im psycho-sozialen Bereich und nicht in Wirtschaftsunternehmen beziehen, so daß die vorhin angeführten Einschränkungen hinsichtlich der Randomisierungsmöglichkeiten in Wirtschaftsunternehmen weiterhin gelten.

Allerdings verweist uns die Betonung der Randomisierung darauf, auch wenn diese nicht möglich ist, zumindest doch zu versuchen, eine möglichst große Äquivalenz der Untersuchungsgruppen zu erreichen. Wenn wir uns also in unserem Falle entschließen sollten, mit Untersuchungs- und Kontrollgruppen zu arbeiten, sollten wir darauf achten, daß diese möglichst äquivalent sind, d.h. daß sie sich nur hinsichtlich möglichst weniger und möglichst nicht für die Fragestellung zentraler Merkmale unterscheiden.

Zusammenfassend kann man sagen: Der Preis, der für die Erlaubnis eines a.o.-psychologischen Forschungsprojektes bezahlt werden muß, besteht in der Regel in einer erheblichen Einschränkung der beiden zentralen Prinzipien der experimentellen Methodik. Da außerdem die Prämisse gilt, daß die Erhebung den betrieblichen Alltag so wenig wie möglich stören darf, finden echte experimentelle Studien nur gelegentlich in abgelegenen "betriebsverfassungsrechtlichen Nischen" statt.

Fazit

Daraus ergibt sich, daß für Untersuchungen im Arbeits- und Organisationsbereich Untersuchungsanordnungen benötigt werden, die unter suboptimalen Bedingungen, d.h. trotz des Einflusses einer Vielzahl von Drittvariablen und bei nicht äquivalenten Versuchs- und Kontrollgruppen, dennoch kausale Schlußfolgerungen mit einer echten Experimenten zumindest angenäherten Gültigkeit erlauben. Eine solche Untersuchungsanordnung benötigen wir auch für die Evaluation der Maßnahmen in unserem Fallbeispiel. Derartige Untersuchungsanordnungen werden **quasi-experimentelle Untersuchungspläne** genannt. Diese sollen in den folgenden Abschnitten vorgestellt werden.

4.2.2.2 Begründung und Funktion quasi-experimenteller Untersuchungspläne

Die folgenden Ausführungen zu den vorher bereits erwähnten quasi-experimentellen Anordnungen orientieren sich an den Arbeiten von Campbell und seinen Mitarbeitern, die derartige Untersuchungsprobleme und Untersuchungspläne systematisiert und eine eigene Theorie der Gültigkeit quasi-experimenteller Untersuchungspläne formuliert haben. Insbesondere beziehen wir uns auf CAMPBELL & STANLEY (1963), CAMPELL (1969) und COOK & CAMPBELL (1979).

Die Grundidee der Quasi-Experimente ist eigentlich ganz einfach: Wegen mangelnder Bedingungskontrolle ist die Gültigkeit (Validität) der Ergebnisse quasi-experimenteller Untersuchungen von vornherein viel mehr gefährdet als die experimenteller Untersuchungen. Deswegen versucht man, statt die Gefährdungen wie im Experiment vorher zu kontrollieren, die Untersuchungspläne quasi-experimenteller

Grundidee

Anordnungen so zu konstruieren, daß im nachhinein möglichst viele potentielle Validitätsgefährdungen ausgeschlossen werden können. Die Arbeit des Arbeits- und Organisationspsychologen gleicht dabei etwa der eines Detektivs, der sich bemüht, die unterschiedlichsten, oft subtilen Validitätsgefährdungen zu explizieren, und mit verschiedenen methodischen Mitteln, wie der Einführung zusätzlicher Kontrollgruppen, Variablen oder Messungen, zu verhindern.

Damit er dieses erfolgreich tun kann, benötigt er zunächst eine Systematik der möglichen Validitätsgefährdungen. Mit dieser kann er vor der Erstellung des Untersuchungsplans den vorliegenden Fall hinsichtlich potentieller Validitätsgefährdungen analysieren, und die Konstruktion des Planes darauf abstellen. Eine solche Systematik haben COOK und seine Mitarbeiter entwickelt und auf ihrer Grundlage Empfehlungen für quasi-experimentelle Anordnungen erarbeitet.

4.2.2.3   Zum Problem der Validität von Untersuchungen unter Realbedingungen

Ausgangspunkt dieser Systematik ist eine Differenzierung des Validitätskonzeptes. Mangelnde experimentelle Kontrolle gefährdet die Gültigkeit (Validität) der empirischen Überprüfung kausaler Zusammenhänge. Nach COOK & CAMPBELL (1979) beinhaltet Validität "die beste verfügbare Abschätzung ... des Zutreffens oder nicht Zutreffens von Annahmen, eingeschlossen Annahmen über Kausalitäten" (S. 37).

Validitäts-Typen Zur besseren Übersicht und um die Überlegungen zur Validität, aus denen ja Vorschläge für die Untersuchungsplanung abgeleitet werden sollten, noch prägnanter zu machen, unterscheiden COOK & CAMPBELL vier Typen der Validität:

1.   Statistische Validität
2.   Interne Validität
3.   Konstruktvalidität und
4.   Externe Validität

Die vier Validitätstypen beziehen sich auf vier grundsätzliche Fragen, die bei jeder Analyse von angenommenen kausalen Zusammenhängen beantwortet werden müssen:

Statistische **ad 1**
Validität Die naheliegendste Frage bei der Analyse eines vermuteten kausalen Zusammenhangs zwischen zwei Ereignissen ist, ob die erhaltenen Daten überhaupt eine Art von Zusammenhang erkennen lassen, d.h. ob überhaupt eine Kovariation der unabhängigen und abhängigen Variablen in der Untersuchung erkennbar wird. Dies ist eine Frage der statistischen Validität. Im nächsten Abschnitt werden wir die Gefährdungen der statistischen Validität kurz auflisten.

ad 2

Wenn ein Zusammenhang zwischen Veränderungen der unabhängigen und der abhängigen Variable erkennbar wird, schließt sich die Frage an, ob die gemessene Veränderung der abhängigen Variable tatsächlich in eindeutiger Weise von der Manipulation oder gemessenen Veränderung der unabhängigen Variable bewirkt wurde. Dabei wird gefragt, ob 1. der Effekt u.U. auch ohne eine Veränderung der unabhängigen Variable z.B. durch andere Einflußbedingungen (Drittvariablen) zustande gekommen sein könnte, als auch, ob 2. die Richtung der Kausalbeziehungen möglicherweise unklar ist, indem u.U. die abhängige auf die unabhängige Variable gewirkt hat, und ob 3. sowohl die Veränderungen der abhängigen als auch der unabhängigen Variablen durch eine Drittvariable hervorgerufen worden sein könnten. Diese Fragen betreffen die interne Validität. Bezüglich der Annahme kausaler Zusammenhänge kommt der internen Validität eine besondere Bedeutung zu, weil eine gute interne Validität die Voraussetzung für zufriedenstellende Konstruktvalidität und externe Validität ist. Da die interne Validität so wichtig ist, sollen die Gefährdungen der internen Validität im nächsten Abschnitt besonders ausführlich behandelt werden.

ad 3

Nachdem der zwischen unabhängiger und abhängiger Variable aufgezeigte Zusammenhang eindeutig als kausaler Zusammenhang interpretiert werden konnte, stellt sich nunmehr die Frage, wie er sich theoretisch erklären läßt. Was sind die zu Grunde liegenden Prozesse bei der ursächlichen Wirkung? Über welche psychologischen Konstrukte als vermittelnde Größen können die Effekte erklärt werden? Dies ist die Frage nach der Konstruktvalidität. In Ausführungen zu quasi-experimentellen Untersuchungsanordnungen wird immer wieder argumentiert, daß für Fragen der Anwendung die Konstruktvalidität nicht von so großer Bedeutung sei, da hier Fragen der Nützlichkeit und Verwertbarkeit der Intervention Priorität genießen. Richtig ist sicherlich, daß der Konstruktvalidität in der angewandten Forschung eine weniger starke Bedeutung zukommt als in der Grundlagenforschung, in der gerade die theoretische Erklärung der untersuchten Phänomene die primäre Aufgabe darstellt. Bedacht werden sollte allerdings: Wenn man z.B. im Verlauf eines OE-Prozesses gestaltend und verändernd in die Intervention eingreifen will, muß man schon verstehen, über welche Prozesse die Intervention eigentlich auf die gemessenen abhängigen Variablen wirkt; d.h. Fragen der Konstruktvalidität befriedigen damit nicht ein abgehobenes wissenschaftliches Interesse, sondern können ganz praktische Bedeutung für die innovative Neugestaltung von Interventionen besitzen.

Externe Validität **ad 4**

Nachdem die gefundenen Kausalbeziehungen auch theoretisch aufgeklärt werden konnten, interessiert natürlich, ob die aufgezeigten Zusammenhänge auch eine über die konkrete Untersuchung hinausgehende Bedeutung haben. Haben also die kausalen Zusammenhänge Bestand in einem anderen Untersuchungssetting, an einem anderen Untersuchungsort, zu einem anderen Untersuchungszeitpunkt oder mit anderen Personengruppen? Kann man sie also über die vorliegende Untersuchung hinaus generalisieren? Dies ist die Frage nach der externen Validität. Diese Frage ist natürlich besonders von Interesse, wenn es sich bei der Untersuchung z.B. um eine Pilotstudie mit einer Intervention bei einer kleineren Organisationseinheit gehandelt hat, und man plant, dieselbe Maßnahme auch in den restlichen Organisationseinheiten durchzuführen, oder wenn eine Maßnahme nach der Erprobung im Mutterbetrieb eines internationalen Konzerns bei den Unternehmenstöchtern durchgeführt werden soll. Die Verallgemeinerbarkeit der Ergebnisse ist sicherlich eingeschränkt, wenn die Personengruppe oder das Untersuchungssetting der Erprobungs- oder Pilotstudie sehr unterschiedlich von den übrigen Gruppen und Settings ist.

Gerade die Verallgemeinerbarkeit der Ergebnisse ist aber für den angewandten Forscher von eminenter Bedeutung. Deshalb muß er an Möglichkeiten der Verbesserung der externen Validität stark interessiert sein. Interessanterweise raten dabei COOK & CAMPBELL nicht zu einer Forschungsstrategie des "großen Wurfes", sondern "der kleinen Schritte". Nicht groß angelegte Untersuchungen mit repräsentativen Personen- und Settingstichproben seien der Garant für externe Validität, da die Repräsentativität sehr empfindlich gegen Außeneinflüsse sei. Dies gilt besonders, wenn sich die Untersuchungen über längere Zeiträume erstrecken. Deswegen schlagen sie vor, statt einer großen, lieber mehrere kleine Untersuchungen mit unterschiedlichen und hinsichtlich der Merkmale idealerweise überlappenden Stichproben durchzuführen, deren Ergebnisse mosaikartig zu einem Gesamtbefund zusammengesetzt werden.

Bitte bearbeiten Sie zuerst die Aufgabe 1 der Übungsaufgaben am Endes dieses Kapitels, bevor Sie im Text weiterarbeiten. #### 4.2.2.4 Validitätsgefährdungen

Alle vier genannten Validitätsaspekte unterliegen Gefährdungen oder Beeinträchtigungen, durch die alternative Erklärungen der Untersuchungsbefunde ermöglicht und damit die Gültigkeit und die Aussagekraft der Untersuchung reduziert werden können. Die im folgenden genannten Validitätsgefährdungen sind sicherlich nicht hinreichend, da prinzipiell die mögliche Menge der Gefährdungen unbegrenzt ist. Die hier aufgelisteten Gefährdungen sind diejenigen, die nach COOK & CAMPBELL am wichtigsten sind, weil sie in sozial- und verhaltenswissenschaftlichen Untersuchungen am häufigsten vorkommen.

Derartige Listen von Gefährdungen bilden auch die Grundlage für die Planung und Bewertung quasi-experimenteller Untersuchungsanordnungen, deren Logik ja darin besteht, möglichst viele Gefährdungen auszuschließen.

Das Bemühen, möglichst alle Validitätsgefährdungen auszuschließen, kann allerdings nie vollkommen erfolgreich sein, weil die sich aus den einzelnen Validitätstypen ergebenden Anforderungen an die Untersuchungsplanung sich teilweise widersprechen; so würde z.B. das Bemühen um eine möglichst optimale interne Validität bedeuten, daß man eine so reduzierte Untersuchungsanordnung erhalten würde, daß dadurch die externe Validität beeinträchtigt würde. Welche Strategie der Validitätsverbesserung und damit welchen Untersuchungsplan man letztlich wählt, ist eine Funktion der Fragestellung. Es sollte dem Validitätsaspekt am stärksten Rechnung getragen werden, der für die vorliegende Fragestellung besonders wichtig erscheint.

I.   Beeinträchtigungen/Gefährdungen der statistischen Validität

Die statistische Validität bezieht sich wie erwähnt auf die Möglichkeit, überhaupt eine Kovariation zwischen unabhängiger und abhängiger Variable aufzeigen zu können.

Diese Möglichkeit kann durch folgende Sachverhalte gefährdet werden:

- Geringe Analysekraft (Power) der statistischen Prüfverfahren; u.a. z.B. durch zu kleine Untersuchungsstichproben oder durch die Wahl zu geringer Signifikanzniveaus (Grenzen der Irrtumswahrscheinlichkeit).
- Geringe Reliabilität der verwendeten Meßinstrumente, z.B. bei Ein-Frage-Skalen oder sehr kurzen Skalen. Es empfiehlt sich, wenn möglich bereits vorliegende, überprüfte Meßverfahren zu verwenden, statt sich eigene Skalen zu basteln.
- Nichtbeachten der Anwendungsvorschriften bei statistischen Tests, z.B. Verletzung der Anforderungen an das Skalenniveau.
- "Forschen nach Signifikanzen": Bei paralleler Testung zahlreicher Variablen werden meist per Zufall einige signifikant, ohne daß diese Ergebnisse wirklich bedeutsam sind.
- Zufällige Störeinflüsse anderer Variablen auf die abhängige Variable.
- Zufällige Unterschiedlichkeiten zwischen Untersuchungs- und Kontrollgruppe. Besonders gravierend ist dies, wenn sich die Gruppen gerade hinsichtlich solcher Merkmale unterscheiden, die mit der abhängigen Variable korrelieren.

II.   Beeinträchtigungen/Gefährdungen der internen Validität

Bei der internen Validität geht es wie beschrieben um die Überprü-
fung, ob zwischen unabhängiger und abhängiger Variable tatsächlich
ein kausaler Zusammenhang besteht, und ob die Richtung dieser
Beziehung wirklich von der unabhängigen zur abhängigen Variable
geht. Damit kommt der internen Validität die zentrale Rolle bei der
Überprüfung kausaler Zusammenhänge zu. Wir wollen deshalb die
Beeinträchtigungen und Gefährdungen der internen Validität unter
Bezugnahme auf unser Fallbeispiel anschaulich erläutern.

Soll eine zufriedenstellende interne Validität gegeben sein, müssen die
folgenden alternativen Interpretationsmöglichkeiten der erzielten Ergebnisse ausgeschlossen werden können:

- **Zwischenzeitliches Geschehen (history)**: Die interne Validität ist beeinträchtigt, wenn die Veränderung auf der abhängigen Variablen außer durch die
  Intervention auch durch andere Ereignisse bewirkt worden sein könnte, die
  zwischen Vorher- und Nachhermessung eingetreten sind. So ein Tatbestand
  könnte z.B. in unserem Fallbeispiel gegeben sein, wenn während der
  Einführung der Gruppenarbeit "Peseten-Joker" (Sie erinnern sich, der Einkäufer von Auto-Bau, dem größten Kunden von Auto-Serv), der für die anvisierte
  Kostenreduktion und Qualitätssteigerung verantwortlich zeichnet, auf einer
  Betriebsversammlung der Auto-Serv zum Thema "Überleben im internationalen Wettbewerb" spricht. Dann könnten bei einer Nachhermessung festgestellte
  Qualitätsverbesserungen u.U. nicht auf die Einführung der Gruppenarbeit,
  sondern auf eine erhöhte Qualitätsverantwortung der Mitarbeiter aus Angst um
  ihre Arbeitsplätze durch das von "Peseten-Joker" vorgestellte Horrorbild der
  Wettbewerbssituation der Auto-Serv zurückzuführen sein.

- **Reifung**: Die Validität ist beeinträchtigt, wenn Veränderungen der abhängigen
  Variablen durch Entwicklungsprozesse der Untersuchungsteilnehmer bewirkt
  werden. Dies könnte der Fall sein, wenn die Gruppenarbeit in einer Abteilung
  eingeführt wird, die auch ansonsten sehr innovativ ist und in der vorwiegend
  junge, berufsunerfahrene, aber - wie man glaubt - gut motivierbare und
  lernfähige Mitarbeiter beschäftigt werden. Bei der Nachmessung festgestellte
  Produktivitätszuwächse könnten dann einfach dadurch bewirkt worden sein,
  daß diese Mitarbeiter nach einiger Zeit bessere und effizientere
  Arbeitsroutinen entwickelt haben.

- **Auswirkungen der Messung (Testing)**: Allein durch den Vorgang des Mes-
  sens, besonders bei Wiederholungsmessungen, wird die abhängige Variable
  beeinflußt. Dies kann der Fall sein, wenn allein durch wiederholte Befragungen zum Thema Qualität die Mitarbeiter für dieses Thema sensibilisiert werden
  und ihr Qualitätsbewußtsein sich dadurch positiv verändert.

- **Fehlerhafte Meßinstrumente**: Dies könnte gegeben sein, wenn bei einer
  Beobachtungsmessung des qualitätsbezogenen Verhaltens der Mitarbeiter sich
  im Verlaufe der Untersuchung bei den Beobachtern durch entsprechende Ler-
  neffekte die Maßstäbe für Mängel so verändern würden, daß Tatbestände, die
  anfangs noch als unproblematisch kategorisiert worden waren, wegen der differenzierter gewordenen Beobachtungsweise als anerkannte Mängel kategorisiert würden.

- **Statistische Regression**: Bei der - meist unbeabsichtigten - Heranziehung von Extremgruppen verändern sich die Werte der Gruppe aus rein wahrscheinlichkeitstheoretischen Gründen zur Mitte. Wenn beispielsweise die Erstmessung zu einem Zeitpunkt stattgefunden hat, zu dem die Produktivität der untersuchten Gruppe rein zufällig besonders niedrig war, wird sich bei einer Nachhermessung die Produktivität verbessert haben, ohne daß irgendwelche Interventionseinflüsse dafür verantwortlich gewesen sein müssen. Statistische Regression ist eine der am häufigsten vorkommenden, aber auch am häufigsten nicht erkannten Gefährdungen der internen Validität. Deswegen sollte der Überprüfung derartiger Regressionseffekte bei der Auswertung besondere Aufmerksamkeit geschenkt werden.

- **Selektion**: Die interne Validität kann dadurch beeinträchtigt werden, daß sich in den Untersuchungsgruppen Personen mit unterschiedlichen Merkmalen befinden. Dies könnte in unserem Fallbeispiel der Fall sein, wenn Untersuchungs- und Kontrollgruppe aus unterschiedlichen Unternehmenseinheiten gewählt werden, weil man in einem bestimmten Bereich mit der Einführung der Gruppenarbeit beginnen möchte und es keinen vergleichbaren Bereich gibt, der zur Kontrolle herangezogen werden könnte.

- **Selektive Mortalität**: In den Untersuchungsgruppen gibt es unterschiedliche Ausfälle von Teilnehmern. Dies könnte in unserem Beispiel der Fall sein, wenn die Gruppen besonders leistungsschwache Mitglieder nach einiger Zeit per Gruppenbeschluß ausgliedern würden.

- **Wechselwirkungen von Selektion und den anderen bisher genannten Beeinträchtigungen** - z.B. von Selektion und Reifung: Wenn für die Gruppenarbeit besonders qualifizierte Mitarbeiter ausgesucht werden, könnte es sein, daß diese von den Lernmöglichkeiten in der Gruppe besonders profitieren und entsprechend vergleichsweise stärkere Lernfortschritte zeigen.

- **Unklarheiten bezüglich der Richtung des Kausalzusammenhanges**: Diese Validitätsbeeinträchtigung ist primär bei korrelativen Zusammenhängen gegeben. Die Gefährdung ist weniger stark, wenn zumindest die zeitliche Reihenfolge der Variablen geklärt ist und eine Beeinflussungsrichtung theoretisch plausibler ist als eine andere; so erscheint es beispielsweise plausibler, daß eine Verbesserung der Material- und Produktkenntnisse der Mitarbeiter sich positiv auf die Produktqualität auswirkt; weniger plausibel ist, daß eine bessere Produktqualität zu einem vermehrten Kenntniserwerb beiträgt.

- **Maßnahmentransfer oder Maßnahmenimitation**: Mitglieder von Untersuchungs- und Kontrollgruppe tauschen Informationen aus, wodurch es im Verlauf der Intervention in beiden Gruppen zu ähnlichen Veränderungen kommt. Dies könnte gegeben sein, wenn z.B. in der anerkennenswerten Absicht, die Einführung von Gruppenarbeit auf eine möglichst breite Basis zu stellen, Erfahrungsaustausch-Workshops eingerichtet werden, an denen alle Mitarbeiter (auch die der Kontrollgruppen) teilnehmen und in denen die in der Gruppenarbeit gewonnenen Erkenntnisse weitergegeben werden.

- **Kompensation von Privilegien**: Aus Gründen allgemeiner Fairneß und ausgleichender Gerechtigkeit werden der Kontrollgruppe bestimmte Vergünstigungen gewährt, weil der Untersuchungsgruppe auch besondere Unterstützungen zuteil wurden. Angenommen die Untersuchungsgruppen in unserem Fallbeispiel hätten sich als Vorbereitung auf die Gruppenarbeit in Gruppenworkshops verbesserte Möglichkeiten der Arbeitsteilung erarbeitet, wäre diese Gefährdung gegeben, wenn daraufhin ähnliche Formen der Arbeitsorganisation auch für die Kontrollgruppe eingerichtet würden.

- **Kompensatorische Rivalität**: Durch das Bekanntwerden der Ziele der Untersuchung werden die Mitglieder der Kontrollgruppe motiviert, diese auch ohne Intervention zu erreichen. In unserem Fallbeispiel wäre dies gegeben, wenn nach betriebsinternem Bekanntwerden der Untersuchung die Mitglieder der Kontrollgruppe versuchen würden, sehr gute Qualitätswerte zu erreichen, gerade weil sie nicht bei der Einführung der Gruppenarbeit berücksichtigt wurden.

- **Demoralisierung:** Weil sie sich benachteiligt fühlen, reagieren die Mitglieder der Kontrollgruppe verärgert und reduzieren ihre Anstrengungen und ihre Leistung. So könnten in unserem Fallbeispiel die Mitglieder der Kontrollgruppe das Gefühl haben, daß sie aus wichtigen innerbetrieblichen Entwicklungen ausgeschlossen werden. Als Folge würden sie ihren individuellen Akkordsatz, nachdem sie bezahlt werden, zwar halten, sich aber nicht mehr um die Produktqualität, sondern nur die Stückzahl kümmern und verstärkt Ausschuß produzieren.

In diesem Zusammenhang sei noch eine Anmerkung zur Randomisierung gemacht. Nachdem oben ja die große Bedeutung der Randomisierung für die Validität herausgestellt worden ist, sei hier darauf hingewiesen, daß Maßnahmentransfer, Maßnahmenimitation, Kompensation von Privilegien, kompensatorische Rivalität und Demoralisierung Validitätsgefärdungen darstellen, die auch durch eine Zufallszuordnung der Untersuchungsteilnehmer nicht reduziert werden können. Diese Gefährdungen sind Folge sozialer Austausch- und Kommunikationsprozesse im Unternehmen, die sich durch das Bekanntwerden der Untersuchungsziele, der Tatsache, wer zur Untersuchungs- und wer zur Kontrollgruppe gehört und der weiteren Untersuchungsmodalitäten ergeben. Diese Informationen können auch dann allgemein bekannt werden, wenn die Untersuchungsteilnehmer der Untersuchungs- bzw. Kontrollgruppe nach Zufall zugeordnet worden sind.

III.   Beeinträchtigungen/Gefährdungen der Konstruktvalidität

Die Konstruktvalidität bezieht sich wie vorhin ausgeführt auf die theoretische Erklärbarkeit der gewonnenen Befunde. Sie kann gefährdet sein durch:

- **Eine mangelnde Explikation** der Konstrukte vor der Operationalisierung der unabhängigen und abhängigen Variablen. Dadurch kann die Abstimmung der Manipulation und der Meßverfahren von vornherein beeinträchtigt worden sein.

- **Verwendung nur einer Operationalisierungsvarianten** für die Operationalisierung der unabhängigen oder abhängigen Variablen. Dadurch wird u.U. das Konstrukt nur teilweise erfaßt. Sinnvoll wäre die Verwendung mehrerer auf das Konstrukt konvergierender bzw. divergierender Operationalisierungen.

- **Verwendung nur eines Meßverfahrens**: Dadurch ist die Gefahr methodenspezifischer Artefakte gegeben. Ähnlich wie im vorigen Punkt empfiehlt es sich auch hier, mehrere unterschiedliche Meßverfahren zur Erfassung eines Konstruktes zu verwenden.

- **„Hypothesenraten" durch die Untersuchungsteilnehmer**: Dabei wird das Verhalten der Untersuchungsteilnehmer (und damit die Ergebnisse) mehr von den eigenen impliziten Vermutungen, zu denen sie sich konform verhalten, und weniger durch die Intervention selbst beeinflußt.

- **Soziale Erwünschtheit**: Die Untersuchungsergebnisse werden dadurch beeinflußt, daß die Teilnehmer sich gegenüber den Untersuchungsleitern möglichst positiv oder prägnant darzustellen versuchen.

- **Versuchsleitererwartungen**: Die Ergebnisse werden durch subtile Versuche der Beeinflussung von Teilnehmern durch den Versuchsleiter verfälscht, die jener auf Grund der Kenntnis der Untersuchungshypothesen anstrengt.

- **Berücksichtigung nicht aller Ausprägungsgrade eines Konstruktes bei der Operationalisierung der Variablen.**

- **Wechselwirkungen verschiedener Interventionen**: Wenn die Teilnehmer einem ganzen Maßnahmenbündel ausgesetzt werden, ist es sehr schwer genau zu verfolgen, ob nicht bestimmte Effekte bei einer Maßnahme nur in Verbindung mit anderen Maßnahmen, aber nicht unabhängig von diesen auftreten.

- **Wechselwirkung von Messung und Intervention**: Beispielsweise könnte die Messung bei einer Vorstudie die Teilnehmer erst für die Intervention sensibilisieren, die ohne diese Sensibilisierung kaum Effekte hätte.

- **Eingeschränkte Verallgemeinerbarkeit der gefundenen Zusammenhänge auf andere Konstrukte**: Diese Beeinträchtigung kann ausgeschlossen werden, indem man unterschiedliche abhängige Variablen erfaßt, von denen theoretisch begründet angenommen werden kann, daß sie durch die Intervention in unterschiedlicher Weise beeinflußt werden.

IV.   Beeinträchtigungen/Gefährdungen der externen Validität

Die Überprüfung der externen Validität bezieht sich auf die Frage, inwieweit die in der Untersuchung gefundenen Zusammenhänge auf andere Personengruppen, Unternehmenssettings und Zeitpunkte, sowie über alle Personengruppen, Settings und Zeitpunkte verallgemeinert werden können. Die Überprüfung der externen Validität stellt nach COOK & CAMPBELL (1979) im Grunde die Analyse von Interaktionseffekten verschiedener Bedingungen mit der Intervention dar. Dabei kann es sich um folgende Interaktionen handeln:

- **Interaktion von Selektion und Intervention**: Diese Gefährdung ist gegeben, wenn überhaupt nur ganz bestimmte Personengruppen, z.B. Freiwillige oder besonders qualifizierte Mitarbeiter, an der Untersuchung teilnehmen.

- **Interaktion von Setting und Intervention**: Dies ist gegeben, wenn z.B. nur ganz bestimmte Arbeitsabläufe in die Untersuchung integriert werden, aber die gefundenen Zusammenhänge auf ganz andere Unternehmensbereiche mit andersartigen Arbeitsabläufen verallgemeinert werden sollen.

- **Interaktion von zwischenzeitlichem Geschehen und Intervention:** Dies ist gegeben, wenn die Intervention möglicherweise in einer besonderen historischen Situation, z.B. bei Gefährdung des Standortes und damit der Arbeitsplätze durch Verkauf an einen Großkonzern, stattfand, und der Verdacht besteht, daß diese Umstände die Wirkung der Intervention beeinflußt haben könnten. Dieser Verdacht kann leicht durch entsprechende Replikationen der Untersuchung geprüft werden.

4.2.2.5 Überblick über die wichtigsten quasi-experimentellen Untersuchungspläne

Bedeutung für die
A.O.-Psychologie

Die beschriebenen Gefährdungen der verschiedenen Validitätstypen sind für COOK & CAMPBELL (1979) Ausgangspunkt für die Konstruktion von Untersuchungsanordnungen, bei denen möglichst viele Validitätsgefährdungen ausgeschlossen werden können, wodurch auch kausale Schlußfolgerungen möglich werden.

Gerade in der A.O.-Psychologie gibt es häufig Untersuchungsfälle, in denen organisatorisch oder technisch vorgegeben ist, welcher Personenkreis einer Maßnahme unterworfen wird und welcher nicht. Damit steht die Untersuchungsgruppe fest. Aus den nicht berücksichtigten Personen kann immerhin eine Kontrollgruppe gebildet werden. Allerdings sind so gewonnene Untersuchungs- und Kontrollgruppen nicht wirklich äquivalent.

Es gibt darüber hinaus auch Fälle, in denen die Maßnahme so durchgreifend ist, daß die gesamte Untersuchungspopulation (z.B. der gesamte Fertigungsbereich eines Unternehmens) an ihr teilnehmen muß, so daß überhaupt keine annähernd vergleichbaren Kontrollgruppen zur Verfügung stehen. In solchen Fällen wird versucht, über besondere Organisationsformen der Maßnahmenapplikation (z.B. gestufte Einführung, vgl. Ein-Gruppen-Vortest-Nachtest-Design mit gestufter Einführung) oder besondere Formen der Messung (z.B. Erfassung von Variablen mit theoretisch vermuteten unterschiedlichen Effekten, vgl. Vortest-Nachtest-Design mit nicht äquivalenten abhängigen Variablen) Vergleichsbedingungen zu schaffen. Dabei bildet die Untersuchungsgruppe gewissermaßen ihre eigene Kontrollgruppe, wodurch die Überprüfung einer kausalen Verursachung der gefundenen Effekte möglich wird.

Alle im folgenden beschriebenen quasi-experimentellen Versuchsanordnungen ermöglichen also auch unter den suboptimalen Bedingungen der Forschungsrealität im Arbeits- und Organisationsbereich die Prüfung kausaler Schlußfolgerungen. Wir wollen im folgenden eine Auswahl der wichtigsten Untersuchungspläne (Designs) zunächst überblickartig vorstellen und anschließend überlegen, welche wir für unser Fallbeispiel am besten heranziehen sollten.

Dabei können natürlich nicht alle quasi-experimentellen Untersuchungspläne aufgeführt werden. Wir beschränken uns auf die klassischen Designs. Nicht behandelt werden hier die Zeitreihendesigns, sowie die quasi-experimentellen Untersuchungspläne auf der Basis passiver Beobachtungsdaten, d.h. Designs auf nur korrelativer Basis wie z.B. verschobene Kreuzkorrelationen. Interessierte seien hierzu auf COOK & CAMPBELL (1979, S.207-294 für Zeitreihenanalysen und S.295-340 für Untersuchungspläne auf korrelativer Grundlage) verwiesen.

Zur besseren Übersicht sei noch gesagt, daß sich die Untersuchungspläne außer in der Art der verwendeten Gruppen (mit und ohne Kontrollgruppe) auch in der Art der Einführung von Maßnahmen (einfach, mehrfach, gestuft oder ausgesetzt) und der Anzahl der Meßzeitpunkte (einfach, vorher-nachher, mehrfach, Zeitreihe) unterscheiden können. Aus den Kombinationen dieser drei Größen ergibt sich die Vielzahl der unterschiedlichen Untersuchungspläne.

Untersuchungspläne ohne Aussagekraft

Ein-Gruppen-Nachtest-Design

Die einfachste Versuchsordnung besteht darin, nach erfolgter Maßnahme eine Messung der abhängigen Variablen vorzunehmen. Schematisch läßt sich ein solcher Untersuchungsplan wie in Abb. 4.1 darstellen.

Legende:
UG = Untersuchungsgruppe;
KG = Kontrollgruppe;
M = Maßnahme;
VT = Vortest (Vorhermessung);
NT = Nachtest (Nachhermessung)

UG:............... M.....................NT

Abb. 4.1: Ein Gruppen-Nachtest-Design

Dieses Design erlaubt eigentlich gar keine Schlußfolgerungen, da wegen der fehlenden Vorhermessung unklar ist, ob überhaupt eine Veränderung stattgefunden hat, die mit der Maßnahme in Verbindung gebracht werden könnte, und weil wegen der fehlenden Kontrollgruppe keine der bekannten Validitätsgefährdungen ausgeschlossen werden kann. Dieses Design findet man häufig bei Fallstudien, in denen dann auf die reichhaltige Datenerfassung hinsichtlich einer großen Zahl abhängiger Variablen und auf die genauen und umfassenden Informationen zum Organisationskontext verwiesen wird. Allerdings können weder Kontextkenntnisse noch Datenreichtum die Schwächen des Designs kompensieren. Es erlaubt einfach keine kausalen Schlußfolgerungen, sondern hat ausschließlich deskriptive Bedeutung.

Nur-Nachtest-Design - mit nichtäquivalenten Kontrollgruppen

Hin und wieder wird versucht, das eben beschriebene einfache Nur-Nachtest-Design durch Hinzunahme einer Kontrollgruppe, die nicht an der Maßnahme teilgenommen hat, zu verbessern. Der Untersuchungsplan sieht dann wie folgt aus:

UG:..................... **M**.................... **NT**
KG:...**NT**

Abb. 4.2: Nur-Nachtest-Design

Die große Schwäche dieses Designs und der Grund, warum auch hier keine kausalen Schlußfolgerungen möglich sind, ist das Fehlen der Vorabmessung. Dadurch bleibt ungeklärt, ob Unterschiede zwischen UG und KG nicht schon vorher bestanden haben. z.B. auf Grund von Selektionseffekten.

Untersuchungspläne mit Aussagekraft

Ein-Gruppen-Vortest-Nachtest-Design

Eine andere Verbesserungsmöglichkeit des einfachen Nur-Nachtest-Designs besteht darin, eine Vorabmessung der Untersuchungsgruppe vorzunehmen und dann Vor- und Nachtestwerte zu vergleichen. Unserem Schema entsprechend sieht diese Designerweiterung so aus:

UG: VT .... **M** .... **NT**

Abb. 4.3: Ein Gruppen-Vortest-Nachtest-Design

Diese Untersuchungsplanvariante entspricht eigentlich dem klassischen experimentellen Vorgehen und so erstaunt es manchen, daß auch dieser Untersuchungsplan nicht zur Prüfung kausaler Schlüsse geeignet sein soll. Wir müssen uns aber vergegenwärtigen, daß wir ja nicht von einem experimentellen Setting ausgehen, in dem alle möglichen Drittvariableneinflüsse experimentell kontrollierbar sind, sondern daß wir unter Bedingungen arbeiten, in denen dies eben nicht möglich ist. Deshalb müssen derartige Drittvariableneinflüsse per Designkonstruktion ausgeschlossen werden. Mögliche Gefährdungen der internen Validität können sich bei diesem Design u.a. durch zwischenzeitliches Geschehen, Reifung, Meßeffekte, Veränderung der Meßinstrumente und Regressionseffekte ergeben. Deshalb kann diesem Design zwar mehr Aussagekraft als den beiden vorherigen zugesprochen werden, aber die Überprüfung kausaler Schlußfolgerungen ist auch mit diesem Design nicht möglich. Aus ökonomischen Gründen kann es und wird es häufig zur Generierung von Hypothesen verwendet.

Vortest-Nachtest-Design mit Kontrollgruppe ohne Maßnahme

Will man die Validität des letztgenannten Designs so verbessern, daß die Überprüfung kausaler Schlußfolgerungen möglich wird, kann man zusätzlich eine Kontrollgruppe einführen, von der, ohne daß sie an der Maßnahme teilnahm, vorher und nachher Daten erhoben werden. Schematisch stellt sich diese Designvariante folgendermaßen dar:

UG: VT .... M .... NT
KG: VT .... NT

Abb. 4.4: Vortest-Nachtest-Design mit Kontrollgruppe

Dieses Design ist eines der am meisten verwendeten in der sozial- und verhaltenswissenschaftlichen Forschung, weil es gegen die meisten Gefährdungen der internen Validität schützt und dabei noch halbwegs ökonomisch ist.

Solomon-Vier-Gruppen-Design

Man kann das Vortest-Nachtest-Design mit Kontrollgruppen ohne Maßnahmen weiter verbessern, indem man noch eine zusätzliche Kontrollgruppe ohne Vorabmessung, sowie eine zusätzliche Untersuchungsgruppe ohne Vorabmessung eingeführt.

UG1: VT .... M .... NT
UG2: .... M .... NT
KG1: VT .... NT
KG2: .... NT

Abb. 4.5: Solomon-Vier-Gruppen-Design

Dieses ist der sogenannte Solomon-Vier-Gruppen-Versuchsplan, durch den zwar eine weitere Verbesserung der internen Validität erreicht werden kann, der aber sehr aufwendig ist. Abgesehen davon, daß bei diesem Design fraglich wird, ob denn die erzielte Validitätsverbesserung den Aufwand rechtfertigt, ist es meistens und besonders im Arbeits- und Organisationsbereich nicht möglich, vier halbwegs vergleichbare Untersuchungs- und Kontrollgruppen überhaupt zu realisieren. Dazu müßte die Grundgesamtheit schon sehr groß sein. Insofern findet man diesen Versuchsplan selten und wenn, dann hauptsächlich bei Evaluationen von sozialpolitischen Maßnahmen realisiert, wo derart große Ausgangspopulationen eher gegeben sind.

Vortest-Nachtest-Design mit Kontrollgruppe mit umgekehrter Maßnahme

Wenn man im einfachen Kontrollgruppendesign die Untersuchungsgruppe mit der Kontrollgruppe vergleicht, erwartet man idealerweise keine Veränderung bei der Kontrollgruppe und eine Veränderung durch die Intervention bei der Untersuchungsgruppe. Statt die Untersuchungsgruppe mit einer Kontrollgruppe zu vergleichen, die keiner Maßnahme ausgesetzt wurde, kann man sie auch mit einer Kontrollgruppe vergleichen, die einer genau entgegengesetzten Maßnahme ausgesetzt wurde. Das entsprechende Design sieht wie folgt aus:

UG: VT	....	**M+**	.... **NT**
KG: VT	....	**M-**	.... **NT**

Abb. 4.6: Vortest-Nachtest-Design mit Kontrollgruppe mit umgekehrter Maßnahme

Bei diesem Design erwartet man, daß im Vergleich der Vorher-Nachhermessungen nicht nur die Untersuchungsgruppe, sondern auch die Kontrollgruppe eine Veränderung zeigt, allerdings eine Veränderung in der entgegengesetzten Richtung. Dadurch besitzt dieses Design mehr theoretische Prägnanz als das einfache Kontrollgruppendesign. Es setzt allerdings voraus, daß es sich um eine Maßnahme handelt, die auch in entgegengesetzten Richtungen operationalisiert werden kann. Denkbar sind derartige Operationalisierungsmöglichkeiten am ehesten bei der Manipulation von einfachen Parametern wie z.B. Beleuchtungsstärke oder Pausenregelungen.

Quasi-experimentelle Untersuchungspläne bei denen die Untersuchungsgruppe ihre eigene Kontrollgruppe ist

Ein-Gruppen Vortest-Nachtest-Design mit ausgesetzter Maßnahme

Hierbei handelt es sich um eine Wiederholungsuntersuchung, bei der die Maßnahme im zweiten Durchgang ausgesetzt wird. Schematisch dargestellt sieht dieser Untersuchungsplan so aus:

UG: VT .... M ....NT1 ....(kein M) NT2

Abb. 4.7: Vortest-Nachtest-Design mit ausgesetzter Maßnahme

Dieses Design ähnelt dem Vergleich mit einer Kontrollgruppe, nur daß hier im zweiten Durchgang die Untersuchungsgruppe ihre eigene Kontrollgruppe darstellt. Derartige Versuchspläne werden verwendet, wenn keine echte Kontrollgruppe gebildet werden kann. Sie setzen allerdings voraus, daß die Maßnahme auch einfach abgesetzt werden kann. Dies ist nur bei begrenzten Maßnahmen denkbar, z.B. im Bereich der ergonomischen Forschung im Falle der Einführung und Wiederabsetzung bestimmter Beleuchtungsstärken.

Ein-Gruppen-Maßnahmenwiederholungs-Design

Nach derselben Logik ist der komplizierte "Maßnahmen-wiederholungsplan" organisiert. Dieser Untersuchungsplan besteht aus einer Reihe von Messungen der gleichen abhängigen Variablen, zwischen denen die Maßnahme abwechselnd durchgeführt und ausgesetzt wird.

UG: VT ...M .... NT1 .....(kein M) ....NT2 ..... M NT3

Abb. 4.8: Maßnahmenwiederholungsdesign

Dieses Design wurde bereits in einer der klassischen Studien der A.O.-Psychologie, nämlich einer der Hawthorne-Studien von ROETHLISBERGER & DICKSON (1939) benutzt. In einer dieser Studien wurden zu verschiedenen Zeitpunkten unterschiedliche Ruhepausen eingesetzt und ausgesetzt und die Auswirkungen dieser Maßnahmen auf die Arbeitsleistung der betroffenen Mitarbeiter erfaßt.

Nur-Nachtest-Design mit vorhergesagten Interaktionseffekten

Sind weder Vortests noch die Bildung von Kontrollgruppen möglich, können dennoch kausale Zuordnungen geprüft werden, wenn genaue

Vorhersagen über die zu erwartenden Beziehungen zwischen Merk-
malsausprägungen in der Gruppe und bestimmten abhängigen Variablen gemacht werden können. Wenn die zu Grunde gelegten kausalen
Zusammenhänge stimmen, müßten die daraufhin angenommenen
Interaktionsbeziehungen zwischen Gruppenmerkmalen und abhängigen Variablen feststellbar sein. Die Überprüfung besteht darin, die für
die Interpretation der angenommenen Zusammenhänge notwendigen
Datenmuster auch wirklich zu erhalten. Eine Kausalinterpretation fällt
um so leichter und ist um so eindeutiger, je komplexer die vorhergesagten Interaktionen sind, denn mit steigender Komplexität erscheint
es um so unplausibler, daß derartige Datenmuster sich zufällig ergeben
haben könnten. Man sollte beachten, daß dieses Design sehr genaue
theoretische Explikationen der untersuchten Variablen und Merkmale
und ihrer erwarteten Auswirkungen voraussetzt.

Regressionsdiskontinuitäts-Design

Oft werden bestimmte Maßnahmen nur solchen Personen zuteil, die
aufgrund eines zentralen Merkmals vorab ausgewählt worden sind. In
unserem Fall könnte es z.B. sein, daß die Geschäftsleitung beschließt,
nur solche Mitarbeiter an der Einführung von Gruppenarbeit partizi-
pieren zu lassen, die fachlich besonders qualifiziert sind und eine aus-
geprägte soziale Kompetenz besitzen, um dadurch den Einführungsprozeß möglichst problemlos zu gestalten. Wenn anschließend Unterschiede zwischen den Teilnehmer an der Gruppenarbeit und dem Rest,
z.B. hinsichtlich der Produktivität oder der Qualitätserreichung, beobachtet werden können, muß überprüft werden, ob die Unterschiede
durch die Gruppenarbeit oder durch die Qualifikation der Untersuchungsgruppe, die ja vorher schon kompetenter und fachlich qualifi-
zierter war als der Rest, verursacht wurden.

Können alle Mitarbeiter vor und nach Einführung der Gruppenarbeit
bezüglich ihrer Produktivität und Qualitätserreichung auf einem
quantitativen Kontinuum angeordnet werden (z.B. gefertigte Stückzahl
als Index für die individuelle Produktivität oder produzierte Gut-
stückzahl in Relation zu Gesamtstück als Index für Qualität), und gibt
es einen festen Wert (cutting-point), der erreicht werden mußte, um
zur Gruppenarbeit zugelassen zu werden, so kann die oben gestellte
Frage mit dem Regressionsdiskontinuitätsdesign beantwortet werden.
Dazu wird die Regression (vgl. Kap. 6.3.1) von den Werten der Nachhermessung auf die Vortestwerte, die ja zur Gruppenaufteilung dien-
ten, berechnet. Die Logik der Prüfung besteht in der Annahme, daß
kein Maßnahmeneffekt vorliegt, wenn die Regressionsgeraden der beiden Gruppen am Grenzwert harmonisch ineinander übergehen. Bei
einem Effekt durch die Maßnahme müßte die Regressionsgerade der
Gruppe, die an der Maßnahme teilgenommen hat, nach oben versetzt
sein. Damit müßte sich am Grenzwert ein Sprung zwischen den Re-

gressionsgeraden als Anzeichen für die Wirkungen der Maßnahme zeigen. In unserem Beispiel ist dies der Fall. Der Sprung der Regressionsgeraden nach oben zeigt, daß die Einführung von Gruppenarbeit bei den besonders qualifizierten Arbeitern die Leistung zusätzlich verbessert hat.

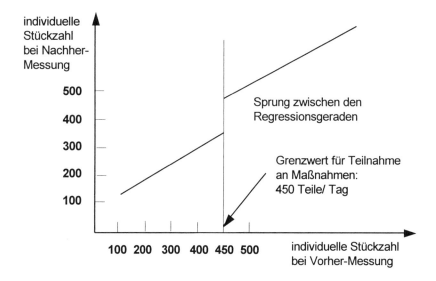

Abb. 4.9: Regressionsdiskontinuitäts-Design

Entscheidend für eine eindeutige Interpretation ist, daß der Grenzwert genau definiert und eingehalten wird. Ist die nicht der Fall, können Abweichungen um den Grenzwert u.U. fälschlich für Maßnahmeneffekte gehalten werden.

Das Design hat den Vorteil, daß es auch eingesetzt werden kann, wenn die Gruppen kontrolliert vorausgewählt wurden, und damit nicht äquivalent sind. Es hat allerdings einige praktische Nachteile. Zum einen erfordert es große Stichproben, während derartige Auswahlmaßnahmen meist bei kleinen Gruppen durchgeführt werden. Zum anderen setzt es eine Quantifizierung der gemessenen Variablen auf Intervallskalenniveau voraus und geht davon aus, daß dieselbe Variable als Grenzwertbestimmungsgröße und als Evaluationskriterium herangezogen wird.

4.2.2.6 Überlegungen zum vorliegenden Fallbeispiel

Im vorliegenden Fall haben wir es bei der Analyse der Einführung von Gruppenarbeit mit einer Maßnahme zu tun, die sehr komplex, umfassend und auf einen längeren Zeitraum angelegt ist und ein ganzes Bündel flankierender Einzelmaßnahmen beinhaltet. Damit wird bereits evident, daß eine derartige Maßnahme nicht einfach abgesetzt oder ausgesetzt werden kann. Entsprechend entfallen für eine Evaluation alle Designs, die z.B. Maßnahmenwiederholungen oder die Aussetzung der Maßnahme fordern. Auch das Regressionsdiskontinuitätsdesign verspricht keine Hilfe, da erstens die entsprechende Vorselektion im vorliegenden Fall nicht vorliegt und zweitens bei der Komplexität der Maßnahme deren Evaluation nicht nur in der Messung einer einzigen abhängigen Variable bestehen sollte.

Auswahl des Designs Wir hatten eingangs zu diesem Abschnitt ja bereits festgestellt, daß es die Komplexität der Maßnahme erforderlich macht, die Analyse für allgemein evaluative Zwecke auf molarem Niveau, aber zur Gewinnung konkreter Gestaltungs- und Modifikationshinweise auf molekularem Niveau durchzuführen. Im vorliegenden Falle sei außerdem beschlossen worden, die Gruppenarbeit in einem von zwei zentralen Fertigungsbereichen einzuführen. Damit ergibt sich die Möglichkeit, die Mitarbeiter des anderen Fertigungsbereiches als Kontrollgruppe zu benutzen. Beide Gruppen sind natürlich nicht äquivalent, ähneln sich aber stark hinsichtlich der Arbeitsabläufe und -strukturen, sowie der Qualifikation der Mitarbeiter. Insofern bietet sich an, als grundlegendes Untersuchungsdesign das Vorher-Nachher-Design mit Kontrollgruppe ohne Maßnahme zu wählen. Von diesem wissen wir ja, daß es gegen die meisten Gefährdungen der internen Validität schützt.

Beachtet werden sollten weiterhin folgende Punkte:

Wichtige Gesichtspunkte

- Bei der Zusammenstellung der Untersuchungs- und Kontrollgruppen sollte keine unaufgedeckte Selektion stattfinden. Auch sollte ausgeschlossen werden, daß sich die Gruppen während des Untersuchungszeitraums irgendwie systematisch in ihrer Zusammensetzung verändern (z.B. durch Entfernung von "wenig Motivierten" aus der Gruppenarbeit), um Mortalitätseffekte zu vermeiden.

- Die Gruppen sollten nach Möglichkeit keinen intensiven Austausch pflegen, um Maßnahmentransfer oder -imitation zu vermeiden.

- Die Arbeitsbedingungen der Kontrollgruppe sollten sich nach Möglichkeit während des Untersuchungszeitraums nicht verändern, um Kompensation von Maßnahmenprivilegien zu vermeiden.

- Die Information über die Untersuchung sollte so unaufdringlich und sensibel erfolgen, daß Demoralisierungs- und Rivalitätseffekte bei der Kontrollgruppe, sowie Hypothesenraten und Tendenzen zur positiven Selbstdarstellung bei der Untersuchungsgruppe möglichst ausgeschlossen werden können.

- Die Komplexität der Maßnahme macht es erforderlich, Ziele, Kriterien, Konstrukte und angenommene Zusammenhänge sehr genau und differenziert zu explizieren. Dabei kann von Interesse sein, zwischenzeitlich zu analysieren, welche Zwischenprozesse, wie z.B. Veränderung der Kommunikationsmuster, Veränderungen fachlicher Kenntnisse oder Veränderungen von Entscheidungsprozessen in der Fertigung, durch die Maßnahme in welchem Ausmaß bewirkt worden sind, und wie sich Unterschiede in diesen Zwischenprozessen auf die eigentlichen abhängigen Variablen wie Qualität und Produktivität auswirken. Da anzunehmen ist, daß diese Prozesse sich nicht unabhängig voneinander vollziehen, liegt eine multivariate Analysestrategie nahe. Es bietet sich hier an, unabhängig vom eigentlichen "großen" Untersuchungsdesign Informationen über ausschnittartige Zusammenhänge von Zwischenprozessen und abhängigen Variablen zu erhalten, indem man Merkmalsvariationen der Zwischenprozesse als Dummy-Variable, d.h. als eine künstlich geschaffene Variable (s.u.) in eine Regressionsanalyse einführt (z.B. Veränderung fachlicher Kenntnisse über einem bestimmten Grenzwert = 1, unter dem Grenzwert = 0). Auf einen Effekt der Kenntnisse, z.B. hinsichtlich der Verbesserung der Qualität, kann dann geschlossen werden, wenn sich ein statistisch signifikanter Regressionskoeffizient (Beta-Gewicht) bei der Beziehung der Dummy-Variablen zur abhängigen Variablen ergibt (vgl. Kap. 6.3.1).

- Die Komplexität der Maßnahme und damit der Analyse legt weiterhin nahe, zentrale Konstrukte unterschiedlich zu operationalisieren und abhängige Variablen nach Möglichkeit mit mehreren, unterschiedlichen Methoden zu erfassen.

4.3   Genaue Explikation von Drittvariablen

Nachdem wir in den vorausgegangenen Abschnitten geklärt haben, auf welchem Niveau die Analyse der Einführung von Gruppenarbeit durchgeführt werden soll und welchen Untersuchungsplan wir benutzen wollen, müssen wir uns noch einige Gedanken zum Status der von uns untersuchten Variablen machen.

Wir haben ja bereits festgestellt, daß wir Kausalbeziehungen zwischen den verschiedenen strukturellen Veränderungen im Zuge der Einführung von Gruppenarbeit und Indikatoren für Produktivität, Fertigungsflexibilität und Produktionsqualität überprüfen wollen. Verschiedentlich ist die Rolle sogenannter Zwischenprozesse wie Veränderung der Qualifikation, der Kommunikation, des Führungsstiles usw. für die o.g. kausalen Zusammenhänge thematisiert worden. Wir können diese Zwischenprozesse in Beziehung zu den strukturalen Veränderungen als abhängige Variablen, und in Beziehung zu den genannten Indikatoren als unabhängige Variablen betrachten; daß Variablen in so komplexen Untersuchungsanordnungen je nach Fragestellung ihren Status ändern, ist nichts Ungewöhnliches. Hinsichtlich der kausalen Beziehungen auf molarem Niveau (s.o.) haben die Zwischenprozesse die Rolle von Drittvariablen.

Bedeutung von Drittvariablen

Nun haben wir im vorigen Abschnitt Drittvariablen immer als Störbedingungen thematisiert, die es zu kontrollieren und auszuschalten gilt. An dieser Stelle soll darauf hingewiesen und weitergehend diskutiert werden, daß Drittvariablen auch dazu dienen können, Kausalerklärungen zu verbessern, indem mit ihnen ein vermuteter Kausalzusammenhang zwischen der unabhängigen und abhängigen Variable präzisiert werden kann. Beispiel dafür wären z.B. der Einfluß der Variable Alter, wenn Gruppenarbeit effektiv nur bei jüngeren, aber nicht mehr bei älteren Mitarbeitern umgesetzt werden kann; oder der Einfluß der Variable Verantwortung, wenn die Einführung von Gruppenarbeit primär über eine verstärkte Verantwortungsübernahme einen Einfluß auf die Produktqualität hat.

Wir wollen im folgenden aufzeigen, daß dabei die Drittvariablen ganz unterschiedliche Funktionen haben können und daß es wichtig ist, dies zu erkennen. Wichtig ist dies nicht nur aus theoretischen Gründen, sondern auch - und deswegen gehen wir hier darauf ein - aus forschungsstrategischen und methodischen. Je nach Funktion und Status sollten zur Prüfung der Wirkung von Drittvariablen unterschiedliche Prüfverfahren herangezogen werden.

Drittvariablen als Moderator- oder Mediatorvariablen

Im besonderen geht es uns hierbei um die Unterscheidung von Drittvariablen als Moderator- oder Mediatorvariablen, da diesbezüglich auch in der arbeits- und organisationspsychologischen Forschungsliteratur Uneindeutigkeiten und Mißverständnisse vorzuliegen scheinen (vgl. allgemein zur Problematik von Moderator- und Mediatorvariablen BARON & KENNY (1986) und zu dieser Problematik speziell in der A.O.-Psychologie SCHULTZ-GAMBARD (1993).

Die eingangs zu diesem Abschnitt angeführten Beispiele aus dem Fallbeispiel Einführung von Gruppenarbeit veranschaulichen bereits den Unterschied zwischen und die andersartige Funktion von Moderator- und Mediatorvariablen. Eine **Moderatorvariable** ist eine Drittvariable, die den kausalen Wirkungszusammenhang zwischen einer unabhängigen Variable, auch Prädiktorvariable genannt, und einer abhängigen Variable, auch Kriteriumsvariable genannt, beeinflußt. Wenn wir unsere Beispiele oben aufgreifen, beeinflußt im ersten Beispiel die Drittvariable Alter die Beziehung zwischen der Prädiktorvariable Einführung von Gruppenarbeit (ja oder nein) und einer Kriteriumsvariablen, wie z.B. Produktivität, Arbeitszufriedenheit, Menge von Verbesserungsvorschlägen oder irgendeine Variable, die als Indikator für den Erfolg und Mißerfolg der Einführung von Gruppenarbeit angesehen wird. Die Moderatorvariable Alter spezifiziert, unter welchen Bedingungen, d.h. bei welchen

Altersgruppen, die Einführung von Gruppenarbeit erfolgreich sein wird und unter welchen nicht.

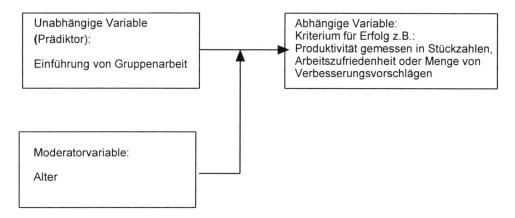

Abb. 4.10: Moderatorvariable

Der Zusammenhang ist in Abb. 4.10 veranschaulicht. Die Abbildung läßt auch deutlich werden, daß Moderator und Prädiktor gegenüber der abhängigen Variablen eine ähnliche Rolle haben: beide sind dem Kriteriumseffekt zeitlich vorgelagert.

Ein Moderator hat insofern eine wichtige Funktion, als er die Beziehung zwischen Prädiktor und Kriterium differenziert. Darüber hinaus wird es u.U. erst durch die Berücksichtigung einer Moderatorvariable möglich, überhaupt eine Beziehung aufzuzeigen. Oft vermutet man eine Beziehung zwischen zwei Bedingungen und stellt zu seinem großen Erstaunen fest, daß die erwartete Beziehung sich in den erhobenen Daten nicht abbildet. In solchen Fällen wird die Beziehung oft durch den Einfluß einer Drittvariablen maskiert, und deren Berücksichtigung als Moderatorvariable ermöglicht dann, die Beziehung zu erkennen. So auch in unserem Beispiel: Ohne Berücksichtigung des Alters würde sich vollkommen unerwartet kein Zusammenhang zwischen der Einführung von Gruppenarbeit und z.B. Produktivität zeigen, obwohl man die Gruppenarbeit ja gerade eingeführt hat, um die Produktivität zu steigern. Tatsächlich ist der erwartete Zusammenhang gegeben, wird aber dadurch maskiert, daß ältere Mitarbeiter mit der Gruppenarbeit nicht zurechtkommen und dadurch eine geringere individuelle Produktivität zeigen, während bei jüngeren Mitarbeitern die Gruppenarbeit wie erwartet zu einer Produktivitätssteigerung führt. Führt man jetzt die Variable Alter als Moderatorvariable ein, wird der Zusammenhang sichtbar und erweist sich als differenzierter, als ursprünglich angenommen wurde.

Idealerweise sollte für eine besonders eindeutige Moderatorwirkung der Moderator weder mit dem Prädiktor, noch mit dem Kriterium korreliert sein. Die Unabhängigkeit des Moderators ist auch Vorausset-

zung für die Überprüfung eines Moderatoreffektes. Ein Moderatoreffekt wird mit einem varianzanalytischen Untersuchungsplan überprüft. In unserem Fall wäre dies ein zweifaktorielles varianzanalytisches Design mit der Einführung von Gruppenarbeit (ja, nein) und
dem Alter (z.B. unter Median, über Median) als Faktoren. Ein Moderatoreffekt würde sich in Form einer Interaktion zwischen dem Prädiktor (Gruppenarbeit) und dem Moderator (Alter) zeigen (vgl. Kap.
6.3.2. Varianzanalyse).

Unterscheidungs-kriterien Entscheidend zur Unterscheidung von Moderatoren und Mediatoren
ist folgende theoretische Bedingung: Der Moderator darf nicht Teil
von oder gar identisch mit dem Mechanismus oder Prozeß sein, über
den erklärt wird, wie der Prädiktor auf das Kriterium wirkt. Das tut er
in unserem Falle auch nicht, denn Alter erklärt die Wirkung von Gruppenarbeit nicht. Der Moderator erklärt vielmehr, <u>wann</u>, d.h. unter welchen besonderen Bedingungen, Gruppenarbeit eine Wirkung auf z.B.
die Produktivität hat, nämlich in unserem Fall nur bei jüngeren, nicht
aber bei älteren Mitarbeitern.

Dabei kann natürlich die Entdeckung dieses Moderatoreffektes die
Aufmerksamkeit auf andere, bisher nicht erkannte Zusammenhänge
lenken. So könnte z.B. angenommen werden, daß für das Funktionie-
ren von Gruppenarbeit besondere motivationale Bedingungen gegeben
sein müssen, die für Jüngere gelten aber nicht für Ältere, oder daß bei
Älteren besondere Informations- und u.U. auch Schulungsbemühun-
gen vor Einführung von Gruppenarbeit unternommen werden sollten.
Indem ein Moderatoreffekt eine erwartete kausale Beziehung zwischen Bedingungen differenziert, eröffnet er eine Reihe von neuen
Forschungsperspektiven.

Ein Mediator ist dagegen eine Drittvariable, welche den generativen
oder herstellenden intervenierenden Mechanismus beinhaltet, über den
die unabhängige Variable auf die Kriteriumsvariable wirkt. Zur Veranschaulichung eines Mediatoreffektes kann unser zweites Beispiel herangezogen werden. Wir hatten dabei angeführt, daß Gruppenarbeit
einen positiven Einfluß auf Qualität haben kann, der über eine erhöhte
Verantwortungsübernahme erklärbar wird, d.h. die Verantwortungsübernahme ist der Mediator, der den Prozeß beinhaltet, über den
Gruppenarbeit auf Qualität wirkt.

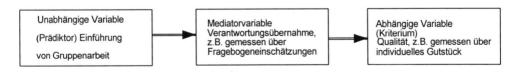

Abb. 4.11: Mediatorvariable

Der Mediator beschreibt genau, wie die unabhängige Variable auf die
abhängige Variable wirkt, d.h. wie Gruppenarbeit hinsichtlich der Pro-

duktqualität psychologische Signifikanz gewinnt. Anders als im Falle
des Moderators muß der Mediator mit Prädiktor und Kriterium korreliert sein.

Eine Varianzanalyse ist keine geeignete Prüfmethode für einen Media-
toreffekt. Überprüfungen von Mediatoreffekten auch komplizierter Art
können am besten mit Strukturgleichungsmodellen durchgeführt werden (vgl. Kapitel 6.4.3. Strukturgleichungsmodelle). Einfache Media-
toreffekte werden regressionsstatistisch überprüft (vgl. Kap. 6.2.1).

Nach der Logik des regressionsanalytischen Prüfverfahrens kann man
auf eine Mediatorwirkung schließen, wenn bei Kontrolle des Mediators der Zusammenhang zwischen Prädiktor und Kriterium deutlich
reduziert wird. Bei einer nahezu vollkommenen Mediatorwirkung, d.h.
wenn die Wirkung der unabhängigen Variablen fast gänzlich über die
Mediatorvariable erreicht wird, sollten bei Kontrolle des Mediators
die Auswirkungen des Prädiktors auf das Kriterium gegen Null gehen.
Bei komplexen Bedingungen kann man davon ausgehen, daß Bedin-
gungsvariationen multiple Auswirkungen gegenüber der abhängigen
Variablen haben. Das bedeutet, daß mehr als nur ein Mechanismus für
die Effekte verantwortlich ist. Die regressionsstatistische Prüfstrategie
erlaubt, solche multiplen Prozesse mit Hilfe multipler Regressionen zu
überprüfen und abzuschätzen, welcher intervenierende Prozeß wie
stark für die Effekte auf die abhängige Variable verantwortlich ist.

Insgesamt sollte dieser letzte Abschnitt deutlich machen, daß erstens   Fazit
Drittvariablen nichts notwendigerweise Negatives sind, sondern helfen
können, angenommene Zusammenhänge zu differenzieren, daß man
zweitens genau explizieren sollte, ob man von einer Funktion einer
Drittvariable als Moderator- oder Mediatorvariable ausgeht und daß
man drittens dann das richtige Verfahren zur Überprüfung dieser
Funktion wählen sollte. Dies gilt insbesondere für eine so komplexe
Untersuchungssituation wie im vorliegenden Falle bei der Einführung
von Gruppenarbeit. Nicht nur sind hier eine Vielzahl von Variablen
bei einer Vielzahl von Einzelfragestellungen involviert, sondern der
Status der Variablen kann auch von Fragestellung zu Fragestellung ein
anderer sein. Um so wichtiger ist, Status und Funktion der Variablen
am besten vor der Datenerhebung, spätestens aber bei der statistischen
Prüfung genau zu explizieren.

4.4   Wahl der Stichprobe

Die Frage, die sich abschließend bei der Untersuchungsplanung stellt,   Fragestellung
ist, mit wem, mit welcher Stichprobe die Untersuchung durchgeführt
werden soll und wie diese zu bestimmen ist.

Die Gruppenarbeit soll in unserem Fall zunächst in einem Fertigungsbereich mit 350 Mitarbeitern eingeführt werden, das heißt mit dieser
Population wird die Maßnahme durchgeführt und hinsichtlich dieser

Population werden Veränderungen erwartet, die sich als mehr oder weniger erfolgreich hinsichtlich der angestrebten Ziele herausstellen können. Für eine Erfolgskontrolle wäre diese Population also zunächst die Untersuchungsgrundgesamtheit.

Nun ist die Untersuchung ja als Vorher-Nachher-Messung mit Kontrollgruppe geplant und der Zufall will es, daß ein paralleler Fertigungsbereich existiert, in dem nahezu dieselbe Produktpalette mit denselben Betriebsmitteln von Mitarbeitern mit vergleichbarer Qualifikation gefertigt wird und in dem Gruppenarbeit noch nicht eingeführt wird. Allerdings ist dieser Bereich kleiner und umfaßt nur ca. 80 Mitarbeiter. Dennoch gäbe dieser Bereich eine ideale Vergleichsgruppe ab. Die unterschiedliche Größe stört nicht weiter, da ja sowieso die Grundgesamtheiten nicht vollständig erfaßt werden können. Gegen eine Totalerhebung sprechen drei Gründe:

Gründe gegen eine Totalerhebung

- Erstens ist eine Totalerhebung so zeit- und kostenintensiv, daß sie für das Unternehmen viel zu teuer wäre. Die entscheidenden Kosten sind dabei nicht die direkten Erhebungskosten, sondern die Lohnausfallkosten.

- Zweitens könnte bei einer Totalerhebung der Fertigungsablauf nicht mehr aufrechterhalten werden, das heißt, sie würde zu einem zeitweiligen totalen Produktionsstopp führen.

- Drittens ist der Unternehmensleitung bekannt, daß Stichprobenerhebungen genauso verläßlich sind wie Totalerhebungen, unter besonderen Umständen, z.B. bei sehr großen Grundgesamtheiten, sogar verläßlicher.

Insofern wird vereinbart, eine Stichprobe aus der Grundgesamtheit zu ziehen, von der auf diese verallgemeinert werden kann. Entsprechend soll die Stichprobe hinsichtlich der wichtigsten Merkmale ein kleineres Abbild der Grundgesamtheit darstellen, d. h. sie soll für diese repräsentativ sein.

Größe der Stichprobe

Dabei stellen sich die Fragen, wie groß die Stichprobe sinnvollerweise sein sollte und wie man aus der Grundgesamtheit eine repräsentative Stichprobe auswählt.

Für die Stichprobengröße können keine allgemeinverbindliche Vorgaben gegeben werden. Ein Bestimmungsmoment für die Stichprobengröße ist die für die anschließend geplanten statistischen Auswertungsverfahren benötigte Versuchspersonenzahl, die in der Regel aber nicht allzu groß sein muß. Meist bestimmt sich die Stichprobengröße ganz pragmatisch danach, welche Stichprobengröße dem Unternehmen finanziell überhaupt vertretbar erscheint.

Auswahl der Zufallsstichprobe

Hinsichtlich der Frage, wie die Stichprobe ausgewählt bzw. gezogen werden soll, ergeben sich mehrere Möglichkeiten. Es würde diesen Text überfordern, wenn alle Auswahlverfahren detailliert dargestellt würden. Dazu sei der interessierte Leser auf BORTZ (1984) und

KROMREY (1980) verwiesen, die diese Problematik anschaulich, kompakt und übersichtlich dargestellt haben. Hier sollen nur die drei wichtigsten Verfahren erwähnt werden.

Eine Möglichkeit der Auswahl ist die bewußte, zufallsgesteuerte Auswahl. Dazu werden die Einheiten der Stichprobe zufällig (z.B. nach Zufallszahlen) aus einer Grundgesamtheit entnommen. Die Grundgesamtheit sollte dazu am besten in irgendeiner Form symbolisch repräsentiert sein, z.B. als Namensliste oder Kartei. Die Grundidee ist: Wenn jede Einheit der Grundgesamtheit gleich wahrscheinlich in die Stichprobe gelangen kann, dann entspricht die Merkmalsverteilung in der Stichprobe derjenigen in der Grundgesamtheit, da häufige Merkmale öfter erfaßt werden als weniger häufige. *Zufallsauswahl*

Damit dieses "Prinzip der großen Zahl" funktioniert, benötigt man entsprechend große Grundgesamtheiten und Stichproben. Die Repräsentativität der Stichprobe wird um so besser sein, je größer die Stichprobe ist und je geringer die Streuung der Merkmale in der Grundgesamtheit, das heißt je merkmalshomogener die Grundgesamtheit ist. Ein Vorteil dieses Verfahrens ist, daß man die Verteilung der Merkmale in der Grundgesamtheit vorher nicht kennen muß, das heißt keine entsprechenden Vorerhebungen nötig werden.

Dies ist allerdings bei dem anderen Standardverfahren der Stichprobenauswahl der Fall, bei der Quotenstichprobe. Die Quotenstichprobe ist das im kommerziellen Bereich, z.B. der Meinungsforschung, am meisten benutzte Auswahlverfahren. Der Grundgedanke ist folgender: Wenn die Verteilung der für die Fragestellung relevanten Merkmale in der Grundgesamtheit bekannt ist, kann ich für die Auswahl der Stichprobe für jedes Merkmal eine entsprechende Quote vorgeben, die auch in der Stichprobe realisiert sein soll. Wenn ich also beispielsweise weiß, daß in meiner Stichprobe von 350 Mitarbeitern 50 Frauen und 300 Männer, 150 Deutsche und 200 Ausländer und 50 Facharbeiter und 300 angelernte Arbeiter sind, würde ich für die Zusammensetzung einer Stichprobe von z.B. 70 Personen folgende Quoten vorgeben: *Quotenstichprobe*

Frauen: ca. 14%, Männer: ca. 84%, Deutsche: ca. 43%, Ausländer: ca. 57%, Facharbeiter: ca. 14%, angelernte Arbeiter: ca. 86%

und danach die Stichprobe aussuchen.

Ein Nachteil der Methode ist, daß man vorab die Merkmalsverteilungen in der Grundgesamtheit erheben muß. Ein weiterer Nachteil ist, daß die Merkmale in den Quoten unabhängig voneinander vorgegeben werden, in der Grundgesamtheit aber kombiniert auftreten; z.B. seien in unserer Grundgesamtheit fast alle Frauen ausländische Frauen. Es ist nicht gewährleistet, daß in der Stichprobe dieselben Kombinationen vertreten sind wie in der Grundgesamtheit; wenn z.B. der männliche Interviewer aus Bequemlichkeitsgründen nur deutsche Frauen anspricht und die Ausländerquote über Männer abdeckt.

Dennoch ist die Quotenauswahl wegen der Ökonomie des Verfahrens die gebräuchlichste Auswahlmethode.

Vergleichsuntersuchungen in der Ökonometrie zwischen Quoten- und Zufallsauswahl haben gezeigt, daß die Zufallsauswahl der Quotenauswahl nicht überlegen ist.

geschichtete
Stichprobe

Ein auch sehr gebräuchliches Auswahlverfahren, das gewissermaßen ein Mischverfahren der beiden beschriebenen Verfahren darstellt, ist die "geschichtete Stichprobe". Dabei geht man von der Überlegung aus, daß die Grundgesamtheit auch aufgefaßt werden könnte als das Gesamt der Gruppen der Merkmalsträger von für die Fragestellung relevanten Markmalen. Dann kann es sinnvoll sein, schon bei der Stichprobenauswahl sicherzustellen, daß diese Untergruppen der Grundgesamtheit auch in der Stichprobe in vergleichbarer Weise, das heißt repräsentativ, vertreten sind. Dazu würde man die Grundgesamtheit in entsprechende Untergruppen aufteilen und auch für die Stichprobe dieselben Untergruppen in ähnlicher Größenordnung vorsehen. Aus jeder Untergruppe der Grundgesamtheit würde dann eine einfache Zufallsstichprobe für die Gesamtstichprobe gezogen.

 Wir wollen dies an unserem Fallbeispiel erläutern:
Gehen wir mal davon aus, daß das Unternehmen gewillt ist, eine Gesamtstichprobe von ca. 100 Mitarbeitern zuzulassen. Aus organisatorischen Gründen, das heißt um den Produktionsablauf nicht zu gefährden, darf die Stichprobe der Kontrollgruppe aus dem kleineren parallelen Produktionsbereich nicht größer als 35 Personen sein. Damit wäre eine Untersuchungsstichprobe von 70 Personen, die aus dem Bereich mit 350 Mitarbeitern auszuwählen wären, und eine Kontrollstichprobe von 35 Personen, die aus dem Bereich mit 80 Mitarbeitern auszuwählen wären, vorgegeben.
Der Untersuchungsbereich sei dazu noch folgendermaßen strukturiert: Er teilt sich in vier Unterbereiche auf. Der erste Unterbereich ist der Bereich der Produktionsvorbereitung, in dem hauptsächlich angelernte, leistungsgeminderte männliche Mitarbeiter beschäftigt sind. Bereich zwei und drei sind die eigentlichen Fertigungsbereiche der beiden Produktvarianten, in denen ausschließlich männliche, zum Teil angelernte Arbeiter, zum Teil Facharbeiter beschäftigt sind. Bereich vier ist ein Nacharbeits-, Kontroll- und Verpackungsbereich, in dem ausschließlich angelernte, ausländische Arbeiterinnen beschäftigt sind. Der Ausländeranteil in den anderen Bereichen liegt bei ca. 10%. Wie soll die Stichprobe ausgewählt werden?
Eine Zufallsauswahl verbietet sich angesichts der offensichtlich sehr geringen Merkmalshomogenität der Grundgesamtheit. Eine Quotenauswahl erscheint auch schwierig, weil die Merkmale in sehr ausgefallenen Kombinationen vorliegen. Hier bietet sich das Verfahren der geschichteten Stichprobe an, zumal die Merkmale sich zum Teil sehr eindeutig auf die verschiedenen Produktionsbereiche verteilen. Wir würden also für die Auswahl der Untersuchungsstichprobe die vier Produktionsbereiche zu Untergruppen erklären und aus diesen je nach

Größe eine entsprechend große Zufallsstichprobe ziehen. Für die Auswahl der Kontrollstichprobe müssen wir uns aber etwas anderes überlegen, da die geringe Größe der Untergruppen in der Kontrollgrundgesamtheit eine vernünftige Zufallsauswahl nicht mehr zuläßt. Um die nötige Übereinstimmung von Untersuchungs- und Kontrollstichprobe sicherzustellen, würde es sich hier anbieten, die Stichproben hinsichtlich der als relevant erkannten Merkmale wie zum Beispiel Alter, Geschlecht, Fertigungsbereich, Nationalität und Qualifikationsniveau zu "matchen". Beim „Matchen" wird jeder Einheit der Untersuchungsstichprobe, oder in unserem Fall wegen der unterschiedlichen Größe von Kontroll- und Untersuchungsstichprobe jedem merkmalsähnlichen Pärchen aus der Untersuchungsstichprobe, eine Einheit aus der Kontrollgrundgesamtheit zugeordnet, die der Einheit aus der Untersuchungsstichprobe hinsichtlich der genannten Merkmale möglichst ähnlich ist. Diese bilden dann die Kontrollgruppe.

Mit der Auswahl der Stichprobe endet der erste Teil der Überlegungen und Vorbereitungen zur Untersuchungsplanung. Nächster Schritt wird die Überlegung sein, wie und mit welchen Verfahren die abhängigen Variablen erfaßt werden sollen.

Übungsaufgaben zum Kapitel 4

Bevor die verschiedenen Validitätsgefährdungsaspekte weiter erläutert werden, möchten wir Sie zum besseren Verständnis bitten, sich selbst einige Überlegungen zu den verschiedenen Validitätsgefährdungen zu machen.

1. Listen Sie dazu bitte je Validitätstyp mindestens einen Tatbestand auf, den Sie als Gefährdung der jeweiligen Validität betrachten.

2. Im folgenden werden vier Validitätsgefährdungen beschrieben; ordnen Sie diese bitte den jeweiligen Validitätstypen zu.

   - Die Untersuchungsteilnehmer haben bestimmte Vermutungen über das Untersuchungsziel und reagieren entsprechend.

   - An der Untersuchung nehmen nur Personen teil, die sich freiwillig zu einem bestimmten Auswahltest gemeldet haben.

   - Während der Datenerfassung per Fragebogen wird ein Teil der Teilnehmer wegen einer wichtigen betriebsinternen Störung abgerufen und kann den Fragebogen nach Feierabend zu Hause ausfüllen.

   - Die Teilnehmer von Untersuchungsgruppe und Kontrollgruppe treffen sich regelmäßig und tauschen Erfahrungen aus.

3. Bitte zeigen Sie auf, gegen welche Gefährdungen der internen Validität das "Vortest-Nachtest-Design mit Kontrollgruppe ohne Maßnahme" im Vergleich zum "Ein-Gruppen-Vortest-Nachtest-Design" zusätzlich geschützt ist.

4. Bitte zeigen Sie weiter auf, welchen Schutz vor Gefährdungen der internen Validität man weiter beim Solomon-Vier-Gruppen-Design im Vergleich zum "Vortest-Nachtest-Design mit Kontrollgruppe ohne Maßnahme" gewinnt.

5. Was würde es bedeuten, wenn in unserem Beispiel (vgl. Abb. 4.9.) die Regressionsgerade zwar einen ähnlich großen Sprung hätte, aber nicht nach oben, sondern nach unten versetzt wäre?

6. Wie können Sie sich einen derartigen Tatbestand (vgl. 5) bezogen auf unser Fallbeispiel erklären: Durch welche Entwicklungen könnte ein solches Ergebnis bewirkt worden sein?

5.   Erhebungsmethoden

Nachdem wir die Frage erörtert haben, wie eine Untersuchung in der Auto-Serv GmbH im einzelnen geplant werden kann, werden wir nun in diesem 5. Kapitel die wichtigsten Erhebungsmethoden darstellen. Beim Einsatz der verschiedenen Instrumente in der Feldsituation gibt es mehr oder weniger gemeinsame methodenimmanente Probleme, die aus dem Umstand resultieren, daß die Erhebung in einem konkreten organisatorischen Kontext erfolgt und die Organisationsmitglieder in der Regel wahrnehmen, daß eine Untersuchung stattfindet.
Wir werden diese allgemeinen Probleme im Abschnitt 5.1 vorweg diskutieren.
Im Anschluß daran werden wir in den Abschnitten 5.2 bis 5.6 das Interview, Fragebögen, Beobachtung, nichtreaktive Meßverfahren und Rollenspielsimulationen als konkrete Verfahren vorstellen.

5.1   Allgemeine methodenimmanente Probleme

Zunächst geht es in diesem Abschnitt um die Frage, welche allgemeinen Probleme einem Forscher beim Einsatz von Erhebungsmethoden begegnen.

Wenn es nur die im Kapitel 4 geschilderten Untersuchungsdesign-Probleme sowie die in Kapitel 2 beschriebenen praktischen Probleme bei der Umsetzung von methodischen Leitlinien gäbe, dann wäre die Situation relativ leicht zu lösen, denn dann müßte man eben in der A.O.-Psychologie den Versuch unternehmen, diese verschiedenen Barrieren durch entsprechende flankierende Maßnahmen zu überwinden oder neuere "raffiniertere" Techniken ausklügeln, ein Unterfangen, das zumindest eine schrittweise Annäherung an "veritable Wissenschaft" ermöglichen könnte. Der Übergang vom grundlagenwissenschaftlichen Ansatz zur Anwendungsforschung ist aber leider auch mit anderen grundsätzlichen Schwierigkeiten verbunden, die in diesem Abschnitt angerissen werden sollen, bevor wir dann zu den einzelnen Methoden kommen (vgl. BUNGARD 1993).

Feldforschung findet nämlich erstens in einem spezifischen kulturellen Rahmen statt, und dies hat, wie wir sehen werden, erhebliche Auswirkungen für die Planung und Durchführung einer Studie. Im Zusammenhang damit müssen zweitens die kontext-spezifischen motivationalen Prozesse bei den Probanden beachtet werden, die gravierende Auswirkungen auf die Untersuchungsergebnisse haben.

ad 1: Kultureller Rahmen

Bedeutung der
Organisations-
kultur

Beginnen wir zunächst einmal mit der Bedeutung des kulturellen Rahmens. Wenn eine a.o.-psychologische Studie im Anwendungsfeld durchgeführt werden soll, so muß man sich vor Augen führen, daß man als Forscher in den meisten Fällen in einen "neuen" sozialen Kontext eintritt, der durch eigene Normen, Werte, Sichtweisen und durch seine eigene Sprache gekennzeichnet ist. Diese soziologische "Selbstverständlichkeit" ist unter dem Stichwort "**Organisationskultur**" auch für den Bereich der A.O.-Psychologie entdeckt worden (NEUBERGER & KOMPA 1987). Unter dieser Perspektive lassen sich für die in diesem Beitrag zu diskutierenden methodischen Probleme einige wichtige Konsequenzen aufführen.

Die Zielsetzung a.o.-psychologischer Untersuchungen besteht z.B. häufig darin, das Verhalten und/oder die Einstellungen von Organisationsmitgliedern zu analysieren, und dies setzt in nahezu allen Fällen voraus, daß der Forscher und die zu untersuchenden Personen in einen Dialog eintreten, um mit Hilfe entsprechender verbaler Äußerungen die Situationswahrnehmungen und -strukturierungen, die subjektiv empfundenen Belastungen usw. erfassen zu können. Bei diesen Kommunikationsprozessen können jedoch, wie wir aus der Interviewforschung wissen, erhebliche Schwierigkeiten daraus resultieren, daß man nicht eine generelle semantische Äquivalenz der Begriffe bei den Gesprächspartnern unterstellen kann. Der "universitär" sozialisierte Forscher ist es gewöhnt, daß seine Studenten im Labor seine Sprache verstehen. Am Arbeitsplatz treten jedoch u.U. aufgrund der spezifischen Organisationskultur sprachliche Schwierigkeiten auf, die nicht immer zu Tage treten müssen.

Sprache der
Organisation

Der Forscher bzw. Interviewer muß also die Organisation, insbesondere die organisationsspezifische Terminologie bzw. kognitiven Schemata, "Sprachspiele", Bezugssysteme usw. kennen, wenn er seine Forschung sinnvoll durchführen will. Gruppenspezifische oder organisationsspezifische Skalen oder Befragungsinstrumente, die unter diesem Gesichtspunkt eigentlich eingesetzt werden müßten, sind nur sehr selten entwickelt worden. Der Vergleich verschiedener Betroffenengruppen wäre im übrigen bei einem solchen Vorgehen nicht unproblematisch, weil die verwendeten Instrumente dann nicht identisch und damit vergleichbar wären. Die bisherige Strategie, das gleiche Instrument in verschiedenen Organisationen und bei völlig verschiedenen Arbeitsplätzen einzusetzen, ist aber fragwürdig: Empirisch nachgewiesene Differenzen bezüglich bestimmter Phänomene, z.B. zwischen Lohnempfängern und Angestellten, zwischen verschiedenen Hierarchieebenen oder zwischen verschiedenen Organisationstypen könnten sich als Manifestationen unterschiedlicher semantischer Konnotationen entpuppen. In engem Zusammenhang damit muß weiterhin gesehen werden, daß Befragte häufig bei der Beantwortung von Fragen von unterschiedlichen Bezugssystemen ausgehen.

Abb. 5.1: Erkennen Sie eine alte oder eine junge Frau? Aufgrund der unterschiedlichen Wahrnehmung können Kommunikationsprobleme entstehen.

Interpretationsprobleme ergeben sich aber nicht nur bei direkten Kommunikationsprozessen, wie z.B. bei Interviews, sondern in Analogie zur ethnologischen Forschung muß auch bei "nicht-interaktiven" Beobachtungsstudien mit Verzerrungen gerechnet werden. Ein Kennzeichen der sozialen Wahrnehmung besteht bekanntlich darin, daß die beobachteten Phänomene vor dem Hintergrund der eigenen kulturellen Selbstverständlichkeiten selektiv verarbeitet werden. Bei interkulturellen Vergleichen ist dieses Problem evident, und der Ethnologe versucht deshalb auch durch langjährige Aufenthalte bei einem "exotischen Stamm" die Rituale nachvollziehen bzw. verstehen zu lernen. Er würde sonst vorschnell z.B. eine religiöse Zeremonie unter Zugrundelegung seiner Kategorien als "Saufgelage" mißdeuten.

Diese Schwierigkeiten sind bei intrakulturellen und damit auch bei organisationsspezifischen Studien nicht so offensichtlich. Der aus dem universitären Milieu kommende Forscher könnte z.B. bei der Wahrnehmung und Klassifikation des Führungsverhaltens eines Vorgesetz-

Selektive Wahrnehmung

ten in einer anderen Organisation ebenfalls in Abhängigkeit von seinem Bewertungsmuster ausgehen und somit möglicherweise, ebenso wie ein unerfahrener Ethnologe, die Situation falsch interpretieren. Bleibt also festzuhalten, daß bei heterogenen Zielgruppen im Rahmen verschiedener kultureller Kontexte die Anwendung standardisierter "situationsunabhängiger" Befragungs- und Beobachtungsinstrumente problematisch ist.

Vernachlässigung der Organisationskultur

Dieses zentrale Problem bei jeder angewandten Forschung wurde bislang aus zwei Gründen nicht intensiv diskutiert. Zum einen handelt es sich bei derartigen Verzerrungen um subtile Prozesse, die nicht offen zu Tage treten müssen, insbesondere dann, wenn die Ergebnisse später nicht mit den entsprechenden Organisationsmitgliedern, sondern mit Forschungskollegen besprochen werden.

Tayloristische Forschungs-Organisation

Zum anderen scheint das Problem aus der Sicht der Wissenschaftler häufig deshalb nicht virulent zu sein, weil es durch die arbeitsteilige, quasi "tayloristische" Organisation der Forschung als solche verdeckt wird: Der Wissenschaftler delegiert nämlich häufig die Datenerhebung an Interviewer, bzw. Beobachter, und er wird dann notgedrungen das oben beschriebene Defizit nicht selber erleben. Dieser Umstand bewirkt einmal die nicht unerheblichen Rollenprobleme und Streßphänomene bei den Interviewern, die mit der Diskrepanz zwischen der Rolle des neutralen Datensammlers und der des situationsbedingten Vermittlers zurechtkommen müssen; weiterhin erlaubt diese Art der Arbeitsteilung dem Forscher, sich voll und ganz auf die Auswertung des empirischen Materials zu konzentrieren, ohne durch lästige Zweifel an der semantischen Äquivalenz der Fragen und Antworten irritiert zu werden. Die methodischen Implikationen des Organisations-Kultur-Ansatzes gehen also bei angewandter Forschung, wie z.B. im Bereich der Organisationspsychologie, allzuoft an der Nahtstelle zwischen Datenerhebung und Datenauswertung aufgrund der durchgängig praktizierten Funktionsverteilung im Forschungsbetrieb verloren.

ad 2: Motivationale Prozesse

Forschung im Anwendungsfeld der A.O.-Psychologie setzt - abgesehen von der Adäquatheit des Instruments - weiterhin voraus, daß die potentiellen Untersuchungspersonen tatsächlich auch bereit sind, die ihnen zugedachte Rolle zu übernehmen. D.h. sie müssen motiviert sein, aktiv an einer wissenschaftlichen Befragung oder Beobachtungsstudie teilzunehmen. Die in der Grundlagenforschung in der Regel verwendete Studentenpopulation ist auch unter diesem Gesichtspunkt eher unproblematisch. Studierende müssen z.B. im Rahmen ihres Psychologie-Studiums die vorgeschriebenen "Versuchspersonen-Stunden" absolvieren, und außerdem sind sie häufig auch neugierig, was in einem Experiment auf sie zukommt (mit all den methodischen

Schwierigkeiten, die sich aus dieser spezifischen Motivationslage im
Hinblick auf die Validität der Befunde ergeben).

Warum aber sollte in der Arbeitswelt jemand an einer a.o.-psy-
chologischen Studie teilnehmen? Abgesehen von der durch organisatorische Bedingungen bewirkten hohen Ausfallquote (Schicht-
wechsel, Kurzarbeit, Urlaub u.v.m.) sehen viele Betroffene den Sinn
mancher Untersuchungen nicht ein und verweigern ihre Teilnahme.
Sie wissen vor allem nicht, welche "Datenträger-Rolle" ihnen
zugedacht ist. Das ganze Unterfangen hat aus ihrer Sicht nur dann
einen nachvollziehbaren Sinn, wenn die jeweiligen Arbeitsplätze mit
ihren spezifischen Eigenarten analysiert werden, um konkrete
Schlußfolgerungen und vor allem Konsequenzen zu ziehen. Untersuchungen mit dem Ziel gerade situationsunabhängige Aussagen aufzu-
stellen, bei denen also auf die Besonderheiten der Situation des
Befragten keine Rücksicht genommen werden kann, sind für die Betroffenen praxisfern, "akademisch" und nicht dahingehend motivierend, den Forschern bereitwillig Auskunft zu erteilen. Entsprechend
oft trifft man bei der Suche nach Freiwilligen auf solche Personen, die
irgendwann einmal bereits Versuchsperson bei einer Studie gewesen
sind und sich aufgrund dieser Erfahrungen weigern, noch einmal bei
einem solchen Unterfangen mitzumachen. Die Skepsis ist weitverbrei-
tet, Verweigerungsquoten von über 50 % sind keine Seltenheit.
In der Methodenliteratur ist diese hier angesprochene Grundproble-
matik von ESSER (1975) eingehend analysiert worden. ESSER geht
davon aus, daß der optimale "Datenabruf" während einer Untersuchung grundsätzlich neben der Stimulus- bzw. Reaktionsäquivalenz
die Übernahme der Probandenrolle voraussetzt, die als kooperative
Interaktionsbeziehung das Befolgen von spezifischen Verhaltenser-
wartungen impliziert. Aus der Rollentheorie ist bekannt, daß die Rol-
lenübernahme auf der Grundlage einer "empathischen" Situationsde-
finition von kognitiven Fertigkeiten und einer entsprechenden Motivation abhängig ist. Diese Bedingungen sind nun bei innerbetrieblichen Befragungen häufig sehr unterschiedlich ausgeprägt. Die erforderlichen empathischen Fähigkeiten besitzen vorwiegend solche In-
dividuen, die sie "als eine Laienausgabe professioneller Autostereo-
type von Sozialforschern selbst erscheinen lassen, deren Tätigkeit vom
Ursprung ihrer Profession und von Rekrutierung und Selbstverständnis ebenfalls geprägt ist von Marginalität, einem gewissen Kosmopo-
litismus und Verzicht auf unmittelbar wirksames Handeln zugunsten
von Kulturbeschreibung" (ESSER 1975, S.77).
Genau diese Bedingungen sind bei innerbetrieblichen Befragungen
häufig nicht gegeben. Im Gegenteil: Mitarbeiter werden gerade im
Sinne eines direkt wirksamen Handelns sozialisiert, und deshalb müssen sich die oben geschilderten Schwierigkeiten bei der Rollenüber-
nahme geradezu zwangsläufig ergeben. Bei Umfragen in Organisatio-

Teilnahme-Moti-
vation von Ver-
suchspersonen

nen ergeben sich in Zusammenhang damit gravierende Unterschiede in der Akzeptanz der Methode in Abhängigkeit von der Hierarchieebene und dem damit korrelierenden Ausbildungsniveau der Probanden.

Anonymitäts-
zusicherung

Im Zusammenhang mit diesen Überlegungen stellt sich ein weiteres typisches "Anwendungsproblem": Die den Studenten zur Erhöhung der Teilnahmemotivation in der Regel zugesicherte Anonymität der Untersuchung ist bei Studien innerhalb von Organisationen oft unmöglich und im übrigen auch unglaubwürdig. Der Forscher bzw. Interviewer findet also wenig Verständnis bei den Probanden, wenn die genaue Fragestellung der Untersuchung nicht offen vor Beginn dargelegt wird. Das in der Grundlagenforschung mit Studenten gelegentlich praktizierte Ritual, mit Hilfe theaterreifer Inszenierungen die wahre Absicht des Versuchsleiters zu verbergen, greift in der Praxis nicht. Täuschungsmanöver reduzieren nicht die Reaktivitätseffekte, im Gegenteil, sie erhöhen sie und führen oft zur Teilnahmeverweigerung. Erschwerend kommt noch hinzu, daß geplante Untersuchungen meistens mit ähnlichen Bemühungen von Arbeitsplatzbewertern, Refa-Spezialisten, industrial engineers oder Erhebungen seitens der Personalabteilung in Verbindung gebracht werden. Langjährige Erfahrungen mit diesen Instanzen haben die Betroffenen gelehrt, sich besonders vorsichtig und zurückhaltend zu verhalten, da voreilige Offenbarungen sich häufig in unerwünschten administrativen Regelungen und Rationalisierungsmaßnahmen bumerangartig ausgewirkt haben. Werden z.B. belastungsreduzierende Veränderungen am Arbeitsplatz preisgegeben, können in der Lohntüte postwendend die Erschwerniszulagen wegfallen.

Auftraggeber-
Effekte

Hinter einer a.o.-psychologischen Untersuchung wird weiterhin fast immer ein Interesse der Geschäftsleitung vermutet, die ja der Untersuchung zugestimmt haben muß. Die spezifische **Reaktivität** im Sinne eines "Auftraggebereffekts" ist dadurch vorprogrammiert. Aus der Perspektive der Probanden wird in diesem Kontext nicht zwischen Geschäftsleitung, Personalabteilung und Forschern aus einer Universität differenziert, sie alle repräsentieren zusammen die "Bürokratie".

Fazit

Zusammenfassend kann also folgendes Fazit gezogen werden: Aus den verschiedenen oben dargelegten Gründen kann abgeleitet werden, daß sich bei Untersuchungen innerhalb von Organisationen gravierende motivationale Schwierigkeiten bei den Probanden ergeben können. Durch datenschutzrechtliche Diskussionen sensibilisiert sind die Betroffenen nicht ohne weiteres bereit, an einer Studie teilzunehmen; die Ausgangsmotivation ist also höchst ambivalent. Wenn aber Organisationsmitglieder an der Untersuchung teilnehmen, dann sind gerade aus den Gründen, die sie zur Teilnahme motiviert haben, nämlich Neugier, Hoffnung auf Verbesserung der Arbeitsplatzsituation usw.,

Differenzverhalten

die Verhaltensweisen während der Datenerhebung im Sinne der

Reaktivitätsproblematik vorgezeichnet: Risikominimierung durch impression management sogenanntes Differenzverhalten, wie sie es im Umgang mit Behörden gewohnt sind, also z.B. hohe Meinungslosigkeit, Ja-Sager-Effekte usw. oder aber intensive Bemühungen, die eigene Funktionsfähigkeit unter Beweis zu stellen. Organisationsspezifisches "impression management" wird so schnell zur dominanten Reaktionsstrategie. Umgekehrt ist natürlich auch eine Situation vorstellbar, in der die Befragten Beeinträchtigungen fingieren, um Erschwerniszulagen zu erhalten oder um Verbesserungen am Arbeitsplatz zu erreichen. Es bleibt also festzuhalten, daß im Gegensatz zum universitären Bereich Reaktionen im Rahmen einer Untersuchung in Organisationen Konsequenzen für die Betroffenen nach sich ziehen. Die Befragten bzw. die Versuchspersonen versuchen deshalb diese Folgen zu antizipieren und wählen ihre Antworten oder Reaktionen entsprechend aus. D.h. es ist damit zu rechnen, daß von den Untersuchungspersonen versucht wird, den Forscher bzw. Interviewer im Sinne der Durchsetzung eigener Interessen zu instrumentalisieren. Die Reaktionen der Betroffenen können aus diesem Grund oft nur vor dem Hintergrund ihrer betrieblichen (politischen) Interessen verstanden werden.

Welche Konsequenzen können aus den Überlegungen dieses Abschnittes gezogen werden? Konsequenzen

Der Einfluß des kulturellen Rahmens kann bei entsprechendem Aufwand prinzipiell berücksichtigt werden, obwohl die Grundpfeiler des klassischen Paradigmas gerade diesen Aspekt eher ausklammern. Eine Einstellungsskala wird ja gerade als ein situationsunabhängiges, item- und faktorenanalytisch konstruiertes Instrument konzipiert.

Noch gravierender sind aber die zuvor beschriebenen kognitiven bzw. motivationalen Effekte. Sie sind nicht als Störfaktoren eleminierbar, sondern müßten eigentlich als zentrale Variablen mit in die theoretischen und methodischen Überlegungen einbezogen werden. Nun wurde in der bisherigen Darstellung der Eindruck erweckt, als wenn diese motivationalen Auswirkungen lediglich in der Feldsituation virulent wären. Zahlreiche Forschungsergebnisse im Zuge der Reaktivitätsforschung haben seit einigen Jahrzehnten eindeutig belegt, daß analog die gleichen Prozesse sehr wohl auch im Labor wirksam sind. Gleichwohl wird der Mythos immer wieder aufrechterhalten, daß im Labor besser geforscht werden könnte, weil lästige Störgrößen kontrollierbar seien. Das Gegenteil ist in vielen Laborstudien der Fall. Die Lösung des Problems muß also offensichtlich grundsätzlicher angegangen werden. Wir werden in den Abschnitten 5.5 und 5.6 bei der Darstellung des **Rollenspiels** und der **nichtreaktiven Meßverfahren** auf diese Frage zurückkommen.

5.2   Interviews

Nach den Überlegungen zu den allgemeinen methodenimmanenten Problemen wollen wir nun einzelne Techniken behandeln. Eine der wichtigsten Datenerfassungsmethoden ist das Interview. Die Befragung ist nicht nur die in den Sozial- und Verhaltenswissenschaften am meisten eingesetzte Methode, sondern sie ist auch die Datenerfassungsmethode, die alltäglich natürlichem Verhalten am nächsten steht. Wenn man irgend etwas nicht weiß, fragt man jemanden, von dem man annimmt, daß er es weiß. Wenn man sich in einer fremden Umgebung zurechtfinden will, fragt man, um sich zu orientieren. Wenn man die Reaktion oder allgemein das Verhalten von jemandem, mit dem man näher zu tun hat, nicht versteht, fragt man ihn oder sie und bittet um Erklärung. Wir fragen also u.a. um:

- Informationen über Sachverhalte zu gewinnen,
- uns in fremden, neuen, unbekannten Umgebungen besser orientieren zu können und
- uns soziale Beziehungen oder das Verhalten anderer erklärbar zu machen

Entsprechend sind Befragungen universell, d.h. bei allen Gelegenheiten, für alle erdenklichen Zwecke und je nach Befragungsart nahezu voraussetzungslos einsetzbar. Kein Wunder, daß BUNGARD (1979) berichtet, daß schätzungsweise 90% aller Daten in sozial- und verhaltenswissenschaftlichen Untersuchungen mit dieser Methode gewonnen werden, und daß nach SCHEUCH (1973) in mehr als der Hälfte aller größeren Forschungsprojekte das persönliche Interview als Datenerfassungsmethode eingesetzt wird, damit auf Platz 1 rangiert und bereits an 2. Stelle die schriftliche Befragung genannt wird.

Ob man die Interviewtechnik oder die Fragebogentechnik benutzt, wird im konkreten Fall immer von der speziellen Fragestellung und von der Funktion der Befragung innerhalb der Gesamtuntersuchung abhängen. Allgemein läßt sich sagen, daß die Vorbereitung von mündlichen Befragungen weniger aufwendig ist als die einer schriftlichen Befragung, bei der die Konstruktion eines Fragebogens sehr viele fach- und objektspezifische Vorkenntnisse erfordert und sehr umfangreiche Vorarbeiten notwendig macht. Die Applikation und Auswertung einer schriftlichen Befragung ist dann wieder weniger aufwendig (vgl. dazu auch den folgenden Abschnitt 5.2. Fragebogen). Bei der mündlichen Befragung ist es genau umgekehrt. Man sollte sich durch die offenbare Leichtigkeit der Durchführung hinsichtlich des tatsächlichen Arbeitsaufwandes nicht täuschen lassen. Nach Richter (1970) sind mündliche Befragungen etwa dreimal so aufwendig wie schriftliche. Die Hauptarbeit bei der mündlichen Befragung liegt in der Durchführung und der anschließenden Auswertung des in der Regel wenig standardisierten Datenmaterials.

Damit kommen wir zu einem zweiten Hauptunterscheidungsmerkmal zwischen mündlichen und schriftlichen Befragungen: Fragebögen sind standardisierter als Interviews.

Standardisierungs-grad

Deswegen können Fragebögen auch leichter ausgewertet und für quantitative Vergleiche herangezogen werden. Gerade wenn ich die Daten einer Vielzahl von Personen zu Gruppenwerten aggregieren und quantitative Vergleiche zwischen den Gruppen anstellen will, wäre wegen der Ökonomie der Erhebung und der Standardisierung ein Fragebogen die Methode der Wahl. Will ich aber bei einer begrenzten Anzahl von Personen Informationen zu Sachverhalten sammeln, von denen ich nur geringe bis gar keine Vorkenntnisse haben, wäre sicherlich ein Interview die geeignetste Methode.

Wegen dieser unterschiedlichen Einsatzfunktionen werden auch oft in Untersuchungen sowohl mündliche als auch schriftliche Befragungen zu unterschiedlichen Fragestellungen und an unterschiedlicher Stelle im Forschungsprozeß eingesetzt. Interviews werden bevorzugt ganz zu Beginn und während der weiteren Anfangsphase von Untersuchungen eingesetzt, wenn man noch wenig Vorkenntnisse hat und zunächst erst einmal notwendige Sach- und Kontextinformationen sammeln muß, um die Fragestellung, die genauen Ziele und die Zielkriterien der Untersuchung spezifizieren zu können. Dabei beginnt man zweckmäßigerweise zunächst mit der sehr offenen Befragung zentraler Personen, um anschließend, nachdem Grundkenntnisse des zu untersuchenden Sachverhalts erworben wurden, genauere mündliche Befragungen bei einer größeren Gruppe von Untersuchungsteilnehmern vorzunehmen. In dieser Phase hat die mündliche Befragung den Vorteil, daß sie so breit angelegt ist, daß

Gruppenbefragung

- die zu untersuchenden Probleme vollständig erfaßt werden können und nicht von vornherein die Gefahr besteht, daß wegen der Enge der Methode wichtige Problembestandteile ausgeklammert werden,

- keine Probleminhalte suggestiv vorgegeben werden, sondern die Problemlage unter Einbeziehung der Betroffenen und auf der Grundlage deren Problemerfahrungen spezifiziert werden kann.

Wir wollen abschließend zusammenfassend die Vor- und Nachteile von Interviews oder mündlichen Befragungen in einem Schema aneinander gegenüberstellen.

Vorteile	Nachteile
Universell einsetzbar	Anonymität teilweise aufgehoben
Nahezu voraussetzungslos	Gefahr sozial erwünschter Antworten
Keine Vorkenntnisse erforderlich	Lange Dauer des Interviews
Vollständige Problemerfassung möglich (vgl. Punkte s.u.)	Einfluß von Interviewer- Erwartungseffekten
Kaum suggestive Vorgaben durch vorformulierte Items	Verfälschung des Protokolls durch den Interviewer
Persönlicher und damit motivierender	Hohe Kosten durch den Einsatz von Interviewern
Rückfragen des Befragten sind möglich	Längere Vorbereitung durch Training und Instruierung der Interviewer
Rückfragen des Interviewers sind möglich	Vergleich der Befragung durch eingeschränkte Standardisierung schwierig
Reihenfolge der Fragen kann flexibel variiert werden	
Fragen können weggelassen werden	
Nicht vorgesehene Themen können spontan aufgenommen werden	
Eindrücke des Interviewers können zusätzlich registriert werden	
Auch "funktionale Analphabeten" können befragt werden	

Tab. 5.1: Vor- und Nachteile mündlicher Befragungen

Wenn oben gesagt wurde, daß man mit einem eher offenen Interview bei einer kleinen Stichprobe beginnt, um anschließend einer etwas größeren Gruppe genauere Fragen zu stellen, impliziert dies bereits, daß mündliche Befragungen (auch bei schriftlichen Befragungen kann der Grad der Strukturiertheit variieren) in Inhalt und Ablauf unterschiedlich standardisiert werden können; die Bandbreite geht von "völlig offen" bis "vollkommen standardisiert". Dabei hat sich eingebürgert, Interviews nach dem Ausmaß der Strukturierung in "strukturierte", "halbstrukturierte" und "unstrukturierte" bzw. offene Interviews einzuteilen.

Strukturierte Interviews

Bei einem vollständig strukturierten Interview sind die einzelnen Fragen in Formulierung, Inhalt und Abfolge für den Interviewer verbindlich festgelegt. Dies sind in der Regel kurze, präzise Fragen, die vom Befragten möglichst kurz zu beantworten sind. Eine gute Standardisierung ermöglicht weiter die Festlegung von Antwortkategorien, die vom Interviewer nur anzukreuzen sind und ihm damit die genaue Protokollierung der Antworten ersparen.

Das entgegengesetzte Beispiel ist das unstrukturierte oder auch offene, narrative, fokusierte oder sogenannte Tiefeninterview. Dabei sind keine Fragen, sondern es ist nur ein Rahmenthema vorgegeben, auf das ausgerichtet der Interviewer den Gesprächsablauf steuert und gestaltet. Evident wird, daß bei diesem Interviewtyp die Qualität der Datenerfassung wegen der Freiheitsgrade des Interviewers entscheidend von dessen Kompetenz und Persönlichkeit abhängt. Beim unstrukturierten Interview werden die Antworten vollständig oder zumindest in Stichworten mitprotokolliert, oder per Tonband oder Videoaufzeichnung erfaßt.

Unstrukturierte Interviews

offene
narrativ
fokusiert
Tiefeninterv.

Zwischen diesen beiden Extremformen befindet sich das halbstrukturierte oder teilstrukturierte Interview, das je nach spezifischer Einzelfragestellung teils offenen, teils geschlossenen Fragen mit unterschiedlicher Standardisierung des Interviewablaufs arbeitet. Der Interviewablauf und der Strukturierungsgrad der Fragestellungen wird typischerweise in einem "Interviewer-Leitfaden" festgelegt. Deswegen spricht man bei dieser Interviewform auch von einem "leitfadengesteuerten Interview".

Halbstrukturierte Interviews

Standardisierte Interviews eignen sich für klar umgrenzte, gut definierte Themenbereiche, zu denen bereits hinreichende Vorkenntnisse vorhanden sind. Zu beachten ist, daß bei strukturierten Interviews auch die Standardisierung an sich ein Problem werden kann. Die Gefahr, daß die Fragen an den Befragten vorbeigehen oder mißverstanden werden, ist hier größer als bei den anderen Interviewarten. Auch kann bei rigoroser Applizierung ein strukturiertes Interview leicht einen "Verhörcharakter" annehmen und dann zu hohen Verweigerungsraten führen. Dies gilt besonders für fremde oder sensible Befragtengruppen oder für eher heikle Themen. Deswegen ist jeweils im Einzelfall zu prüfen, welcher Grad an Standardisierung auch den Befragten zugemutet werden kann.

Das nicht standardisierte Interview eignet sich vom Inhalt her gut für schwierige, komplexe Sachverhalte und für den Befragten sensible Themenbereiche; von der strategischen Funktion her gut für die Erstexploration und zur Vorbereitung stärker standardisierter Folgeinterviews.

Am flexibelsten einsetzbar ist das halbstrukturierte Interview. Deswegen ist es auch die am häufigsten eingesetzte Interviewart. Es ist am flexibelsten, weil man für jede Frage den Strukturierungsgrad einzeln bestimmen kann. So ist es möglich, vollkommen offene Fragen mit vollkommen standardisierten Items zu kombinieren. Wenn man bezüglich zentraler Fragestellungen quantifizierte Vergleichsmessungen haben will, ist es auch möglich, in das Interview Ratingskalen zu integrieren, auf denen die Befragten z.B. angeben, für wie gut oder schlecht sie das Betriebsklima im Unternehmen halten. Dreipunktska-

3 Punkt-Skala

5-PunktSkal

len sind problemlos integrierbar, weil die Aussage, ob ein Sachverhalt eher positiv, negativ oder neutral beurteilt wird, gut innerhalb eines Gespräches operationalisiert werden kann. Aber auch 5-Punkte-Skalen sind mit etwas mehr Erklärungsaufwand handhabbar.

Vorteil v. ½ strukt.

Ein ganz <u>wichtiger Vorteil von halbstrukturierten</u> gegenüber strukturierten Interviews ist, daß halbstrukturierte Interviews die Möglichkeit der Nachfrage eröffnen, so daß <u>Unklarheiten ausgeräumt und Sachverhalte differenziert</u> dargestellt werden können.

Wir haben in der bisherigen Beschreibung der Interviewtechnik immer von <u>dem</u> Befragten gesprochen. Es ist aber nicht zwingend, daß Interviews nur als direktes Zweipersonengespräch durchgeführt werden. Interviews sind auch denkbar als eine über ein technisches Medium vermittelte Interaktion, z.B. beim <u>Telefoninterview</u> oder beim <u>Videokonferenzinterview</u>. Das technisch vermittelte Interview wird hauptsächlich bei Populationen eingesetzt, die nicht unmittelbar erreichbar sind. Da dieses Problem aber bei unserem Fallbeispiel nicht gegeben ist und da darüber hinaus technisch vermittelte Interviews in der a.o.psychologischen Forschung nur selten eingesetzt werden, soll hier nicht weiter darauf eingegangen werden.

Gruppenbefra-
gungsmethoden

Wichtiger ist in unserem Zusammenhang, daß Interviews auch mit Gruppen durchgeführt werden können. Die Gruppenbefragung unterscheidet sich von Einzelinterviews dadurch, daß die Untersuchungseinheit nicht ein Individuum, sondern eine Gruppe ist. In Deutschland wurden Gruppenbefragungen in den 50er Jahren als Methode der Sozialforschung zur Untersuchung des politischen Bewußtsein der deutschen Bevölkerung eingesetzt. Heute erstreckt sich der Anwendungsbereich auf ein breites Spektrum soziologischer, psychologischer, pädagogischer und marketingbezogener Fragestellungen, wobei LAMNEK (1989) darauf hinweist, daß trotz dieser vielfältigen Einsatzmöglichkeiten die Gruppenbefragung in der neueren methodologischen Diskussion stark vernachlässigt wird.

Anzumerken ist, daß es nicht die eine Gruppenbefragung gibt, sondern sich hinter diesem Begriff verschiedene Verfahrensvarianten verbergen. KROMREY (1982) unterscheidet daher zwischen:

• Gruppeninterviews, in denen anhand eines Leitfadens oder Fragebogens Gruppen durch einen Interviewer befragt werden, der die kollektive Gruppenmeinung aufzeichnet;

• Gruppendiskussionen, bei denen die Gruppe frei vorgegebene oder selbstgewählte Fragen diskutiert; wobei sie durch einen Diskussionsleiter geführt oder lediglich moderiert wird; die Datenerhebung erfolgt in Form eines Diskussionsprotokolls; und

- Gruppenexperimenten, in denen die Gruppe auf vorgegebene Stimuli, z.B. Aufgaben, reagiert, wobei die Reaktionen beobachtet und aufgezeichnet werden.

Die Varianten, die in der A.O.-Psychologie am ehesten verwendet werden, sind die Gruppendiskussion und das Gruppeninterview. Die Gruppendiskussion als weitgehend nicht-strukturierte Form der Datenerfassung würde man vorwiegend zu Explorationszwecken durchführen. Das Gruppeninterview wird in der Regel als halbstrukturiertes Interview, entweder orientiert an einem Leitfaden oder mit Hilfe der Metaplantechnik (siehe Informationsbox) durchgeführt. Übereinstimmend mit den vorherigen Ausführungen zu halbstrukturierten Interviews allgemein ist auch das Gruppeninterview universell einsetzbar.

Nach MANGOLD (1973) können in Gruppeninterviews, im Vergleich zu Einzelinterviews, Informationen gewonnen werden, die den Alltagserfahrungen und -gegebenheiten eher entsprechen. In der Gruppendiskussion lassen sich auch leichter psychische Hemmschwellen abbauen und tiefer liegende Bewußtseins- und Meinungsinhalte erfassen. Auch kann man in der Gruppeninteraktion leichter spontane, unkontrollierte Reaktionen provozieren, die latente Meinungen (z.B. zu Tabuthemen) aktualisieren.

Abbau psychischer Hemmschwellen

Wir haben selbst im Rahmen der Einführung von Gruppenarbeit schon Gruppeninterviews durchgeführt und damit durchweg gute Erfahrungen gemacht. Insbesondere haben wir geschätzt, daß Gruppeninterviews einen ökonomischen Vorteil haben, indem sie ermöglichen, eine größere Anzahl von Personen bei noch vertretbarem Erhebungsaufwand zu erfassen. Außerdem haben sie unserer Erfahrung nach einen Informationsvorteil, weil durch die Interaktion in der Gruppe, bei der die Teilnehmer sich auch gegenseitig kommentieren und zu Antworten anregen, zusätzliche Informationen gewonnen werden können.

Informationsbox 5.1: zur Metaplantechnik

Die Metaplantechnik ist eine sinnvolle Technik bei der Durchführung von Gruppeninterviews, weil mit ihr nicht nur die Interviewdurchführung, sondern auch bereits die Antworten strukturiert werden können.

Zur Durchführung werden benötigt:
Pinnwände, viele etwa postkartengroße Kärtchen, Filzschreiber, Stecknadeln, Packpapier und ein Klebestift.
Die zu beantwortenden Fragen oder Probleme werden jeweils auf einer größeren Überschriftenkarte für die Teilnehmer an der Pinnwand sichtbar gemacht. Die Teilnehmer schreiben daraufhin ihre Antworten oder Lösungsvorschläge mit den Filzschreibern als Stichworte auf je eine Karte. Diese werden eingesammelt, gemeinsam diskutiert und interpretiert und visualisiert, indem sie an den Pinnwänden nach

inhaltlichen Themenbereichen geordnet mit den Nadeln befestigt werden.

Dergestalt erlaubt die Metaplantechnik eine sehr intensive Bearbeitung der Fragen oder Probleme unter der Beteiligung aller Teilnehmer. Gerade die Tatsache, daß jeder gleichberechtigt seine Kärtchen einreichen kann, löst weitgehend die sonst bei Gruppendiskussionen auftretenden Probleme der "Schweiger" auf der einen und der dominanten "Vielredner" auf der anderen Seite. Außerdem kann bei dieser Technik, wenn man das will, die Anonymität der Antworten nahezu vollständig gewahrt werden. Insofern ist die Metaplantechnik ein sehr "demokratisches" Verfahren, das außerdem auch meist sehr viel Spaß macht.

Die Technik eignet sich sehr gut z.B. für Stärken-Schwächen-Analysen (z.B. was ist positiv, was ist negativ an der Gruppenarbeit?) oder kollektive Problemlösungen (z.B. als Dreier-Abfrage: Was sind die drei größten Probleme, die wir bei der Einführung von Gruppenarbeit erwarten? Welche Lösungen sind für die Probleme denkbar? Was muß getan werden, um die Lösungen möglich zu machen?).

Die bei der Metaplantechnik erarbeitete Datenbasis für weitergehende Analysen sind zum einen die fertigen Pinnwandprotokolle selbst, zum anderen die Aufzeichnung der Diskussionen bei der Erarbeitung der Pinnwandkontrolle.

Für weitere Informationen zur Metaplantechnik werden Interessierte auf KLEBERT, SCHRADER UND STRAUB (1987) verwiesen.

Zum besseren Überblick und Verständnis haben wir in der Tabelle 5.2 Vor- und Nachteile von Gruppeninterviews zusammengestellt.

Die Beachtung dieser Vor- und Nachteile von Gruppendiskussionen ist wichtig für die Entscheidung, ob und wie man diese Methode einsetzen soll. Hat man sich zum Einsatz entschlossen, sind noch einige pragmatische Fragen zur Herstellung der Gruppensituation und der Durchführung der Interviews zu klären, die wir im folgenden behandeln wollen.

Gruppengröße   Eine erste zentrale Frage ist, wie groß die Gruppen sein sollen. Die Angaben zur optimalen Gruppengröße schwanken zwischen in der Literatur beträchtlich. Unserer Erfahrung nach kann eine Größe von minimal 4-5 und maximal 6-8 (allerhöchstens 10) Teilnehmern als Richtwert vorgegeben werden. Werden die Gruppen kleiner, muß mit einem geringeren Meinungsspektrum und von daher mit Informationsverlusten gerechnet werden. Außerdem ist die Zentrierung auf den einzelnen sehr stark, und in der Gruppe ergibt sich ein höherer Konformitätsdruck. Werden die Gruppen größer, steigt die Anonymität und die Gruppensituation erhält einen stärkeren Öffentlichkeitscharakter. Dadurch wird der Rückzug einzelner aus der Interaktion wahrscheinlicher, und es entsteht das Problem der "Schweiger". Außerdem

sind die Möglichkeiten eigene Meinungen einzubringen geringer. Da
große Gruppen weniger gut überschaubar sind, wird erstens die Dis-
kussionsleitung des Interviewers und zweitens die Protokollierung der
Antworten erschwert, eine größere Häufigkeit von Protokollierungs-
fehlern wird die Folge sein.

Vorteile	Nachteile
• kostengünstig, da Zeit- und Erhebungsaufwand pro Befragtem gering ist • Atmosphäre ist entspannter und freundlicher als bei Einzelinterviews • Akzeptanz der Gesprächssituation ist größer, weil der Einfluß der Interviewer zahlenmäßig nicht so dominant erscheint • es besteht kein Zwang zur Meinungsäußerung • die Teilnehmer regen sich gegenseitig an und lenken ihre Aufmerksamkeit auf ansonsten vernachlässigte Themenaspekte • dadurch ergibt sich ein größerer Informationsgewinn • die Gruppensituation ermöglicht die Äußerung konträrer Meinungen • die Gruppeninteraktion bringt konkretere und durchdachtere Ansichten hervor • die Gruppensituation ermöglicht eine bessere Erinnerung von Sachverhalten in der Vergangenheit • die Gruppensituation ermöglicht die Provokation der Aktualisierung latenter Meinungen • die Gruppensituation hilft Hemmschwellen abzubauen • die Gruppensituation entspricht am ehesten einer alltäglichen Gesprächssituation • die Gruppensituation ermöglicht Lernprozesse	• die Durchführung von Gruppeninterviews ist mit einem höheren organisatorischen Aufwand verbunden, da mehrere Personen zur gleichen Zeit am gleichen Ort zusammenkommen müssen • die Ausfallquote ist wegen der organisatorischen Schwierigkeiten allgemein höher • die Aufzeichnung der Interviewprotokolle ist schwieriger • die Auswertung der Interviewprotokolle ist aufwendiger und schwieriger • die Anforderungen an die Kompetenz der Interviewer sind höher • ob die Gruppenathmosphäre tatsächlich angenehmer ist, hängt von der Sensibilität und Kompetenz des Interviewers, der Situationsdeutung der Interviewten und der Interaktion zwischen Interviewer und Interviewten sowie den Interviewten untereinander ab • es können sich Meinungsführer herausbilden, die das Interview beherrschen und andere Meinungen unterdrücken • Konformitätsdruck kann die mögliche Meinungsvielfalt einschränken • Dispute und Konflikte in der Gruppe können zur Abweichung vom Thema führen • Lernprozesse in der Gruppe können individuelle Ausgangsmeinungen verfälschen • die Standardisierung der Einflüsse des Interviewers auf die Gruppe ist wegen der vielfältigen Wechselwirkungen sehr schwierig

Tab. 5.2: Vor- und Nachteile von Gruppeninterviews

Eine zweite zentrale Frage ist, wie die Gruppen zusammengesetzt sein
sollen. Wenn ich an der Erfassung bestehender Verschiedenartigkeiten
interessiert bin, sollten die Gruppen entsprechend heterogen zusammengesetzt sein. Ansonsten sind effizientere Gruppeninterviews bei
homogenen Gruppen zu erwarten, weil etwaige Positionsklärungen,
defensive Haltungen gegenüber fremden oder statusverschiedenen

Gruppenzusam-
mensetzung

Personen, sprachliche oder soziale Barrieren oder individuelle Abgrenzungsnotwendigkeiten entfallen.

Außerdem empfiehlt es sich, daß die Teilnehmer der Interviewgruppen auch aus tatsächlich existierenden Realgruppen stammen. Der gemeinsame Erfahrungshintergrund schafft erst die Voraussetzung für die gegenseitigen Anregungen und Kommentierungen, die ja einen wichtigen Vorteil dieser Methode ausmachen. Allerdings muß hier der Gefahr Rechnung getragen werden können, daß bereits vorhandene Konflikte in die Diskussion hinein getragen werden können. Hier ist der Interviewer gefordert, derartige Konflikte aufzufangen und konstruktiv zu zusätzlichem Informationsgewinn zu nutzen.

Insgesamt hat der Interviewer die Aufgabe, die Gruppeninteraktion formal zu strukturieren und thematisch zu lenken. Er fragt, regt "Schweiger" vorsichtig zu Äußerungen an, führt bei Abschweifungen zum Thema zurück und achtet darauf, daß alle relevanten Themenbereiche angesprochen und die Antworten protokolliert werden. Voraussetzung für eine wirklich effiziente Befragung ist vor allem, daß es ihm gelingt, eine offene und vertrauensvolle Gruppenatmosphäre zu schaffen.

Wir haben die Methode der Gruppeninterviews etwas ausführlicher besprochen, weil diese Technik erstens in der Literatur unverständlicherweise eher stiefmütterlich behandelt wird und zweitens, weil man sie in unserem Fallbeispiel, wie wir noch darstellen werden, sehr gut einsetzen kann.

Wir wollen im folgenden nicht weitere allgemeine Erörterungen zur Methode des Interviews vornehmen, da dieser Text nicht die Rolle entsprechender Methodenlehrbücher übernehmen kann. Für weitere Informationen sei deshalb auf BORTZ (1984) und KROMREY (1980) verwiesen.

 Statt dessen wollen wir im folgenden überlegen, wo und in welcher Form Interviews in unserem Fallbeispiel zum Einsatz kommen sollten und was bei ihrer Durchführung speziell aus a.o.-psychologischer Sicht zu beachten ist.

Aus der Beschreibung des Fallbeispiels und der Darstellung der Einführung von Gruppenarbeit als Organisationsentwicklungsmaßnahme wird bereits deutlich, daß Interviews in der Anfangsphase unserer Maßnahme zum Zweck der Exploration zum Einsatz kommen sollten. Mit der Kontaktaufnahme zu dem Unternehmen begeben wir uns als Psychologen in eine uns fremde Umgebung. Zwar haben wir Vorkenntnisse hinsichtlich der Gruppenarbeit und ihrer Einführung und haben ähnliche Fragestellungen auch schon in anderen Unternehmen behandelt, aber da jedes Unternehmen anders ist und die geplante Intervention von einer Vielzahl höchst unternehmensspezifischer Bedingungen beeinflußt werden kann, geht es anfangs zunächst darum, über dieses besondere Unternehmen, seine Kultur und beson-

ders die Vorbedingungen für die Einführung von Gruppenarbeit hinreichend viele und möglichst unverfälschte Informationen zu sammeln.

Diese Funktion wird am besten mit weitgehend unstrukturierten Einzelinterviews mit zentralen Personen aus der Geschäftsleitung, dem
Personalwesen, der technischen Leitung, der Fort- und Weiterbildung
und dem Betriebsrat erfüllt. Bei diesen Interviews wird nur vorgegeben, daß das Thema Gruppenarbeit, die Voraussetzungen dafür und
erwartete Konsequenzen in irgendeiner Form thematisiert werden.

Nachdem diese Informationen gesammelt worden sind und nachdem
sonstige vorliegende formale Unterlagen wie Stellenbeschreibungen,
Fehlzeitenstatistiken, Produktionsstatistiken usw. ausgewertet und
integriert worden sind, können auf dieser Grundlage etwas stärker
strukturierte Interviews zum Zwecke der beschriebenen Organisationsdiagnose geplant werden. In diesen Interviews wollen wir ja von
einer größeren Anzahl von Mitarbeitern genauere Informationen über
den Ist-Zustand des Unternehmens erhalten. Entsprechend sollten
diese Interviews als halbstrukturierte, leitfadenorientierte Gruppeninterviews mit Mitarbeitern aus der Fertigung sowie mit Schichtführern und Meistern durchgeführt werden. Um keine Gesprächssituation
entstehen zu lassen, in der Teilnehmer gehemmt sein könnten, sich zu
äußern, sollten Vorgesetzte und Mitarbeiter nicht zusammen interviewt werden; d.h. die zu interviewenden Mitarbeiter sollten getrennt
nach Hierarchieebenen in Gruppen von 5-6 Befragten zusammengefaßt interviewt werden.

Für diese Interviews ist also ein Leitfaden zu entwickeln, der dafür
sorgt, daß

• dem Interviewer eine halbwegs standardisierte Ablaufstruktur
  vorgegeben wird,
• alle wichtigen Themen angesprochen werden und keines vergessen wird und
• dem Interviewprotokollanten ein Raster vorgegeben wird, in das
  er die Gesprächsinhalte einordnen kann.

An dieser Stelle muß ein weiteres technisches Detail angesprochen
werden. Wir haben bisher immer von dem Interviewer gesprochen, so
als müßte es sich dabei um eine Person handeln. Gerade bei halb- und
nichtstrukturierten Interviews, bei denen ziemlich viel Gesprächsinhalte frei protokolliert werden müssen, empfiehlt es sich, zwei Interviewer einzusetzen, um einen Interviewer nicht mit Protokollierung
und parallel stattfindender Gesprächsführung zu überlasten. Daraus
ergibt sich auch bereits die Arbeitsteilung bei einem Interviewerpaar:
Der eine führt das Gespräch und der andere protokolliert. Zwei Interviewer zu verwenden hat auch noch den zusätzlichen Vorteil, daß
mögliche Fehleinschätzungen oder Mißverständnisse des einen durch
den anderen korrigiert werden können. Entsprechend sollten nach dem

Interview beide das Protokoll durchgehen und mögliche Abweichungen bis zum Konsens besprechen.

Informationsbox 5.2: Ausschnitt aus einem Interviewleitfaden für den Bereich "Beziehung zu Kollegen"

Ausgangsfrage:
Wie ist die Zusammenarbeit mit/das Verhältnis zu Kollegen allgemein?

sehr schlecht	schlecht	mittel	gut	sehr gut
--	-	0	++	+

Gründe dafür: ....
....

Nachfragen zur Differenzierung im Detail:

- Zusammenarbeit mit/Verhältnis zu Kollegen im eigenen Bereich? ....
....

- Zusammenarbeit mit/Verhältnis zu Kollegen mit anderen Bereichen in derselben Halle?
....

- Zusammenarbeit mit/Verhältnis zu Kollegen aus anderen Schichten? ....
....

- Zusammenarbeit mit/Verhältnis zu Kollegen aus den indirekten Bereichen z.B. Instandhaltung? ....
z.B. Qualitätssicherung ....
z.B. Werksingenieurwesen ....

Nachfragen zur Differenzierung unterschiedlicher Aspekte der Zusammenarbeit mit/des Verhältnisses zu Kollegen:

- Kommunikation (Häufigkeit, Probleme, z.B. Unterschiede zwischen deutschen und ausländischen Kollegen?) ....
- Konflikte (Welcher Art? Treten wann und zu wem auf? Wie wird damit umgegangen?)
....
- Arbeitsteiligkeit (Wie klappt die Einteilung der Arbeit? Gibt es Absprachen, von wem, bzw. zwischen wem?) ....
....

- Neu eingestellte Kollegen (Ist die Zusammenarbeit mit/das Verhältnis zu neu eingestellten Kollegen anders als zu den alten? Wie macht sich das bemerkbar? Hat das Konsequenzen? ....
....

Wir wollen im folgenden einige Problempunkte bei der Durchführung von Interviews ansprechen, die allgemein im Unternehmensbereich zu beachten sind:

- Frager und Befragte sind in der Regel Fremde, die sich noch nie gesehen haben. Trotzdem wird erwartet, daß der Befragte dem Interviewer vorbehaltlos z. T. heikle Informationen über seinen ganz persönlichen Arbeitsplatz mitteilt. Dies ist durchaus nicht selbstverständlich. Im Gegenteil haben Sie als Interviewer zunächst mit Mißtrauen und u.U. mit Ängstlichkeit zu rechnen. Die Befragten werden im Vorfeld bereits über den Sinn der Befragung spekuliert haben. U.U. bestehen Befürchtungen hinsichtlich einer Erhöhung der Leistungsanforderungen oder des Erhalts der Arbeitsplätze oder gravierender innerbetrieblicher Strukturveränderungen als erwartete Konsequenz der Befragung. Deswegen besteht Ihre erste Aufgabe als Interviewer darin, sich selbst und Ihren Partner bekannt zu machen und eine Beziehung zu den Befragten herzustellen. Als zweites sollten Sie das Ziel der Befragung erklären. Dabei sollte deutlich werden, daß ein echtes Interesse an den Belangen und der Meinung der Mitarbeiter besteht, daß die gesammelten Informationen gezielt zur Verbesserung der Arbeitssituation genutzt werden sollen und <u>daß die Mitarbeiter</u> die Chance haben, durch offene, vorbehaltlose Beteiligung an den Interviews in ihrem Sinne auf mögliche Neugestaltungen <u>Einfluß nehmen</u> zu <u>können</u>. Außerdem sollte die <u>Anonymität der Umfrage glaubhaft</u> zugesichert werden. Es sollte auch darauf hingewiesen werden, daß die Befragung nicht nur mit dem Betriebsrat abgesprochen, sondern von ihm auch gutgeheißen wurde. Die <u>Zustimmung einzuholen</u> ist sowieso selbstverständlich, da Mitarbeiterbefragungen ohnehin mitbestimmungspflichtig sind.

  Vorstellung der Gesprächsteilnehmer

  Transparenz gegenüber den Befragten (handschriftliche Randnotiz)

- Ein Problem gerade bei Mitarbeiterbefragungen kann darin bestehen, daß Arbeiter nicht so mitteilungsfreudig sind wie Mittelschichtangehörige. Die Beteiligung wird entscheidend davon abhängen, inwieweit es Ihnen gelingt, den für diese Befragtengruppe richtigen Ton zu treffen. Sehr <u>abstrakte Formulierungen</u> und wissenschaftlicher Fachjargon sind sichere Garanten dafür, daß <u>kein Kontakt</u> zustande kommt.

  "richtigen" Ton treffen

  Wenn es Ihnen zu Beginn des Interviews nicht gelingt, eine offene und vertrauensvolle Atmosphäre zu schaffen und Ihr Anliegen den Befragten anschaulich, verständlich und für diese akzeptierbar zu machen, hat dies schwerwiegende <u>methodische</u> Auswirkungen: Ihre Daten werden einfach nicht valide sein. Daran können auch anschließende aufwendige Auswertungsrituale und hochsophistizierte Verrechnungstechniken nichts mehr ändern.

• Nehmen wir jetzt mal an, es ist Ihnen gelungen, Interesse zu wekken und Vertrauen herzustellen. Dann müssen Sie überlegen, wie Sie während der folgenden Anfangsphase die Aufmerksamkeit und die Motivation der Befragten gewinnen können; d.h. Sie benötigen nach der Einleitung weitere "Eisbrecher- und Kontaktfragen". Hier hat es sich bei Befragungen, die den Arbeitsplatz betreffen, bewährt, die Befragten erst einmal beschreiben zu lassen, was sie tun, worin ihre Tätigkeit besteht, wie ihr Arbeitsplatz aussieht usw. Die ist voraussetzungslos und ermöglicht im direkten Anschluß, auf alle möglichen arbeitsbezogenen Themen von Fertigungsablauf bis zum Betriebsklima zu sprechen zu kommen. In welcher Reihenfolge dies am sinnvollsten geschieht, regelt der Interviewerleitfaden.

Vor dessen Einsatz ist es ratsam, ihn an Hand einer Art Checkliste auf eventuelle Schwachstellen zu prüfen. Die Items dieser Checkliste sind ursprünglich von BOUCHARD (1976) entwickelt worden. Wir beziehen uns auf eine Version von BORTZ (1984), die etwas gekürzt und verändert worden ist.

> • Ist wirklich jede Frage nötig oder kann ich das Interview von überflüssigen Fragen entlasten?
>
> • Kann ich bestimmte Informationen u. U. anders (z.B. über Dokumentenanalyse) besser bekommen?
>
> • Sind alle Fragen einfach, eindeutig, verständlich und präzise formuliert?
>
> • Sind u.U. Ergänzungsfragen erforderlich?
>
> • Können die Befragten die Fragen wirklich beantworten?
>
> • Werden die Befragten u.U. durch die Fragen in Verlegenheit oder eine unangenehme Situation gebracht?
>
> • Können die Antworten möglicherweise durch die Reihenfolge der Fragen beeinflußt werden?
>
> • Habe ich Suggestivfragen vermieden?
>
> • Sind die Einleitungs, Eröffnungs- und "Eisbrecher"-Fragen richtig formuliert? Werden sie der vorab beschriebenen Funktion gerecht?
>
> • Hat das Interview einen für die Befragten befriedigenden Abschluß?

5.3 Fragebögen

**Der Einsatz von Fragebögen als der Königsweg der
a.o.-psychologischen Forschung**

Im vorhergehenden Abschnitt wurde das Interview als Erhebungsmethode vorgestellt und damit wurde auch bereits vieles über die Technik
gesagt, die im folgenden beschrieben werden soll. Beim Einsatz von
Fragebögen handelt es sich nämlich um eine spezifische Form der
Befragung, bei der der Befragte anhand eines vorbereiteten Fragebogens schriftlich Stellung bezieht. Bei einem voll standardisierten,
geschlossenen Fragebogen müssen dabei einzelne Kategorien ange-
kreuzt werden, bei offenen Fragen schreibt der Proband einzelne
Wörter oder ganze Sätze als Antwort.

Nun gehört die Konstruktion und Anwendung von Fragebögen zur
methodischen Grundausbildung von Psychologen und von daher ist es
nicht sinnvoll, im Rahmen dieses Buches auf Details näher einzugehen. Wir gehen an dieser Stelle auch nicht näher auf die Unterschiede
zwischen qualitativen und quantitativen Befragungen ein (vgl. letzter
Abschnitt). Auch zu den Vor- und Nachteilen von Befragungen allgemein wollen wir hier nicht Stellung nehmen, weil dies ebenfalls
bereits im vorhergehenden Kapitel geschehen ist. Bezogen auf die dort
aufgeführten Vor- und Nachteile von Interviews könnte man auch die
Vor- und Nachteile von schriftlichen Befragungen in ähnlicher Form
gegenüberstellen und würde dann feststellen, daß spiegelbildlich die
gleichen Punkte genannt würden: Die Nachteile der mündlichen
Befragung sind in der Regel die Vorteile der schriftlichen Befragung
und umgekehrt.

Wir wollen uns statt dessen im weiteren mit dem Aspekt beschäftigen,
welchen Stellenwert Fragebögen insbesondere in der A.O.-
Psychologie haben. Wenn man sich die im folgenden aufgeführten
Punkte näher ansieht, dann wird auch sofort deutlich, warum sich
gerade schriftliche Befragungen großer Beliebtheit erfreuen:

* Die Daten können relativ schnell und billig erhoben werden.
* Die störenden Einflüsse der Interviewer entfallen.
* Die Validität ist in der Regel gleichzeitig nicht niedriger als bei
  mündlichen Befragungen, da z.B. ein Teil der Reaktivitätseffekte
  aufgrund der direkten Interaktion mit dem Interviewer entfallen.

Allerdings muß man in Kauf nehmen, daß die Befragung als solche
wahrscheinlich für den Betroffenen weniger motivierend ist. Die Flexibilität vor Ort ist ebenfalls nicht gegeben, denn der Befragte kann
nicht zurückfragen usw.

Was insbesondere den Kostensatz betrifft sehen in der Praxis die
Unterschiede konkret wie folgt aus: Die Befragung von 1000 Personen
in einem Betrieb kostet - von der Planung, Konstruktion usw.

"Attraktivität"
schriftlicher
Befragungen

abgesehen - u.U. nichts, da die Bögen per Hauspost verteilt werden. Bei postalischen Umfragen fällt ansonsten der Preis von zweimal 1000 Briefmarken für Versand und Rückporto an.

Mit dem Einsatz von ca. 3000.- DM können also innerhalb kurzer Zeit 1000 Probanden befragt werden. Bei der mündlichen Befragung entfallen zwar die Portokosten, der Vorbereitungs- und Materialkostenanteil dürfte gleich sein, hinzukommen dann aber noch die Interviewerkosten. Angenommen, jeder Interviewer erhält für ein einstündiges Interview 10.- DM, dann ergeben sich allein daraus 10000.- DM Interviewerkosten, Fahrtkosten, Interviewertraining u.v.m. nicht mitgerechnet. Die Kehrseite der Medaille: Die Rücklaufquote bei schriftlichen Befragungen ist u.U. sehr niedrig, Werte von 10% sind keine Seltenheit, und der Fragebogen muß bereits in der schriftlich fixierten Form für die Fragestellung geeignet sein, da "flexible" Korrekturen während der Erhebung nicht möglich sind.

Vor dem Hintergrund dieser Zahlen ist die Versuchung verständlich, in der Praxis so oft wie möglich schriftliche Befragungen durchzuführen. Und wie in der Soziologie und in weiteren Bereichen der Psychologie, so dominieren auch in der A.O.-Psychologie Fragebögen als Erhebungsinstrument. In ca. 80% der Fälle werden bei a.o.-psychologischen Untersuchungen Fragebögen als <u>der</u> Königsweg der Forschung eingesetzt.

Gefahren schriftlicher Befragungen

Angesichts dieser Fragebogeneuphorie darf man aber die Gefahren nicht aus den Augen verlieren

• Verbale bzw. schriftlich fixierte Äußerungen sind grundsätzlich nur subjektive Meinungen, sie sind nicht mit tatsächlichen Sachverhalten identisch

• Die Reaktivitätsproblematik ist auch bei schriftlichen Befragungen z.B. im Sinne der Auftraggeber sehr hoch

• Schriftliche Fragebögen sollten nur dann eingesetzt werden, wenn man über den Untersuchungsgegenstand, bzw. das Thema sehr viel weiß und primär bekannte Aspekte quantifizierbar werden sollen. Sie sind weniger geeignet, um neue Problemfelder zu erkennen!

Fragebögen in der a.o.-psychologischen Forschungspraxis

Nach diesen allgemeinen einleitenden Bemerkungen zu den Möglichkeiten und Grenzen schriftlicher Fragebögen nun zur Praxis: Wie werden speziell in der A.O.-Psychologie die Instrumente entwickelt bzw. eingesetzt?

Wie bei allen anderen Methoden ist natürlich die Fragestellung des Forschungsvorhabens als solche und die Liste der Variablen, die gemessen werden sollen, Ausgangspunkt der Überlegungen.

Bei einem ersten Überblick wird man bald feststellen, daß zahlreiche
Fragen speziell für die geplante Untersuchung neu formuliert werden
müssen, da sie auf die spezielle Situation zugeschnitten werden müssen. Auf den folgenden Seiten finden Sie Ausschnitte eines Fragebogens, wie er in unserem Fallbeispiel aussehen könnte.

Es ist schwer anzugeben, nach welchen Regeln man bei der Formulierung der Fragen vorgehen sollte. Wichtig ist in jedem Fall der Pre-Test des Fragebogens mit typischen Vertretern der anvisierten Befragtenpopulation, um herauszufinden, ob die Fragen verständlich sind.
Ansonsten kann man nur hoffen, daß alle Variablen komplett und
adäquat abgefragt werden.

In nahezu jeder schriftlichen Befragung werden aber auch Variablen
zu messen sein, für die es bereits konstruierte und getestete Skalen
gibt.

Standardisierte Skalen

Derartige fertige Instrumente haben viele Vorteile:

- Man kann die Meßwerte mit anderen Populationen bzw. Untersuchungen vergleichen (normenorientierte Organisationsdiagnose)
- Die Validität und Reliabilität ist in der Regel höher
- Es können statistische Überprüfungen der Trennschärfe, Faktorenstrukturen etc. entfallen
- Man erspart sich die Arbeit, neue Fragen zu formulieren

In der praktischen Forschungstätigkeit wird man die jeweils bereits
vorliegenden Skalen entweder anderen Untersuchungsberichten zu
einer ähnlichen Thematik entnehmen oder direkt in einem einschlägigen Nachschlagwerk nach den Instrumenten suchen.

Wie könnte die Auswahl der Skalen in unserem Fallbeispiel aussehen?
Wir haben für die Befragung einige Items aus dem Fragebogen zur
subjektiven Arbeitsanalyse (SAA) von UDRIS und ALIOTH ausgesucht.
Dieses Instrument soll die "subjektive Wahrnehmung der Arbeitssituation der Beschäftigten" (ULICH 1991, S.87) erfassen. Der SAA
umfaßt insgesamt 50 Einzelitems, die jeweils in Form von kurzen
Aussagesätzen formuliert sind und mittels einer 5-stufigen LIKERT-Skala von 1 ("stimmt überhaupt nicht") bis 5 ("stimmt auf jeden Fall")
eingestuft werden. Die Items repräsentieren 6 Hauptindizes der
Arbeitssituation, nämlich Handlungsspielraum, Transparenz, Verantwortung, Qualifikation, soziale Struktur und Arbeitsbelastung.

In der Forschungspraxis steht man nicht selten vor dem Konflikt,
einerseits aus Gründen der Vergleichbarkeit und der Erhebung potentieller Moderatorvariablen Instrumente in Gänze übernehmen zu wollen, andererseits aber auch aus erhebungstechnischen und Aufwandsgründen nur Teile des ursprünglichen Instruments einsetzen zu können.

Werk Auto-Serv GmbH

Universität Mannheim
Lehrstuhl für Arbeits- und Organisationspsychologie

Projekt Gruppenarbeit

Fragebogen für Mitarbeiter

Codiernr.:.........................   Datum:...........

Einleitung

<u>Wer sind wir?</u>

☞ Mitarbeiter der Universität Mannheim, Lehrstuhl für Arbeits- und Organisationspsychologie

☞ Im Auftrag der Projektgruppe " Gruppenarbeit im Werk"

☞ Wir möchten gerne Ihre persönliche Meinung zu einer Reihe von Themen, die Ihre Arbeit betreffen kennenlernen, um diese Punkte bei der Gestaltung der Gruppenarbeit berücksichtigen zu können

<u>Spielregeln:</u>

☞ Ihre Teilnahme an der Untersuchung ist freiwillig

☞ Anonymität wird zugesichert

☞ Die Einwilligung des Betriebsrates liegt vor

☞ Die Auswertung erfolgt gruppenbezogen

☞ Die Ergebnisse werden Ihnen zurückgemeldet

Und jetzt geht es los!

Fragen zu Ihrer Person

1. Geschlecht:
- O   männlich
- O   weiblich

2. In welchem Fertigungsbereich arbeiten Sie?
Bitte kreuzen Sie jeweils die Antwort an, die auf Sie zutrifft

O	Rohlingsmacherei	O	Ungebundene TSD
O	Metallteilvorbehandlung	O	Allgemeine Industrieteile
O	Hydrolager/Hydrobuchsen	O	Transport
O	Zentrierhülsen,	O	Instandhaltung
	Gleitlager/Kleinteile	O	Qualitätssicherung

3. In welcher Arbeitsgruppen arbeiten Sie? _____

4. Dauer der Zugehörigkeit zu Ihrer Arbeitsgruppe?

_____ Monate

5. Jetzige Funktion:

- O   Mitarbeiter
- O   Linienführer
- O   Schichtführer

Qualifikation

Bitte kreuzen Sie jeweils die Antwort an, die auf Sie zutrifft.

1. Welche Berufsqualifikation haben Sie?

Ausbildung als Facharbeiter/Facharbeiterin?   O ja   O nein
Sind Sie im erlernten Beruf tätig?   O ja   O nein
<u>Wenn nein,</u> handelt es sich dabei um
eine ähnliche Tätigkeit wie der erlernte Beruf?   O ja   O nein

2. Wie wurden Sie für die Arbeit in Ihrem Bereich angelernt bzw. qualifiziert?
(Mehrere Antworten sind möglich!)

O   gar nicht
O   durch Unterweisung am Arbeitsplatz
O   durch Weiterbildung außerhalb des Arbeitsplatzes

O   sonstiges:_____

Falls Sie angelernt wurden, durch wen?

O   Kollegen
O   Linienführer
O   Schichtführer
O   Meister

O   andere:_____

	un-zufrieden 1	eher zufrieden 2	teils-teils 3	eher zufrieden 4	zufrieden 5
Wie zufrieden sind Sie damit?	O	O	O	O	O

Nun haben wir einige Fragen zu Ihrer Arbeit.

Bitte kennzeichnen sie jeweils mit einem Kreuz, inwieweit die Aussage auf Sie zutrifft. Falls Sie häufig in verschiedenen Gruppen arbeiten, beziehen Sie sich einfach auf die Gruppe, in der Sie am häufigsten sind.
(Immer nur ein Kästchen pro Zeile ankreuzen)

	stimmt überhaupt nicht (nie)	stimmt kaum (selten)	stimmt teils-teils (manchmal)	stimmt ziemlich (oft)	stimmt auf jeden Fall (immer)
	1	2	3	4	5
1. Für meine Arbeit brauche ich verschiedene Hilfsmittel (Werkzeuge, Unterlagen etc.)	O	O	O	O	O
2. Man hält in der Gruppe gut zusammen	O	O	O	O	O
3. Jeder ist selbst verantwortlich für Arbeitsgeräte und Hilfsmittel	O	O	O	O	O
4. Man muß für die Arbeit, die ich verrichte, gründlich ausgebildet sein	O	O	O	O	O
5. Ich kann mein Arbeitstempo selbst bestimmen	O	O	O	O	O
6. Der/die direkte Vorgesetzte erkennt die Arbeitsleistung seiner MitarbeiterInnen an	O	O	O	O	O
7. Bei der Arbeit, die ich verrichte, kann ich das tun, was ich am besten kann	O	O	O	O	O
8. Es ist einem genau vorgeschrieben, wie man seine Arbeit machen muß	O	O	O	O	O
9. Was man bei dieser Arbeit gelernt hat, kann man immer wieder gebrauchen	O	O	O	O	O
10. Ich muß mich sehr beeilen, um mit meiner Arbeit fertig zu werden	O	O	O	O	O
11. Bei meinen Aufgaben merke ich, wie gut ich meine Arbeit getan habe	O	O	O	O	O
12. Diese Arbeit schafft gute Möglichkeiten weiterzukommen	O	O	O	O	O

Aus forschungsökonomischen Gründen würde man im Falle des SAA
bei einer streßtheoretischen Untersuchung beispielsweise lediglich auf
die Items zu den Subskalen sozialer Unterstützung und zur qualitativen und quantitativen Arbeitsbelastung zurückgreifen.

Aber trotz der kaum noch überschaubaren Vielzahl an Standardfrage-
bögen, Einstellungsskalen und sonstigen „kognitiven" Meßinstrumente bleibt schließlich die Konstruktion einen Fragebogens im Rahmen einer a.o.-psychologischen Studie ein „Kunstwerk", bei dem
Kreativität und vor allem Erfolg gefragt sind.

Von daher ist der Spielraum relativ groß und die späteren Befragungs-
ergebnisse hängen unmittelbar von der Formulierung der Fragen ab.

Um es noch einmal zu wiederholen: die Einsatzmöglichkeiten von
Befragungen sind vor dem Hintergrund der zuvor gemachten Bemerkungen begrenzt. Man erhält mit dieser Methode subjektive Äußerungen zu subjektiv ausgewählten und formulierten Fragen. Die subjektiven Äußerungen sind zwar in vielen Fällen wichtig, u.U. sogar zentrale Variablen einer Studie, aber ersetzen nicht das direkte
Analysieren von Fakten bzw. Verhaltenswerten.

In vielen Untersuchungen reicht es eben nicht aus, Interpretationen
von Personen abzurufen, um dann sozusagen im Zuge einer
„parasitären" Forschung angeblich neue psychologische Erkenntnisse
kundzutun. Eine derartige Forschungsstrategie wird sehr bald in
einem Anwendungsfach wie der A.O.-Psychologie „entlarvt" und als
wenig hilfreich auf wenig Resonanz und Akzeptanz stoßen.

Mitarbeiterbefragung in Unternehmen

Seit einigen Jahren orientieren sich Unternehmen aus unterschiedlichen Branchen in zunehmendem Maße an den Kriterien, nach denen
Qualitätspreise vergeben werden (vgl. hierzu z.B. den European
Quality Award), und danach wird u.a. gefordert, daß regelmäßige, in
der Regel jährliche Mitarbeiterbefragungen durchgeführt werden sollen. Damit soll die individuelle Arbeitszufriedenheit und das Betriebsklima erfaßt werden. Im Vordergrund steht dabei in erster Linie
der Versuch, aufgrund der Befunde Veränderungsprozesse zu
initiieren oder bestehende Prozesse zu evaluieren, um eventuell
Kurskorrekturen vornehmen zu können.

Der Vorteil derartiger Mitarbeiterbefragungen besteht darin, daß bei
Totalerhebungen die Meinung der Mehrzahl der Organisationsmitglieder anonym erfaßt werden kann, um sich das Einstellungsspek-
trum vor Augen führen zu können.

Für solche Umfragen liegen inzwischen ebenfalls Standardversionen
vor, wobei für den Einsatz solcher Erhebungen im Prinzip natürlich
die zuvor genannten methodischen Probleme gleichfalls zutreffen.
Diese Einschätzung kann aber insofern relativiert werden, weil solche
institutionalisierten Mitarbeiterbefragungen die Validität der

Ergebnisse anders als bei a.o.-psychologischen Forschungsaktivitäten
keine allzu große Rolle spielt.

Entscheidend ist der Effekt, daß subjektive Hoffnungen oder Befürchtungen und sonstige Stimmungen im Zuge eines systematischen Feed-
back-Prozesses von den Vorgesetzten aufgegriffen und diskutiert werden. Insofern sind solche Befragungen Teile eines Organisations- und
Entwicklungsprozesses, die nach etwas anderen Kriterien bewertet
werden müssen. Gleiches gilt analog auch für die inzwischen immer
populärer werdenden Vorgesetztenbefragungen (HOFMANN U.A.
1995).

5.4   Beobachtung

Ähnlich wie das Interview ist auch die Beobachtung ein sozial- und
verhaltenswissenschaftliches Verfahren, das sehr nahe dem alltägli-
chen Verhalten ist. Wenn wir ein Ereignis oder einen Prozeß besser
verstehen wollen, beobachten wir ihn, d.h. wir machen ihn aktiv und
zielgerichtet zum Objekt der eigenen Aufmerksamkeit. Dabei kommt
es nie zu einer eindeutigen Abbildung der beobachteten Realität, sondern Ereignisse werden unterschiedlich ins Zentrum der Aufmerksamkeit gerückt, gedeutet, interpretiert und bewertet; d.h. Beobachtung ist immer selektiv, abstrahierend, verzerrend und klassifizierend.
In welchem Ausmaß und in welcher Richtung sie dies ist, hängt vom
Subjekt des Beobachters und seiner Beziehung zum Beobachtungsob-
jekt ab.

Bei der Beobachtung im Rahmen wissenschaftlicher Untersuchungen
versuchen wir deswegen, die Subjektivität der Beobachtung so weit es
geht systematisch einzuschränken und zu kontrollieren. Aus diesem
Grund sprechen wir hier auch von systematischer Beobachtung. Die
Systematik wird durch einen Beobachtungsplan gewährleistet, der
nach BORTZ (1984) vorschreibt,

- was von wem beobachtet wird,
- was für die Beobachtung wesentlich und was unwichtig ist,
- ob überhaupt und in welcher Weise das Beobachtete gedeutet
  werden darf,
- wann und wo die Beobachtung stattfindet und
- wie das Beobachtete festgehalten, d.h. protokolliert wird.

Ähnlich wie beim Interview kann der Beobachtungsplan mehr oder   Standardisierte
weniger standardisiert sein. Die Funktion der Standardisierung ist   Beobachtung
auch ähnlich wie beim Interview. Für explorative Zwecke würde man
eine weniger standardisierte Beobachtung wählen, bei der die beobachtete Realität möglichst umfassend erfaßt werden kann. Bekannte
Sachverhalte, die u.U. quantitativ verglichen oder bei denen sogar
kausale Zusammenhänge überprüft werden sollen, würde" man statt
dessen mit einem standardisierten Beobachtungsschema bearbeitet.

verdeckte, offene, teilnehmend, nicht-teilnehmende Beobachtung

Wir unterscheiden weiter zwischen verdeckter vs. offener und teilnehmender vs. nicht-teilnehmender Beobachtung. Bei der offenen Beobachtung gibt sich der Beobachter in seiner Rolle als Beobachter zu erkennen, während er bei der verdeckten Beobachtung gewissermaßen heimlich beobachtet. Bei der teilnehmenden Beobachtung nimmt der Beobachter an dem beobachtetem Geschehen teil, während er bei der nicht-teilnehmenden Beobachtung als Außenstehender agiert. Weiter ist zu unterscheiden, ob der Beobachter in direktem Kontakt zu den Beobachteten tritt und aktiv mit ihnen interagiert, oder ob er in der Situation passiv bleibt und nur indirekten Kontakt hat. Zur besseren Übersicht haben wir im folgenden die verschiedenen Merkmale, nach denen sich Beobachtungen unterscheiden lassen, zusammen aufgelistet.

Standardisierungsgrad:	standardisiert .... nicht standardisiert
Sichtbarkeit der Beobachtung bzw. des Beobachters:	offen .... verdeckt
Teilnahme des Beobachters:	teilnehmend .... nicht teilnehmend
Kontakt des Beobachters zum Beobachteten:	aktiv/direkt .... passiv/indirekt

Wir können im folgenden nicht sämtliche für die Methode der Beobachtung wichtigen Aspekte besprechen. Dazu sei auf GRÜMER (1974); BORTZ (1974) und LAMNEK (1989) verwiesen. Wir wollen statt dessen im folgenden speziell auf Aspekte, die sich beim Einsatz von Beobachtung im Bereich von Organsiationen und Unternehmen ergeben, eingehen.

Welche Form der Beobachtung zu wählen ist, hängt jeweils von der einzelnen Fragestellung ab. Ziel ist in jedem Fall, möglichst valide Ergebnisse zu erhalten. So würde man beispielsweise bei einem für Außenstehende schwer zugänglichen Untersuchungsobjekt (z.B. Beobachtung von Produktionssabotage) eher eine teilnehmende Beobachtung wählen; aber wenn man weiß, daß der Vorgang der Beobachtung das Geschehen stark verfälschen würde, eher eine verdeckte Beobachtung.

Auswahl der Beobachtungsform

Häufig interessieren bei einer Beobachtung des Verhaltens von Personen die Verteilungen der einzelnen Ereignisse im Verhaltensstrom. Wenn nur die Häufigkeit des Auftretens der Ereignisse interessiert, aber nicht ihr zeitlicher Verlauf, sprechen wir von einer Ereignisstichprobe (z.B. wie oft gibt der Meister während einer Schicht Erklärungshilfen?). Interessiert aber der zeitliche Verlauf und wird dieser protokolliert, sprechen wir von einer Zeitstichprobe (z.B. wieviel Zeit verwendet der Meister während einer Schicht auf Anleitungen und Hilfestellungen, auf Qualitätskontrolle u. ä.?).

Die Güte einer Beobachtung hängt hauptsächlich von zwei Dingen ab: Der Qualität des Beobachtungsschemas und der Kompetenz und Objektivität des Beobachters.

Beim Beobachtungsschema ist darauf zu achten, daß Ort, Zeitausschnitt und Beobachtungskategorien oder -elemente eindeutig und genau festgelegt, werden. Bei den Beobachtungskategorien empfiehlt es sich, Indikatoren und Beispiele vorzugeben, damit zweifelsfrei geklärt ist, was z.B. unter Kooperation oder konkurrierendem Mitarbeiterverhalten zu verstehen ist. Diese Klassifikation darf nicht der subjektiven Einschätzung eines jeden Beobachters überlassen bleiben, sondern muß über alle Beobachter konstant erfolgen. Die Beobachtung kann weiter für den Beobachter erleichtert und in ihrer Qualität verbessert werden, wenn die Protokollführung so einfach wie möglich gestaltet wird. Dies ist besonders wichtig, wenn wie bei den Zeitstichproben durch die ständige Beobachtung des Zeitverlaufs, der Beobachtungsvorgang an sich bereits hohe Anforderungen an die Aufmerksamkeit und Konzentration der Beobachter stellt. Eine Möglichkeit der Vereinfachung ist, für feste Kategorien einfache Symbole wie Zahlen oder Buchstaben vorzugeben. Zu beachten ist hierbei allerdings, daß solche Kodierungen auch wieder eine zusätzliche Einübung erfordern.

Insgesamt ist eine systematische Schulung der Beobachter für eine gute Beobachtung unerläßlich, denn die Personen der Beobachter stellen bei dieser Methode eigentlich die Meßinstrumente dar, die es zu justieren gilt. Dabei ist zu beachten, daß an den Beobachter hohe Anforderungen gestellt werden. So soll der Beobachter u.a.:

- offen in der Beobachtungssituation agieren und reagieren,
- flexibel auf unerwartete Veränderungen in der Situation eingehen können,
- ein ständig hypothesenentwickelndes Vorgehen zeigen,
- präzise Schlußfolgerungen aus dem Beobachteten ziehen,
- auch nicht direkt wahrnehmbare Sachverhalte erfassen,
- dabei immer sauber zwischen Beobachtung und Wertung zu unterscheiden wissen,
- mit den Beobachteten so interagieren, daß die Beobachterrolle das Beobachtete möglichst minimal verfälscht,
- die Rolle des Teilnehmers in der Situation glaubhaft übernehmen und gleichzeitig die Beobachterrolle beibehalten,
- sensibel für Hinweise sein,
- hinreichend Kenntnisse des Beobachtungskontextes erwerben, denn "man sieht nur das, was man auch kennt",
- seine Aufzeichnungen genau führen usw.

Die Anforderungen machen deutlich, daß eine ausreichende Beobachterschulung eine unumgängliche Voraussetzung für eine qualitativ zufriedenstellende Beobachtung ist.

Bei einer Beobachterschulung empfiehlt BORTZ (1984)

- die Beobachter in das Ziel, den theoretischen Hintergrund, die Planung und die Durchführungsbedingungen der Untersuchung einzuführen, damit der Beobachter seine spätere Aufgabe besser verstehen lernt und Sinn und Zweck des Beobachtungsschemas erkennt,

- die Beobachter in den Umgang mit den verwendeten technischen Hilfsmitteln (z.B. Video) einzuweisen,

weiter nach PINTHER (1980)

- die Beobachter im zukünftigen Setting naiv und unvorbereitet einige Beobachtungen durchführen zu lassen, um ihre Problemsicht zu schärfen,

- die dabei intuitiv verwendeten Kategorien zu erfassen und zu diskutieren,

- deren Brauchbarkeit zu überprüfen, sie mit den tatsächlichen Beobachtungskategorien zu vergleichen, eventuell diese zu modifizieren und

- mit den endgültigen Kategorien in einer Art "Generalprobe" das Beobachtungsschema abschließend zu überprüfen.

Die Auseinandersetzung der Beobachter mit den Beobachtungskategorien ist wichtig, weil die Eindeutigkeit der Kodierung und damit die Gültigkeit der Beobachtung stark gefährdet ist, wenn schon während der Schulung kein Konsens hinsichtlich der Interpretation und Anwendung der Kategorien zu erzielen ist.

Einführung in den Kontext

Weiterhin erscheint uns besonders wichtig, daß sich der Beobachter adäquat in den Beobachtungskontext zu integrieren vermag, und daß er so viele kontextbezogene Erfahrungen und Kenntnisse sammelt, daß er auch versteht, was dort, wo er beobachtet, "abgeht". Beides bedingt einander zum Teil, betrifft aber unterschiedliche Aspekte.

Das Einfühlen und Integrieren in den Kontext, z.B. in die jeweilige Unternehmenskultur, ist wichtig, damit der Beobachter überhaupt valide beobachten kann. Wenn er sowohl ein deutlicher Fremdkörper bleibt, als auch unternehmensspezifische Zeichen und Symbole nicht erkennen kann, wird er kaum valide Beobachtungsergebnisse erhalten. Kenntnisse der Prozesse und Strukturen des Unternehmenskontextes sind unerläßlich, um z.T. überhaupt bestimmte Phänomene wahrnehmen und weiter, um sie in einen sinnvollen Zusammenhang bringen zu können. Im Prinzip "sehen wir nur, was wir kennen".

Andererseits können Beobachtungsfehler auch durch zu selektive Wahrnehmung aufgrund ausgedehnter Vorerfahrungen und Vorkenntnisse zustande kommen. Oft ist man mit der Validität von Beobachtungen nicht wirklich zu frieden, weil sie irgendwo zwischen Beobachtungsfehlern durch selektive Wahrnehmung und solchen durch unvollständige Vorerfahrungen schwankt.

Festzuhalten bleibt außerdem, daß trotz aller Bemühungen die Subjektivität von Beobachtungen nie gänzlich kontrolliert werden kann. Deswegen wird von verschiedenen Wissenschaftlern die Beobachtung als ein nicht hinreichend zuverlässiges Meßinstrument betrachtet. Nimmt man hinzu, daß verglichen mit Fragebogen, Beobachtungen außerdem sehr zeitaufwendig und arbeitsintensiv sind, muß man fragen, warum Beobachtungen überhaupt eingesetzt werden sollten. Wir wollen die Funktion von Beobachtungen an Hand unseres Fallbeispiels erläutern.

Funktion von Beobachtung

- Vorteile hat die Beobachtung, wenn Selbst- und Fremddarstellungen von Verhalten durch die Untersuchungsteilnehmer selbst bewußt oder unbewußt verfälscht werden; z.B. wenn in einer Befragung Meister (Selbstrating) und Mitarbeiter (Fremdrating) stark abweichende Einschätzungen des Führungsverhaltens der Meisters geben. In diesem Fall wäre es sinnvoll, die Angaben durch unabhängige Beobachtungsdaten überprüfen zu können.

- Wenn äußeres Verhalten erfaßt werden soll, wie z.B. komplexe motorische Abläufe in der Fertigung oder mimische Reaktionen in Gruppendiskussionen, läßt sich dieses besser, weil direkter, über systematische Beobachtungen statt über verbale Berichte bewerkstelligen.

- Häufig entziehen sich auch Verteilungen von Einzelergebnissen im Verhaltensstrom der bewußten Erkenntnis des Handelnden, wie z.B. die Häufigkeit der Zuwendungen des Meisters an unterschiedliche Mitarbeiter. Hier erhält man über systematische Beobachtungen verläßlichere Daten als über subjektive Einschätzungen.

- Andere, z.B. weitgehend automatisierte Verhaltensweisen entziehen sich u.U. ganz der bewußten Erkenntnis, gerade weil sie ja nicht bewußtseinspflichtig sind. Diese Verhaltensweisen sind eigentlich nur über systematische Beobachtungen zu erfassen (z.B. wie häufig jemand beim Autofahren schaltet).

- Beobachtungen können auch Ausgangspunkt von Interviews sein, indem das Beobachtete beim Handelnden anschließend nachgefragt und von ihm erklärt wird. Diese Form des Beobachtungsinterviews ist besonders angemessen, wenn wie z.B. bei Verrichtungstätigkeiten außer dem bloßen Auftreten des Verhaltens auch Intention und Ziel des Handelnden interessieren, d.h. warum eine

Verrichtungstätigkeit gerade so und nicht anders ausgeführt wird, was damit bezweckt wird usw. Besonders für die Exploration stellt das Beobachtungsinterview wegen seiner potentiell hohen Informationsausbeute eine bevorzugte Methode dar.

Standardisiertes Beobachtungs-schema

Man kann weiterhin die Qualität der Beobachtung verbessern, indem man auf bewährte, d.h. hinsichtlich ihrer Meßgenauigkeit überprüfte Beobachtungsschemata zurückgreift. Dazu gibt es Schemata, die bereits in Einzeluntersuchungen eingesetzt worden sind und sich dort bewährt haben, wie z.B. das später beschriebene Beobachtungssystem von ATTESLANDER (1956), sowie solche, die in jahrelanger Forschung theoretisch sorgfältig hergeleitet und empirisch überprüft worden sind, und von daher einen umfassenden Beschreibungsanspruch besitzen, wie das später behandelte Beobachtungsinterview von SEMMER (1984).

Zunächst wollen wir uns aber einem einfacheren Beispiel zuwenden. In unserem Fall kann man davon ausgehen, daß sich die Rolle von Vorarbeitern und Meistern durch die Einführung der Gruppenarbeit ändern wird. Insofern wäre es wichtig, die Anteile der unterschiedlichen Aktivitäten im Gesamthandeln dieser Personen in einer Vorher- und einer Nachhermessung zu erfassen und die Werte der beiden Messungen hinsichtlich überzufälliger Unterschiede miteinander zu vergleichen. Vorbedingung für den Vergleich ist, daß der beobachteten Personen in sinnvolle Kategorien zusammengefaßt werden können. Dazu müssen zunächst in einer Vorerhebung mit Hilfe einer offenen und unstrukturierten Beobachtung alle vorkommenden Einzelaktivitäten dieser Personen aufgezeichnet und zu Verhaltenskategorien zusammengefaßt werden.

Bei einem solchen Vorgehen werden z.B. folgende Kategorien entwickelt:

- Sicherstellung des Produktionsflusses
- Betriebsmittelüberwachung
- Qualitätsüberwachung
- Personalführung
- Änderungen/ Verbesserungen
- Verwaltung/ Büroarbeit
- Besprechungen allgemein
- Sonstiges

Wichtig ist, daß die Kategorien wirklich distinkt sind, d.h. sich nicht überschneiden. Außerdem müssen sie so eindeutig sein, daß unterschiedliche Beobachter dasselbe Verhalten auch ein und derselben Kategorie zuordnen. Letztlich soll mit ihnen auch das gesamte Verhaltensspektrum von Meistern und Vorarbeitern erfaßbar sein, wobei sich in der Kategorie "Sonstiges" nur ein geringer Prozentsatz aller Beob-

achtungen wiederfinden sollte. Sind diese drei Bedingungen nicht
erfüllt, können Kodierungsfehler die Folge sein.

Anschließend wären genaue Zeitstichproben zu definieren, während
derer die Aktivitäten der Personen beobachtet werden. Die Zeitstichproben sollten so gewählt werden, daß sie einen für die Gesamttätig-
keit der Personen repräsentativen Ausschnitt darstellen. Die Einzelzei-
ten sollten so kodiert werden, daß sie leicht zu Summenwerten
zusammengefaßt werden können.

Die Beobachtung der Meister stellt dabei insofern etwas Besonderes   **Shadowing-**
dar, als deren Tätigkeit ja nicht stationär ist. Deswegen müssen die   **verfahren**
Meister im "Shadowingverfahren" beobachtet werden, bei dem der
Beobachter dem Beobachteten wie ein Schatten folgt (Shadow) und
sein Verhalten protokolliert. Das Shadowingverfahren gewinnt gerade
hinsichtlich der Erfassung des Verhaltens von Führungskräften ständig
an Bedeutung.

Die einzelnen Beobachtungsprotokolle werden über die Mitglieder der
verschiedenen Gruppen addiert und gemittelt. Daraufhin können
bezogen auf die Gesamtarbeit gruppentypische Zeitbudgets erstellt
und graphisch abgebildet werden.

Die folgende Abbildung zeigt fiktive Zeitbudgets für Meister und
Vorarbeiter, die vor Einführung der Gruppenarbeit erstellt wurden.

Abgesehen davon, daß diese Zeitbudgets als Vergleichsmessungen für
die nach der Einführung der Gruppenarbeit erhobenen Zeitdaten dienen sollen, lassen sich aus dieser deskriptiven Erfassung auch zum
jetzigen Zeitpunkt Rückschlüsse auf die gegenwärtige Rolle und
Funktion von Meistern und Schichtführern ziehen, aus denen wiederum Implikationen für Gestaltungsmaßnahmen bei der Einführung
von Gruppenarbeit abgeleitet werden können.

Nachdem die Erstellung der Zeitbudgets ein Beispiel für eine sehr
wenig vorstrukturierte Beobachtung war, soll im nächsten Beispiel ein
stärker strukturiertes Beobachtungsverfahren vorgestellt werden.

Gehen wir einmal davon aus, daß die Einführung von Gruppenarbeit
wahrscheinlich auch einen Einfluß auf die Beanspruchungen und
Belastungen der Mitarbeiter an ihrem Arbeitsplatz, kurz auf ihren
Arbeitsstreß, haben wird. Einige Belastungen werden reduziert, andere
verstärkt, neue kommen im Zuge der Gruppenarbeit möglicherweise
hinzu. Wir haben es also mit einem vielschichtigen, komplexen
Veränderungsprozeß zu tun. Wenn wir diesen Prozeß beobachten
wollen, benötigen wir ein Verfahren, das diese Komplexität auch
wirklich in ihrem gesamten Ausmaß und dabei verläßlich zu erfassen
vermag. Mit selbstgestrickten Schemata kommen wir dabei nicht
weiter, denn es muß gesichert sein, daß das Verfahren alle wichtigen
Aspekte von Streß am Arbeitsplatz erfaßt, daß es reliabel (d.h. genau
und verläßlich) und daß es valide ist (d.h. daß es auch wirklich die

Streßaspekte mißt, die es zu messen vorgibt). Insofern empfiehlt es sich, auf ein vorhandenes, bewährtes Verfahren zurückzugreifen.

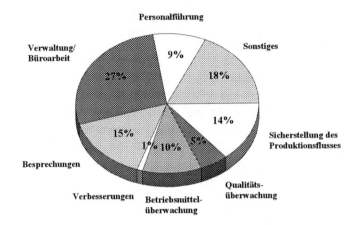

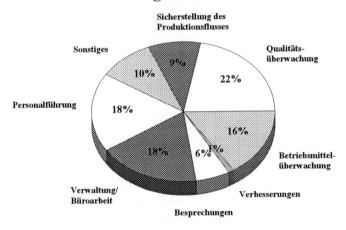

Abb. 5.2: Graphische Darstellung der Zeitbudgets von Meistern und Vorarbeitern

Instrument zur streßbezogenen Tätigkeitsanalyse (ISTA)

Ein Verfahren, mit dem Streß am Arbeitsplatz analysiert werden kann, ist das "Instrument zur streßbezogenen Tätigkeitsanalyse (ISTA)" von SEMMER (1984). Dieses Instrument ist im Forschungsprojekt "Psychischer Streß am Arbeitsplatz" im Rahmen des Programms "Humanisierung des Arbeitslebens" des Bundesministeriums für Forschung und Technologie entwickelt worden. Dabei sind die einzelnen Skalen des Instruments theoretisch hergeleitet und ihre Vorformen ständig in der Praxis von Industrieunternehmen überprüft

worden. Das gesamte Verfahren ist nach Fertigstellung außerdem in
verschiedenen größeren Stichproben aus dem Bereich der industriellen
Produktion überprüft worden. Es gibt von dem Verfahren eine Frage-
bogen- und eine Beobachtungsversion. Da in unserem Fallbeispiel der
Anteil ausländischer Mitarbeiter doch ziemlich hoch ist, wollen wir,
um Sprachprobleme zu vermeiden, zur Messung des Stresses am
Arbeitsplatz die Beobachtungsversion wählen.

Das Verfahren erfaßt streßbezogene Arbeitstätigkeitsaspekte auf 12   Unterskalen
Unterskalen, die für beide Versionen inhaltlich gleich sind und sich
nur in der Anzahl der Items etwas unterscheiden. Einen Überblick
über die Skalen gibt die Abbildung 5.3.

- Arbeitskomplexität
- Variabilität
- Kommunikation
- Konzentration und Zeitdruck
- Unsicherheit und Verantwortung
- Arbeitsorganisatorische Probleme
- Unfallgefährdung
- Umgebungsbelastungen
- Einseitige körperliche Belastungen
- Kooperationserfordernisse
- Handlungsspielraum
- soziale Stressoren

Abb. 5.3: Unterskalen des ISTA-Verfahrens

Die Beobachtungsversion ist als Beobachtungsinterview konzipiert,
d.h. an die Beobachtungen der Arbeitstätigkeit schließen sich Interviews mit den Beobachteten an, in denen die verschiedenen Aspekte
der Tätigkeit nochmals genauer besprochen werden. Die Beobachtungsversion enthält 63 Fragen, die zusammen 112 Variablen ergeben
(durch verschiedene Differenzierungen in den Fragen). Die Fragen
sind geschlossen und enthalten in der Regel fünfstufige Antwortskalen, die sowohl numerisch als auch verbal verankert sind.
Zur Illustration mögen folgende Beispiele dienen:

"Mein Vorgesetzter treibt einen an"	Skala „soziale Stressoren"
"Wie oft erhalten Sie von Ihrem Vorgesetzten widersprüchliche Anweisungen?"	Skala „Unsicherheit und Verantwortung"
"Wie oft fällt soviel Arbeit an, daß Sie in Ihrer Pause durcharbeiten müssen?"	Skala „Konzentration und Zeitdruck"

Für das Beobachtungsinterview gibt es einen Leitfaden, der in
SEMMER (1984) beschrieben ist. In dem Beobachtungsbogen, den
jeder Beobachter erhält, sind die Ankerpunkte der Skalen beispielhaft

beschrieben, und es werden auch Kriterien für Abgrenzungsprobleme genannt. Die Beobachtungen dauern jeweils ca. 1,5 Stunden. Dazu empfehlen DUNKEL UND SEMMER (1987)

> "zur weiteren Verbesserung der Qualität der Ergebnisse, an. [eine] erste umfangreiche Beobachtung eine oder mehrere 'Kurzbeobachtungen' von 15 bis 30 Minuten Dauer anzuschließen, und zwar möglichst zu unterschiedlichen Tageszeiten und in längerem Abstand von der ersten Beobachtung. Auf diese Weise können Schwankungen in Auftragsvolumen, Aufgabenart, Maschinenstörungen usw. besser ausgeglichen werden. Zu empfehlen ist außerdem, nach Möglichkeit mehrere Beobachter einzusetzen; bereits durch zwei Beobachter kann die Zuverlässigkeit der Daten entscheidend erhöht werden."

Mit Hilfe dieses Beobachtungsinstrumentes können Art und Ausmaß von Belastungsveränderungen, die sich im Zuge der Einführung von Gruppenarbeit ergeben haben könnten, erfaßt, identifiziert und zu anderen Variablen, z.B. gesundheitlichen Problemen, in Beziehung gesetzt werden. Die weitgehend standardisierte Form des Instruments ermöglicht quantitative Daten auf einem Skalenniveau zu erheben, das eine Weiterrechnung mit anspruchsvolleren statistischen Methoden bis hin zu linearen Modellen erlaubt. Dabei ist der Auflösungsgrad oder der Differenzierungsgrad der Beobachtungseinheiten an die Struktur menschlicher Arbeitstätigkeit angepaßt.

Ein Beispiel für eine hochgradig strukturierte und viel stärker als im vorherigen Beispiel differenzierte Beobachtung gibt ATTESLANDER. ATTESLANDER (1956) untersuchte in der industriellen Produktion die Tätigkeit von Vorarbeitern, wobei es ihm darum ging, diese Tätigkeit möglichst detailliert und vollständig zu erfassen. Da er bereits Vorkenntnisse von der Vorarbeitertätigkeit hatte, konnte er ein Beobachtungsschema entwickeln, in dem alle erdenklichen Tätigkeiten von Vorarbeitern bereits als feste Kodierungen vorhanden waren. Dies ist ein Beispiel für ein hoch standardisiertes Beobachtungsschema, bei dem der Beobachter um eine möglichst minutiöse, wenn auch eher oberflächliche Erfassung einfachster Verhaltenssequenzen bemüht ist. Eine weitergehende, theoretisch bedeutungsvolle Analyse der beobachteten Sachverhalte wie bei SEMMER (1984) ist zunächst nicht intendiert.

Abbildung 5.4 gibt einen kurzen Ausschnitt aus einem Beobachtungsprotokoll der Tätigkeit eines Vorarbeiters und verdeutlicht dabei die Funktion des Beobachtungsschemas von ATTESLANDER.

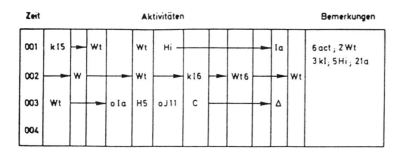

Δ = Ende des Beobachtungsprotokolls

Abb. 5.4: Beobachtungsprotokoll von ATTESLANDER

Legende

Interaktion:	I
wird angesprochen (z.B. verläßt ein Arbeiter seinen Platz	KI
und spricht ihn an) beginnt selbst die Interaktion	oI
Interaktion, die nicht auf die Arbeit bezogen ist	j
Gehen:	W
gehen und dabei etwas transportieren	W+
Umgang mit Gegenständen:	H
Materialprüfungen	Hi
umräumen, lagern	Hs
Büroarbeiten:	C
- im Büroraum	Coff
- außerhalb des Büroraums	C
Keine spezielle Aktivität:	D
Personen:	
- Arbeiter	1-36
- Vorarbeiter	a,b
- anderes Aufsichtspersonal	A,B

Abb. 5.4: Beobachtungsprotokoll von ATTESLANDER

Die Vorstellung der drei Verfahren (Zeitstichproben, ISTA u. Beobachtung nach ATTESLANDER) sollte beispielhaft veranschaulichen,
wie unterschiedlich differenziert und strukturiert Beobachtungen sein
können, wobei sich Differenzierungs- und Strukturierungsgrad immer
nach der jeweilig verfolgten Fragestellung richten. Anzumerken ist
dabei aber auch, daß Beobachtungen mit dem Auflösungsgrad der
Beobachtung von ATTESLANDER (1956) in der a.o.-psychologischen
Praxis kaum durchgeführt werden. Vorwiegend werden Beobachtungen zu Explorationszwecken und dann entsprechend wenig vorstruk-
turiert eingesetzt.

Werden stärker strukturierte Beobachtungen durchgeführt, dann
zumeist in der Form des Beobachtungsinterviews. Als Begründung für
die häufige Nutzung dieser Methodenkombination bemerkt
ROSENSTIEL (1993, S. 65):

*Vorteile von
Beobachtungs-
interviews*

"Werden derartige Tätigkeitsanalysen (per Beobachtung, Erg. d. Verfassers) allein von Experten, dem psychologisch geschulten Ingenieur oder Arbeitswissenschaftler bzw. vom Arbeits- und Organisationspsychologen vorgenommen, so wird trotz des guten Kategoriensystems meist etwas Wesentliches übersehen, nämlich die Art und Weise, in der die Tätigkeit vom Stelleninhaber erlebt, wie sie also subjektiv widergespiegelt wird.

Beschränkt man sich dagegen allein auf die Befragungen der Stelleninhaber, so wird ebenfalls Wesentliches nicht erfaßt, da viele Arbeitsvollzüge für den Stelleninhaber zur Selbstverständlichkeit, zum unreflektierten, habituellen Verhalten geworden und somit gar nicht mehr bewußtseinsfähig sind.

Aus diesen angedeuteten Einschränkungen ergibt sich, daß im Regelfall für eine psychologische Tätigkeitsanalyse Beobachtungsinterviews als optimales Vorgehen gesehen werden können, auch wenn der Aufwand dafür nicht selten erheblich ist. Beobachtungsinterviews sind vor allem dann angezeigt, wenn es nicht nur um die Beschreibung der Aufgaben- und Bedingungsstruktur sowie die der Arbeitstätigkeit geht, sondern aus psychologischer Perspektive darüber hinaus Auswirkungen der Tätigkeiten auf das Erleben der Person analysiert werden sollen, um auf diese Weise auch eine psychologisch orientierte Bewertung der Arbeitstätigkeit vornehmen zu können."

Vergleiche dazu auch bei ULICH (1992) die Kapitel 4 "Analyse von Arbeitstätigkeiten" und 5 "Bewertung von Arbeitstätigkeiten". In diesen Kapiteln bringt ULICH Beispiele für verschiedene Beobachtungs- und Befragungsverfahren und entwirft einen mehrstufigen Plan für den aufeinander abgestimmten Einsatz von Befragungen, Beobachtungen und speziell Beobachtungsinterviews.

5.5   Nichtreaktive Meßverfahren

Reaktivitäts-
problematik

Im Kapitel 5.1 wurde bei der Diskussion der methodenimmanenten Probleme bereits auf die Reaktivitätsproblematik hingewiesen, die dadurch entsteht, daß die Teilnehmer der a.o.psychologischen Untersuchungen meistens wissen, daß sie zu wissenschaftlichen Zwecken beobachtet bzw. befragt werden.

Da in der betrieblichen Praxis aus guten Gründen die Vermutung besteht, daß aus den Ergebnisse der Studie in der Regel irgendwelche Konsequenzen abgeleitet werden, ist eine "Ausrichtung" des Verhaltens der Probanden vorprogrammiert. Man will positiv abschneiden, Funktionsfähigkeit demonstrieren, auf Mißstände pointiert aufmerksam machen usw.. Derartige Reaktivitätseffekte gefährden jede auch grundlagenwissenschaftliche Forschung, wobei die Auswirkungen bei a.o.psychologischen Studien besonders gravierend seien dürften, da die "Betroffenheit" bei (Psychologie-) Studenten beim "abarbeiten" der Pflichtstunden als Versuchspersonen mit zunehmender Routine nicht allzu hoch sein dürfte.

Welche Möglichkeiten gibt es nun, mit derartigen Verzerrungseffekten fertig zu werden. In der allgemeinen Methodenliteratur ist dies seit vielen Jahrzehnten ausführlich diskutiert worden, auch wenn nur selten in der Forschungspraxis die notwendigen Konsequenzen gezogen wurden.

Vermeidung von Verzerrungseffekten

Wir können im Rahmen dieses Beitrags nur auf die einschlägige Literatur verweisen (MERTENS 1975, BUNGARD 1984).

Als Fazit dieser **Artefaktforschung** (Artefakte im Sinne von Kunstprodukten) können thesenartig folgende Erkenntnisse festgehalten werden:

- Ein Teil der Reaktivitätseffekte kann durch entsprechende Maßnahmen verhindert werden, man denke z.B. an Doppelblindversuche zur Reduzierung von Versuchsleitereffekten, Training der Interviewer u.v.m.

- Das Ausmaß der Verzerrung läßt sich teilweise ex post aufgrund von post-experimentellen Befragungen, Selbstkonfrontationsinterviews, anhand von Videoaufnahmen und sonstigen Techniken abschätzen, um entsprechende Korrekturen vornehmen zu können.

- Ein erheblicher Teil der Reaktivitätseffekte läßt sich aber nicht ausschalten, weil weder mit Lügenskala noch mit sonstigen "Tricks" z.B. die "wahre" Motivation offengelegt werden kann. Diese letzte Erkenntnis führte dann in der Literatur zu einer Vielzahl von Vorschlägen, wie man "validere" Daten erheben könnte.

- Eine grundsätzliche Auffassung geht davon aus, daß die Reaktivitätseffekte nicht als Störfaktoren angesehen werden sollten, die es zu eliminieren gilt, sondern daß sich dahinter psychische Prozesse verbergen, die eigentlich gerade im Zentrum der Forschungsaufmerksamkeit liegen sollten. Das bedeutet z.B. konkret, daß bei der Untersuchung von Führungsphänomenen u.U. gerade die kognitiven Wahrnehmungen der Betroffenen und die situationsspezifischen Motivationen, also gerade die Fehlerquellen, wichtige Variablen zur Erläuterung der Vorgänge darstellen.

- Eine andere Strategie, die wir in diesem Kapitel im folgenden näher beschreiben wollen, besteht darin, eine wichtige Quelle für die Entstehung von Reaktivitätseffekten auszuschalten, nämlich die Kenntnis der Betroffenen darüber, daß eine wissenschaftliche Untersuchung stattfindet. In der Methodenliteratur werden solche Verfahren als nichtreaktive Meßmethoden bezeichnet. Im nächsten Abschnitt werden diese Techniken kurz anhand einiger Beispiele illustriert, um dann im Abschnitt 5.4.3 die Möglichkeiten und Grenzen solcher Erhebungsinstrumente für den Bereich der A.O.-Psychologie aufzuzeigen.

Nichtreaktive Verfahren sind, wie bereits gesagt, solche Verfahren, bei denen keine Reaktivität auftritt. CAMPELL (1957) sprach von Reaktivität, "wenn eine Messung genau das, was man messen möchte, verändert. Ganz allgemein kann man vermuten, daß jeder Meßvorgang, der die Versuchsperson bewußt (aware) macht oder ihr das Experiment bewußt macht, eine reaktive Messung darstellt. Wenn der Meßvorgang nicht Teil der normalen Umgebung ist, ist er wahrscheinlich reaktiv."

CAMPELLs Definitionen sind nicht ganz präzise; in ähnlich unscharfer Form wird der Begriff der nichtreaktiven Verfahren heute allgemein für jene Methoden der psychologischen bzw. sozialwissenschaftlichen Datenerhebung verwendet, bei denen der Einfluß des Forschers mutmaßlich sehr gering ist. Da man aber selbst bei der Analyse von alten Kirchenregistern nicht sicher sein kann, ob sie frei von Beeinflussungen im Hinblick auf zukünftige sozialwissenschaftliche Forschung zustande gekommen sind, wäre es genau genommen besser, von "wenig reaktiven" Verfahren zu sprechen.

Der Grundgedanke der nichtreaktiven Verfahren ist der, daß man den Meßvorgang in die "normale" Umgebung der Probanden verlegt und auf eine direkte bzw. bewußte Interaktion verzichtet. Die Datenerhebung erfolgt also unaufdringlich, unbemerkt, die Versuchsperson weiß nicht, daß sie an einer wissenschaftlichen Untersuchung teilnimmt.

Bekannt wurden die nichtreaktiven Verfahren durch die inzwischen schon klassische und nach wie vor höchst aktuelle Publikation "Unobstrusive measures, nonreactive research in the social sciences" aus dem Jahre 1966 (dt. 1975, amerik. Neuauflage 1981). WEBB u.a. haben darin eine Fülle derartiger Forschungsmöglichkeiten zusammengestellt und diskutiert: unauffällige Beobachtung, Analyse von Spuren (Abnutzung, Ablagerungen), Inhaltsanalysen, Auswertung verschiedenster Arbeitsdaten usw.

Es würde den Rahmen dieses Beitrags sprengen, im Detail die Vielzahl der nichtreaktiven Verfahren darzustellen. Der Leser sei daher an die entsprechenden Bibliographien und Übersichtsarbeiten verwiesen (WEBB et al. 1966; 1975, BUNGARD & LÜCK, 1974, 1982, 1991; PETERMANN & NOACK, 1984)).

Statt dessen sollen, die Klassifikation von WEBB et al. (1966) zugrundelegend, die verschiedenen typischen Verfahren anhand einzelner Beispiele in aller Kürze demonstriert werden.

Analyse physischer Spuren

Zur Analyse physischer Spuren gehören die Abnutzungen und Ablagerungen. So zeigt abgenutzter Fußboden in Museen, welche Exponate besonderes Interesse hervorriefen, Verschleißerscheinungen an Büchern in Bibliotheken sind als nichtreaktive Maße für Leserinteressen genutzt worden. Ablagerungen in einem weiteren Sinne sind nicht nur die für den Archäologen bedeutsamen Überbleibsel früherer Kulturen, sondern z.B. leere Bierdosen und Zigarettenschachteln, die nach öffentlichen Veranstaltungen herumliegen und für die Konsumforschung nützliche Daten liefern können. Inzwischen gibt es eine ganze Reihe von (sub)kulturvergleichenden Untersuchungen über den Inhalt von Wandkritzeleien (Graffiti).

Um Spurdaten vollständiger und mit geringerem Arbeitsaufwand zu erhalten, hat man technische Hilfsmittel eingesetzt. So werden z.B. nicht nur im Straßenverkehr, sondern auch bei Ausstellungen Verkehrsströme durch Lichtschranken und Kontaktschwellen im Fußboden automatisch registriert.

Inhaltsanalyse archivalischer Daten

Die Inhaltsanalyse archivalischer Daten stellt einen weiteren Bereich nichtreaktiver Daten dar. Eine klassische Studie in diesem Bereich ist DURKHEIMs Studie über den Selbstmord (1897). DURKHEIM fand in Statistiken bestimmte Häufungen zu bestimmten Jahreszeiten und Wochentagen. Kirchenbücher, Wahlstatistiken, Polizeiberichte, Daten über Energieverbrauch usw. werden zunehmend zur Untersuchung sozialwissenschaftlicher Fragestellungen genutzt. Das noch relativ junge Gebiet der historischen Sozialforschung hat besonders intensiv solche Daten genutzt und auch wichtige Beiträge zur Methodologie der - traditionell geisteswissenschaftlichen - Geschichtswissenschaften geleistet.

Zu nennen sind weiterhin: Analysen und Interpretationen von historisch überlieferten Texten und Zeichnungen. Zu erwähnen sind die von Entwicklungspsychologen wie CHARLOTTE BÜHLER schon früh genutzten Tagebuchaufzeichnungen, die Inhaltsanalyse von Briefen, so z.B. von Abschiedsbriefen von Suizidanten.

Nichtreaktive Beobachtungen

Nichtreaktive Beobachtungen bilden den dritten und besonders großen Bereich nichtreaktiver Messung. Beobachtung der Kleidung, Registrierung der politischen Aufkleber auf Autos, Erfassung der Gestik und Mimik im Alltag, Verfolgen der Interaktionsverläufe im Gerichtssaal, Beobachtung von Mutter-Kind-Interaktionen in Wartezimmern sind typische Beispiele; aber auch die Tätowierungen von Gefängnisinsassen und das Urinierverhalten auf Herrentoiletten sind schon Gegenstand empirischer Forschung geworden.

Feldexperimente

Die vierte und letzte Gruppe von nichtreaktiven Erhebungsverfahren bilden die Feldexperimente. In diesen Fällen wird versucht, ein normales Experiment nach den Spielregeln der experimentellen Logik durchzuführen, ohne daß die Teilnehmer überhaupt etwas davon mitbekommen. Die Daten selbst werden in der Regel per Beobachtung erhoben.

Beschränkung
nicht-reaktiver
Verfahren

Soweit ein kurzer Überblick über einige typische Beispiele nichtreaktiver Verfahren. Bevor wir auf die Einsatzmöglichkeiten im A.O.-Bereich eingehen, soll auf einige grundsätzliche Beschränkungen dieser Verfahren eingegangen werden.

Nichtreaktive Verfahren erschienen zunächst nach den provozierenden Buchveröffentlichungen von WEBB ET AL. (1966) eine Zeitlang als "New Look" der empirischen Sozialforschung, da das große Problem der Validitätsminderung durch Reaktivität zumindest in einigen Bereichen als überwunden erschien. Die von GORDON ALLPORT erhoffte Wende in der psychologischen Forschungspraxis ist allerdings nicht eingetreten. So zeigen Auswertungen der Veröffentlichungen in psychologischen Fachzeitschriften, daß sich die Vorliebe psychologischer Forscher für die "klassischen" Untersuchungsmethoden, insbesondere das Laborexperiment, nicht geändert hat.

Gemessen an herkömmlichen Maßstäben haben nichtreaktive Meßverfahren auch eine Reihe von Nachteilen. So ist für viele erhobene Stichproben gänzlich unmöglich zu bestimmen, wie denn die Grundgesamtheit beschaffen ist. Dies gilt insbesondere für Spurenmessungen und historische Daten, da dieses Material selektiv überlebt. Auch für die unauffällige Beobachtung in Alltagssituationen kann die Repräsentativität der Stichprobe oft nicht genau bestimmt werden. In vielen Fällen dürfte die Hinzuziehung weiterer Methoden - z.B. der Befragung zur Bestimmung der sozialen Schicht - unverzichtbar sein.

Der Reiz nichtreaktiver Verfahren liegt in der (meist als gegeben angenommenen) hohen externen Validität. Doch schon die Objektivität etwa von Beobachtungsdaten ist nicht unproblematisch, da Verhalten im Alltag flüchtig, komplex und hochgradig eingeübt ist, was eine objektive Beobachtung erschwert. Mehrere Beobachter können dagegen aus Gründen möglicher Reaktivität oft nicht eingesetzt werden. Ja, schon ein einzelner nicht-teilnehmender Beobachter kann gerade durch seine Inaktivität auffallen.

Auch nichtreaktive Verfahren sind nicht frei von Beobachter- und Versuchsleitereffekten. Schließlich können nicht reaktive Methoden zu reaktiven Methoden werden, wenn sie zu häufig praktiziert und damit bekannt werden.

Schließlich werfen nichtreaktive Verfahren u.U. forschungsethische Probleme auf. So ist z.B. umstritten, ob Notfälle zur Erforschung prosozialen Verhaltens im Alltag simuliert werden dürfen, da hiermit Versuchspersonen u.U. in Streßsituationen gebracht werden können.

Bedeutung nichtreaktiver Verfahren für den Bereich der A.O.-Psychologie

Es ist sicherlich kein Zufall, daß die Suche nach neuen Forschungsmethoden insbesondere auch im Sinne der zuvor dargestellten nichtreaktiven Verfahren, in den Anwendungsbereichen der Psychologie besonders intensiv betrieben worden ist. In dem klassischen Werk von Webb finden sich auch entsprechend eine Fülle von Beispielen aus den Studien im Feld. Einen breiten Rahmen nehmen z.B. einzelne nichtreaktive Ansätze im Rahmen marktpsychologischer Untersuchungen ein, da man auf diesem Gebiet besonders stark auf "verzerrungsfreie" Daten angewiesen ist.

Aber auch in der A.O.-Psychologie sind aus dem gleichen Grund immer wieder nichtreaktive Messungen vorgenommen worden, zumal die Artefaktforschung gerade in dieser Disziplin seit der Hawthorne-Studie mit dem damals "entdeckten" Hawthorne-Effekt im Sinne eines Versuchskaninchen-Effektes auf eine lange Tradition zurückblicken kann.

Legt man die Klassifikation aus den vorhergehenden Abschnitt zugrunde, so ergibt sich folgendes Bild:

Analyse physischer Spuren

Derartige Daten sind auch in der A.O.-Psychologie gelegentlich verwendet worden. So wurden z.B. im Rahmen der Organisations-Kultur-Forschung Graffitis inhaltlich ausgewertet, um die spezifische Kultur einer Organisation kennenzulernen (vgl. NEUBERGER & KOMPA 1987).

Mit Lichtschranken und Kontaktschwellen können ebenfalls arbeitspsychologische Studien durchgeführt werden, um z.B. das Interaktionsverhalten in Gruppen erfassen zu können.

Inhaltsanalyse archivalischer Daten

Es dürfte bekannt sein, daß in Organisationen eine selbst von den Betroffenen nicht mehr zu überblickende Fülle von Akten tagtäglich produziert wird, die im Prinzip alle inhaltsanalytisch ausgewertet werden können. Sie kennen sicherlich den Satz eines Managers. der die Vermutung geäußert hat, daß man in einigen Jahrhunderten bei der Ausgrabung seines Automobilwerks zu dem Schluß kommen wird, daß dort eine Papierfabrik gestanden haben muß, in der nebenbei auch Autos produziert wurden.

Beispiele für derartige Inhaltsanalysen in Betrieben gibt es viele. Eine wichtige Datenquelle für a.o.-psychologische Studien sind häufig grundlegende organisationale bzw. personale Daten, die bereits vorliegen. Jedoch ist es meist nicht sehr einfach, solche Daten zu erhalten. Hier ist das Einverständnis der Betriebsleitung der Arbeitnehmervertretung und/oder der betroffenen Personen einzuholen, zudem sind die Bestimmungen des Datenschutzes zu beachten. Zuweilen sind Teile solcher Daten bereits in Personalinformationssystemen gespeichert (vgl. SEIZ, 1989).

Besonders häufig hat man in der a.o.psychologischen Forschung Organigramme, Protokolle, Dienstvorschriften oder andere Regelungen analysiert. Als eine wichtige Datenquelle können hier weiterhin die Stellenbeschreibungen dienen. Sie beinhalten u.a. Beschreibungen des Aufgabengebietes, spezielle Vollmachten und Berechtigungen des Stelleninhabers, Anzahl der unterstellten Mitarbeiter sowie zusätzlich fachliche Weisungsbefugnisse. Weitere wichtige Daten zur Biographie wie zur beruflichen Weiterentwicklung können der Personalakte entnommen werden.

Für viele Studien werden organisations- bzw. betriebswissenschaftliche Statistiken benötigt. Beispiele sind Daten zum Krankenstand, zu Unfällen oder zur Fluktuation sowie Produktivitäts- und Investitionsziffern.

 In unserer Fallstudie könnten im Rahmen der Organisationsdiagnose und auch bei späteren Untersuchungen bei Einführung der Gruppenarbeit (GA) verschiedene Inhaltsanalysen durchgeführt werden. Nach Absprache mit den verantwortlichen Abteilungen sollte man sich die folgenden Statistiken geben lassen:

- Fehlzeiten, Fluktuationszahlen
- Qualitätsdaten, Ausschußquoten, Nacharbeitszeiten
- Kundenreklamationen

Direkt auf das Thema Gruppenarbeit bezogen sollten weiterhin Protokolle von Gruppensitzungen, Metaplanwänden u.v.m. systematisch gesammelt und ausgewertet werden.

Nichtreaktive Beobachtungen

Auch hierzu sind viele Beispiele bekannt. Bereits die klassischen Studien von FESTINGER über die Beobachtung von Sektenmitgliedern in der Phase, in der der Weltuntergang bekanntlich nicht stattfand, wie auch die Arbeitslosenstudien von JAHODA (1983) gehören strenggenommen zum Bereich der Organisationspsychologie.

Der deutsche Schriftsteller WALLRAFF hat in seinen "organisationspsychologischen" Beobachtungsstudien ebenfalls nicht-reaktiv das

"Innenleben" von Versicherungsunternehmen oder Zeitungsredaktionen erfaßt.

Ein großer Teil der Organisations-Kulturen-Forschung verwendet ebenfalls solche partizipativen, nicht-reaktiven Instrumente.

An dem Vorgehen von Wallraff wird aber auch zugleich die Problematik solcher Ansätze deutlich:

- Sind verdeckte Beobachtungen in Organisationen ethisch vertretbar?
- Sind sie mit Zustimmung des Betriebsrates praktisch durchführbar?
- werden Beobachter, wenn sie nicht selbst Mitarbeiter sind, nicht auffallen und deshalb sehr wohl Reaktivitätseffekte auslösen?

Angesichts dieser Frage dürfte deutlich werden, daß in der arbeits- und organisationspsychologischen Forschungspraxis derartige nichtreaktive Beobachtungsstudien nur selten arrangiert werden können. Die Vereinbarungsprozedur mit den Unternehmens- und Belegschaftsvertretern verhindert meistens die notwendige Geheimhaltung. Werden solche Untersuchungen auf eigene Faust (im Sinne der Wallraff-Methode) geplant, muß der Forscher damit rechnen, sich mit einem Bein im Gefängnis zu finden, zumindest muß er mit einer Aussperrung rechnen. Ob der Arbeits- und Organisationspsychologie und damit anderen Forscherkollegen damit ein Gefallen getan wird, wenn derartige Täuschungsmanöver publik werden, sei dahingestellt.

5.6   Rollenspiel-Simulation

Kritik der Täuschungstechnik als Ausgangspunkt

Die Ineffizienz bzw. Begrenztheit der verschiedenen Artefaktkontrolltechniken und die Grenzen der nichtreaktiven Meßverfahren haben Mitte der 60er Jahre zur Entwicklung des Rollenspiels als eigenständiger, methodischer Alternative geführt. Bei diesem Verfahren soll die Reaktivitätsproblematik nicht reduziert oder minimiert, sondern bewußt in Kauf genommen bzw. in gewissem Sinne sogar verstärkt werden.

Die Protagonisten des Rollenspiels (RING 1967; KELMAN 1967; MIXON 1976) kritisierten als Ausgangspunkt ihrer Überlegungen an der herkömmlichen Laborforschung vor allem die überwiegende Verwendung der Täuschung zur scheinbaren Überbrückung der Reaktivitätsproblematik. Abgesehen von den praktischen und logischen Problemen und den Konsequenzen einer zunehmenden Publizität der Täuschungsmanöver stellten sie in erster Linie die ethischen Probleme in den Vordergrund. Ihrer Meinung nach wird das Vertrauen der naiven Versuchspersonen (Vpn) über Gebühr mißbraucht, zumal die Betroffenen u.U. psychisch und physisch geschädigt werden. Sie ver-

Rollenspiele in der Psychologie

weisen weiterhin auf die Richtlinien der Berufsvereinigung amerikanischer Psychologen, wonach die Probanden vor physischen und psychischem Unbehagen bewahrt werden sollen - ein Effekt, der bei allen Täuschungen auftreten dürfte -, und in diesem Sinne plädieren sie folgerichtig für das Rollenspiel als sinnvolle Alternative.

Diese Technik wurde bereits in Ergänzung zu anderen Methoden seit langem in verschiedenen Bereichen der Sozialpsychologie verwendet, z.B. um Einstellungs- bzw. Verhaltensänderungen zu induzieren oder um die Ergebnisse von Täuschungsmanövern im Rahmen von Laborexperimenten zu prognostizieren. Es diente außerdem als soziales Entscheidungstraining bzw. zu therapeutischen Zwecken (MORENO 1946) und unter anderem auch zur Auswahl von geeigneten Spionen während des 2. Weltkriegs (GINSBURG 1978).

Rollenspiel als Erhebungsmethode Das Rollenspiel als eigenständige Methode alternativ zur Täuschung hat jedoch andere Funktionen zu erfüllen. Es soll Daten liefern, die unter den Blickwinkel einer veränderten Forscher-Vp-Beziehung psychologisch relevante Interpretationen ermöglicht. So spricht MANN (1956, S. 227) von Rollenspiel, "...wenn jemand intentional und explizit (also thematisch) vor Zuschauern eine Handlungs- oder Verhaltenssequenz ausführt, die für ihn (oder sie) zu diesem Zeitpunkt einen Als-ob-Charakter hat."

Die konkrete Durchführung einer solchen Rollenspiel-Studie kann dabei sehr unterschiedlich sein: Man kann einmal zwischen aktivem Rollenspiel - die Vpn müssen so handeln, wie sie es im Ernstfall auch tun würden - und passivem Rollenspiel - die Vpn müssen sich vorstellen, wie sie wohl reagieren würden (Rollenvorstellungsexperiment, SADER 1986) - differenzieren. Zum anderen können Rollenspiele so konzipiert werden, daß die Vpn sich in die Rolle der Repräsentanten eines durchschnittlichen Individuums oder in die Rolle einer bestimmten, zuvor charakterisierten, Person hineinversetzen sollen.

Rollenspiele in der a.o.-psychologischen Forschung

Angesichts der zuvor dargestellten Einsatzmöglichkeiten des Rollenspiels ist es erstaunlich, daß das Stichwort in der Methodenliteratur so selten anzutreffen ist. Als Methode scheint es nicht akzeptiert zu sein, weil es offensichtlich den traditionellen methodologischen Grundprinzipien zu widersprechen scheint.

Auf der anderen Seite finden Sie jedoch paradoxerweise in nahezu allen Teilbereichen der Psychologie konkrete Einzelbeispiele für derartige Rollenspieluntersuchungen. So wurden z.B. Ehekonflikte simuliert, individuelle Durchsetzungsstrategien beobachtet oder Phänomene psychischer Sättigung analysiert. (vgl. Überblick bei SAGER 1986, 1990).

Auch im Bereich der A.O.-Psychologie lassen sich Beispiele finden. So wurde z.B. das typische Vorgesetztenverhalten in simulierten

Gesprächssituationen beobachtet, um u.U. auch das nonverbale "Imponier-Verhalten" registrieren zu können.

Da es in der a.o.-psychologischen Forschung häufig gerade darum geht komplexe und vielschichtige Psychologie zu bewerten und es dabei wichtig ist, den subjektiv erlebten Raum-Zeit-Kontext zu erhalten, dürfte bei nahezu allen Fragestellungen die Rollenspielmethode eine sinnvolle Alternative oder Ergänzung darstellen.

Wie könnte eine solche Untersuchung im unserem konkreten Anwendungsfall aussehen?   Fallbeispiel

Bereits bei der Diagnose der Ausgangssituation in der Auto-Serv GmbH ließen sich folgende Rollenspielstudien durchführen.

Eine Stichprobe von 20 Mitarbeitern und 10 Vorarbeitern und Meistern wird gebeten, eine typische Gesprächssituation z.B. bei Schichtbeginn zu simulieren. Ein ausgesuchter Mitarbeiter übernimmt dabei die eher passive Rolle desjenigen, mit dem dieses Gespräch durchgeführt wird.

Die 3o Einzelgespräche werden per Video aufgezeichnet und anschließend inhaltsanalytisch ausgewertet, wobei u.a. das Symbol-Verfahren von BALES verwendet werden könnte. Analog dazu könnten auch Mitarbeitergespräche in einer Gruppensituation analysiert werden. Ergänzend würden die Teilnehmer anschließend befragt, inwieweit es ihm gelungen ist, sich in die Situation einzufühlen, ob der Ablauf typisch gewesen sei usw.

Bei der Simulation von derartigen Gruppensitzungen könnten im Rahmen der Qualitätszirkel-Forschung folgende Phänomene erfaßt werden:

- Der Moderator (also Gesprächsführer) reduziert die Gruppengespräche auf ein Segment von Dialogen
- Er neigt aufgrund seiner langjährigen beruflichen Sozialisierung dazu, sich selbst als kompetenten Problemlöser darzustellen
- Er beantwortet überwiegend Fragen und stellt seinerseits selten Fragen an die Mitarbeiter

Die Ergebnisse könnten bei der Auto-Serv GmbH ähnlich aussehen.

Zu einem späteren Zeitpunkt könnten in unserer fiktiven Studie die gleichen Rollenspiele nochmals wiederholt werden, um eine Veränderung des Moderationsverhaltens nach Einführung der GA und nach einem entsprechenden Training der Gruppensprecher erfassen zu können.

Die Einführung der GA sollte in unserem Beispiel mit einem Abbau der Qualitätskontrolle verbunden werden. Wie sahen früher die typischen "Gespräche " zwischen einem Qualitätskontrolleur und einem Produktionsmitarbeiter aus, dem gerade ein Fehler nachgewiesen werden konnte? Auch würde eine Serie von Rollenspielen ein plastisches Bild von diesen lebendigen Dialogen bzw. Monologen vermitteln.

Noch ein letztes Beispiel: Im Zuge der Einführung von Gruppenarbeit mußten in einem Fall zufällig auch einige Mitarbeiter entlassen werden. Wie fanden derartige Entlassungsgespräche statt? Die nachträgliche Rekonstruktion der Situation durch Betroffene würde sicherlich interessante Hinweise auf die soziale Kompetenz der Vertreter des Personalwesens geben, besser und anschaulicher als jede Befragungsaktion es könnte!

Vor- und Nachteile des Rollenspiels

Zunächst einmal muß konstatiert werden, daß die Veröffentlichungen der Propagandisten des Rollenspiels eine besonders heftige Diskussion über das Für und Wider dieser Methode ausgelöst haben. Dieser Umstand reflektiert die Beliebtheit dieser Thematik, wahrscheinlich, weil bei dieser Gelegenheit in symptomatischer Art und Weise die periodisch immer wieder neu aufgelegte Auseinandersetzung zu der Reaktivitätsproblematik einen greifbaren Ansatzpunkt findet.

Die Befürworter des Rollenspiels argumentieren wie folgt:

ethisch
höherwertig

1. Im Sinne eines Axioms der Aktionsforschung wird die Vp als ein aktiver Teilnehmer behandelt, die Beziehung zwischen Versuchsleiter (Vl) und Vp ist somit ethisch höherwertig. Außerdem wird der Proband nicht geschädigt oder verletzt, und erlebt in der Regel kein Unbehagen.

valider

2. Die erhobenen Daten sind u.U. valider, weil die Personen nicht durch unkontrollierbare Hypothesenbildung oder unbekannte Motivationen in ihrem Verhalten determiniert werden. Rollenspieler mit möglichst hohen Emphathiewerten können sich vielmehr realitätsgerecht in die Situation eines anderen Individuums stellvertretend einfühlen oder sich selbst darstellen, so daß ein vollständigeres Spektrum menschlicher Verhaltensweisen erfaßt wird.

ex post Befragung
möglich

3. Man kann die Personen ex post leichter befragen, wie sie die Situation erlebt haben, d.h. welche Hypothesen sie u.U. entwickelt haben und welche Konflikte sie verspürt haben.

extreme Situation

4. Das Rollenspiel erlaubt die Analyse von extremen Ausnahmesituationen, die aus ethischen Gründen in einem realen Experiment nicht erfaßbar wären, man denke z.B. an unsere Analyse der Entlassungsgespräche.

theoriegeleitet

5. Das Rollenspiel ist bei bestimmten Fragestellungen, z.B. bei der Analyse des sog. "role-taking" (MEAD 1934), die theoretisch und praktisch einzige methodische Alternative, die sinnvoll appliziert werden kann.

6. Die Planung und Durchführung eines Rollenspiels ist mit gerin- geringer Aufwand
   gem organisatorischem und zeitlichem Aufwand verbunden. Die
   Forschung bedarf somit weniger finanzieller Mittel.
7. Die bisherigen Ergebnisse der Untersuchungen, in denen das   Effizienz
   Rollenspiel (mit hohem experimentellen Realismus) verwendet
   wurde, unterstreichen die Effizienz dieser Methode.

Gerade bei diesem letzten Punkt setzt die Kritik der Gegner in diesem
"Glaubenskampf" an. Ihrer Meinung haben gerade die mit dem Rol-
lenspiel bisher gemachten Erfahrungen gezeigt, daß diese Methode als
Alternative mehr oder weniger ungeeignet ist, da nur Artefakte im
Sinne sozial erwünschten Verhaltens produziert werden. FREEDMAN   Artefakte
(1969, S.108) sieht sogar schon den Wissenschaftscharakter der Psychologie durch den Rückfall in die "Psychologie der Intuition"
gefährdet, wenn diese Technik sich weiter ausbreiten sollte.
Die Begründung für diese Behauptungen ist nicht immer stringent.
Die Ineffizienz wird einmal aus der Diskrepanz zwischen den Ergebnissen des Rollenspiels und einer vergleichbaren Studie abgeleitet.
Dies wird damit begründet, daß die Rollenspieler ja nur das zeigen
können, was sie selber bezüglich ihres eigenen Verhaltens glauben, sie
können nicht exakt voraussagen, wie sie tatsächlich im Ernstfall reagieren würden. Die Autoren verweisen in diesem Zusammenhang auf
die Untersuchungen zur Einstellungs-Verhaltens-Diskrepanz. Der
fehlende experimentelle Realismus, so wird weiter gefolgert, minimiert also grundsätzlich die prognostische Validität dieses Instruments.
Zum anderen wird in den Fällen, in denen Rollenspiele die Ergebnisse
echter Laborexperimente replizieren konnten, darauf verwiesen, daß
zwar eine Ähnlichkeit im Endresultat vorliege, daß aber der kausale
Zusammenhang völlig unterschiedlich sein müsse, und daß das Rollenspiel keinen Erkenntnisfortschritt bringe. Bei diesen Überlegungen
wird also implizit das Laborexperiment als das validere Instrument
angesehen. Aber gerade dieser "Alleinvertretungsanspruch" wird von
den Befürwortern des Rollenspiels wie oben bereits gesagt, in Frage
gestellt.
Zusammenfassend betrachtet verdeutlichen die divergierenden Per-   Fazit
spektiven, die bei dieser Kontroverse sichtbar werden, die Komplexität der gesamten Problematik, in die die methodisch ausgerichtete
Fragestellung nach dem Wert des Rollenspiels eingebettet ist. Das
Rollenspiel, vor allem in seiner aktiven Form, wird aber heute unbe-
stritten als eigenständige Methode mit völlig anderer Zielsetzung
gesehen. Das Rollenspiel wird somit im Bezugsrahmen einer multiplen Operationalisierungsstrategie als sinnvolle Ergänzung psychologischer Forschung betrachtet. Dies gilt insbesondere für Untersuchungen im Feld, so daß dem Rollenspiel im Anwendungsfach der A.O.-

Psychologie eine besonders wichtige Rolle zukommt. Von daher kann angesichts der Probleme klassischer Erhebungsmethoden nur dafür plädiert werden, in Zukunft verstärkt diese Techniken je nach Fragestellung alternativ oder zusätzlich einzusetzen. Die A.O.-Psychologie könnte davon nur profitieren.

Übungsaufgaben zum Kapitel 5:

1. Entwerfen Sie für unser Fallbeispiel eine Einleitung und Eröffnungsfragen für ein halbstrukturiertes Interview.

2. Konstruieren Sie einen Interviewleitfaden für den Themenbereich Information/Kommunikation

3. Angenommen, Sie wollen im Rahmen einer Organisationsdiagnose die Arbeitszufriedenheit der Mitarbeiter erfassen:
a) Versuchen Sie einen standardisierten Fragebogen mit ca. 10 Fragen selber zu konstruieren.
b) Suchen Sie in der einschlägigen Literatur nach entsprechenden publizierten Skalen und suchen Sie diejenigen aus, die Ihnen für einen Einsatz in unserer Auto-Serv-Studie geeignet erscheinen.

4. Geben Sie bitte unter Benutzung der Symbole aus der Legende zu dem Beobachtungsprotokoll von ATTESLANDER in diesem Kapitel einen kurzen verbalen Bericht des Tätigkeitsausschnitts, dessen Protokoll in der Abbildung aufgeführt ist.

5. Schauen Sie sich noch einmal die Abbildungen auf S. 112 an.
a) Beschreiben Sie, was Ihnen bei der Gegenüberstellung von Meistern und Vorarbeitern auffällt.
b) Mit der Einführung von Gruppenarbeit soll ja u.a. eine Verbesserung der Produktionsqualität erreicht werden. Zur Vorbereitung darauf haben schon einige Mitarbeiter des Unternehmens an externen Seminaren über moderne Qualitätsförderungsmethoden im Sinne eines "Total Quality Managements" teilgenommen. Die Geschäftsleitung hat es für das sinnvollste gehalten, neben Mitarbeitern aus der zentralen Qualitätssicherung aus der Produktion nur die Meister auf die Seminare zu schicken. Bewerten Sie bitte diese Entscheidung unter Berücksichtigung der Ergebnisse der Zeitbudgetanalysen.

6. Welche nichtreaktiven Verfahren könnte man zur Erfassung einer spezifischen Organisationskultur einsetzen?

6.   Statistische Auswertungsverfahren in der A.O.-Psychologie

Bei der Auswertung empirischer Studien in der A.O.-Psychologie kommen prinzipiell alle deskriptiven und inferenzstatistischen Verfahren in Frage. Wir rekapitulieren daher nur übersichtsartig die wesentlichen univariaten, bivariaten und multivariaten Analyseverfahren.

Sehr häufig eingesetzte Versuchspläne im Rahmen a.o.-psychologischer Studien sind einfache Kontrollgruppenpläne mit sowie ohne Meßwiederholungen. Wir gehen daher näher auf die entsprechenden varianzanalytischen Auswertungsverfahren anhand unserer Beispieldaten ein.

In kaum einer a.o.-psychologischen Untersuchung fehlen einfache und multiple Regressionstechniken als Analyseverfahren. Daher widmen wir diesen Verfahren eine ausführlichere Diskussion, wobei wir die Interpretation, insbesondere der Resultate multipler Regressionsanalysen, in den Vordergrund stellen.

In jüngster Zeit werden immer häufiger Strukturgleichungsverfahren als Auswertungsrationale gewählt. Aus diesem Grunde stellen wir dann die Gruppe dieser anspruchsvollen und leistungsfähigen Verfahren vor. Schließlich beschreiben wir das Verfahren der Metaanalyse, das im Rahmen der A.O.-Psychologie sowie der Evaluationsforschung allgemein zunehmend an Relevanz gewinnt.

6.1   Skalenniveau

Die Auswahl geeigneter statistischer Analyseverfahren hängt fundamental von dem Skalenniveau ab, auf dem die Messungen vorgenommen wurden. Unter Messen versteht man die Zuordnung von Zahlen zu Objekten (üblicherweise Merkmale von Untersuchungseinheiten) mittels einer Skala, wobei die numerischen Beziehungen zwischen den Zahlen (numerisches Relativ) die empirischen Beziehungen zwischen den Objekten (empirischen Relativ) abbilden. Messen ist also die Abbildung von Objektmengen, wie z.B. die Zufriedenheit der einzelnen Arbeitnehmer eines Unternehmens, in Mengen von Zahlen, wobei bestimmte Relationen zwischen den Zahlen, z.B. die Größer-Relation, analoge Relationen zwischen den Objekten, z.B. die Höhe der Arbeitszufriedenheit, reflektieren. Unterschiedliche, für eine Messung adäquate Skalen lassen sich durch bestimmte Transformationen ineinander überführen. Je nach Art der zulässigen Transformation unterscheidet man verschiedene Skalenniveaus. In Tabelle 6.1 werden die wichtigsten Skalenniveaus kurz beschrieben.

Wie in vielen anderen psychologischen Disziplinen werden auch in der Arbeits- und Organisationspsychologie häufig einzelne **Likert-skalierte Variablen** erhoben. Bei solchen Items, d.h. Fragen bzw. Aussagen, wird der Auskunftsperson die Möglichkeit zu einer mehrstufigen Antwort gegeben. Ein Beispiel aus unserer Untersuchung ist die folgenden Frage: "Wie zufrieden sind Sie mit der Regelung, daß Sie sich innerhalb Ihrer Gruppe mit Kollegen an unterschiedlichen Arbeitsplätzen abwechseln?" Die zugeordneten sprachlichen (numerischen) Ausprägungen auf der Antwortskala lauten: "unzufrieden (1) - eher unzufrieden (2) - teils/teils (3) - eher zufrieden (4) - zufrieden (5)". Hier handelt es sich streng genommen um eine Messung auf dem Niveau einer Ordinalskala. Jedoch hat es sich eingebürgert, hier von einem Intervallskalenniveau auszugehen. Ein solches Vorgehen erfolgt ohne Überprüfungen des empirischen Relativs. Damit wird das Skalenniveau implizit per Annahme oder Definition festgelegt. Ein wesentlicher Grund für dieses Vorgehen liegt darin, daß nur so die üblichen varianzanalytischen und korrelationsstatistischen Auswertungsverfahren eingesetzt werden können.

Skalentyp	zulässige Transformation	sinnvolle Operation	Beispiele
Nominalskala	injektive Abbildungen f(x) = f(y) impliziert x = y	= =	Geschlecht, Familienstand
Ordinalskala	streng monoton wachsende Abbildungen x < y impliziert f(x) < f(y)	= = < >	Rangreihen, z.B. hinsichtlich der Arbeitsleistung, soziale Schichtung
Intervallskala	positiv lineare Abbildungen f(x) = ax + b a > 0	= = < > + -	Intelligenzquotient, Temperatur gemessen in Celsius
Verhältnisskala	Ähnlichkeitsabbildung f(x) = ax a > 0	= = < > + - *	Zeitdauer, Einkommen

Tabelle 6.1: Übersicht über die wichtigsten Skalentypen

Dieses Vorgehen ist für weite Bereiche psychologischer Forschung typisch und kein spezifisches Problem arbeits- und organisationspsychologischer Forschung. Anzumerken sei hier, daß die Annahme von Messungen auf dem Intervallskalenniveau bei "solide" konstruierten Skalen, die aus mehreren Items bestehen, häufig nicht allzu problematisch ist. Die Resultate statistischer Analyseverfahren, die speziell für Rangskalen bzw. Intervallskalen entwickelt wurden (z.B. Rangkorrelation bzw. Produkt-Moment-Korrelation) differieren oft nur marginal. Hingegen ist die Voraussetzung einer Messung auf Intervallskalenniveau bei einzelnen Items, wie bei dem obigen Beispiel problematischer. Auf alle Fälle sind hier sorgfältige Definitionen der Antwortalternativen vorzunehmen, die nicht gravierend von einer Gleichabständigkeit abweichen. ROHRMANN (1975) hat auf der Basis psychometrischer und psycholinguistischer Studien empfehlenswerte Vorschläge zu Skalen für die Bewertung von Aussagen sowie für Intensitäts- und Häufigkeitsratings erarbeitet.

Um "sicher zu gehen", sollte man im Zweifelsfalle anstelle von statistischen Verfahren, die Intervallskalenniveau voraussetzen, Auswertungsverfahren einsetzen, die lediglich Ordinalskalenniveau voraussetzen. Inzwischen sind zahlreiche, leistungsfähige Auswertungsverfahren für ordinalskalierte oder auch lediglich nominalskalierte Daten entwickelt worden. Beispiele sind Verfahren der multidimensionalen Skalierung sowie log-lineare Modelle oder die unten dargestellten Box-Plots.

6.2 Deskriptive statistische Analysen

In einem ersten Auswertungsschritt erfolgen in der Regel zunächst Analysen der Häufigkeitsverteilungen und die Berechnung der wesentlichen deskriptiven Statistiken. Diese Berechnungen wie auch die anschließenden inferenzstatistischen Analysen werden heutzutage fast ausschließlich mittels entsprechender EDV-Programme vorgenommen. Die bekanntesten und am häufigsten eingesetzten statistischen Programmpakete sind SPSS und SAS. Weitere geeignete Programmsysteme sind z.B. BMDP, SYSTAT oder MINITAB.

In der Regel berechnet man im Rahmen von Häufigkeitsanalysen der Einfachheit halber für alle Variablen jeweils alle wichtigen deskriptiven Statistiken und wählt dann die jeweils in Abhängigkeit vom Skalenniveau zulässigen Kennwerte aus (vgl. Tabelle 6.2).

Skalenniveau	Statistiken für die zentrale Tendenz	Statistiken für die Dispersion (Streuung)
Nominalskala	Modalwert	---
Ordinalskala	Median	mittlerer Quartilabstand
Intervallskala	arithmetisches Mittel	Standardabweichung
Verhältnisskala	geometrisches Mittel bei bestimmten Fragestellungen, ansonsten arithmetisches Mittel	Variationskoeffizient

Tabelle 6.2: Wichtige deskriptive Statistiken univariater Verteilungen

Im folgenden seien kurz Häufigkeitsanalysen anhand von zwei Variablen zur Messung der Belastung erläutert. Eine wichtige Fragestellung im Rahmen des Projektes "Einführung von Gruppenarbeit" lautete: Inwieweit verändert sich die Arbeitsbelastung durch die Einführung von Gruppenarbeit? Dazu wurden folgende Items eingesetzt, die verschiedene Aspekte von Belastung erfassen:

- Ich muß mich sehr beeilen, um mit meiner Arbeit fertig zu werden.
- Ich muß Dinge tun, für die ich eigentlich zu wenig ausgebildet und vorbereitet bin.
- Ich habe soviel zu tun, daß es mir über den Kopf wächst.
- Es kommt schon vor, daß mir die Arbeit zu schwierig wird.
- Bei meiner Arbeit gibt es Sachen, die zu kompliziert sind.
- Bei meiner Arbeit muß ich zu viele Dinge auf einmal erledigen.

Je nach Item wurden eine der beiden folgenden Anwortskalen vorgegeben:

stimmt überhaupt nicht	(1)	nie	(1)
stimmt kaum	(2)	selten	(2)
stimmt teils-teils	(3)	manchmal	(3)
stimmt ziemlich	(4)	oft	(4)
stimmt auf jeden Fall	(5)	immer	(5)

In Tabelle 6.3 findet sich die Häufigkeitsverteilung der Variablen "Es passiert soviel auf einmal, daß ich es kaum bewältigen kann.", die, wie alle folgenden Analysen, mit dem Statistikprogrammpaket SPSS FOR WINDOWS (RELEASE 5.0) berechnet wurden. Abbildung 6.1 zeigt das dazugehörige Histogramm. Gehen wir hier von einem Intervallskalenniveau aus, so sind hier Mittelwert und Standardabweichung als entsprechende deskriptive Statistiken zu betrachten.

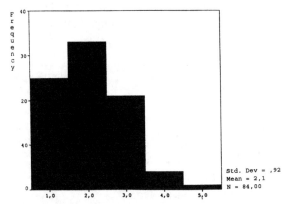

Abbildung 6.1: Histogramm für das Item "Es passiert so viel auf einmal, daß ich die Arbeit kaum bewältigen kann".(St. Dev. ist die Abkürzung für Standard Deviation, d.h. Standardabweichung).

Value Label	Value	Frequency	Percent	Valid Percent	Cum Percent
nie	1	25	28,7	29,8	29,8
selten	2	33	37,9	39,3	69,0
manchmal	3	21	24,1	25,0	94,0
oft	4	4	4,6	4,8	98,8
immer	5	1	1,1	1,2	100,0
keine Ang.	9	3	3,4	Missing	
		-------	------	------	
	Total	87	100,0	100,0	

Mean	2,083	Median	2,000	Mode	2,000
Std dev	0,921	Variance	0,848		

Valid cases	84	Missing cases	3

Tabelle 6.3: Häufigkeitsanalyse des Items "Es passiert so viel auf einmal, daß ich die Arbeit kaum bewältigen kann."

In Tabelle 6.4 bzw. Abbildung 6.2 finden sich die Häufigkeitsanalyse bzw. das entsprechende Histogramm für die Skala "Belastung". Diese Skala wurde durch die Mittelung aller Items zur Belastung gebildet. Es wurden für jede Person diejenigen Items gemittelt, die keine missing values, d.h. fehlende Werte, aufwiesen.

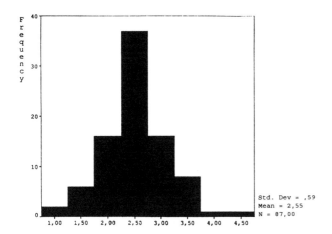

Abbildung 6.2: Histogramm für die Skala "Belastung"

Value Label				Valid	Cum
	Value	Frequency	Percent	Percent	Percent
	1,00	2	2,3	2,3	2,3
	1,43	1	1,1	1,1	3,4
	1,57	2	2,3	2,3	5,7
	1,71	3	3,4	3,4	9,2
	1,86	2	2,3	2,3	11,5
	2,00	6	6,9	6,9	18,4
	2,14	8	9,2	9,2	27,6
	2,25	1	1,1	1,1	28,7
	2,29	7	8,0	8,0	36,8
	2,33	1	1,1	1,1	37,9
	2,43	7	8,0	8,0	46,0
	2,57	8	9,2	9,2	55,2
	2,71	13	14,9	14,9	70,1
	2,86	7	8,0	8,0	78,2
	3,00	5	5,7	5,7	83,9
	3,14	4	4,6	4,6	88,5
	3,29	3	3,4	3,4	92,0
	3,40	1	1,1	1,1	93,1
	3,43	1	1,1	1,1	94,3
	3,57	1	1,1	1,1	95,4
	3,71	2	2,3	2,3	97,7
	4,00	1	1,1	1,1	98,9
	4,29	1	1,1	1,1	100,0
		--------	--------	--------	
Total		87	100,0	100,0	

Mean	2,547	Median	2,571	Mode	2,714
Std dev	,594	Variance	,353		

Valid cases   87   Missing cases   0

Tabelle 6.4: Häufigkeitsanalyse der Skala "Belastung"

Ein Vergleich der beiden Häufigkeitsanalysen zeigt deutlich, daß die Skalenbildung zu einer verbesserten Häufigkeitsverteilung führt. Die Messung mittels der Skala Belastung erfolgt differenzierter, die Verteilung der Skalenwerte ist symmetrischer, und sie erfüllt eher die Normalverteilungsannahme (s.u.). Weiterhin ist diese Skala reliabler als ein einzelnes Item.

Besonders aufschlußreich und wichtig für Präsentationen sind graphische Darstellungen der Häufigkeitsverteilungen, wobei es neben dem schon abgebildeten Histogramm weitere informationshaltige Alternativen gibt, die im Rahmen der explorativen Datenanalyse (EDA, vgl. TUKEY, 1977) entwickelt wurden. Hier kommen insbesondere die Stem & Leaf-Diagramme sowie Box-Plots in Frage.

Stem & Leaf-Diagramme

Betrachten wir diese beiden graphischen Darstellungsverfahren, die bislang weniger verbreitet sind, anhand der Skalenwerte zur Belastung. In Abbildung 6.3 ist das Stem & Leaf-Diagramm wiedergegeben. Analog zum Histogramm korrespondiert die Länge jeder Zeile mit der Zahl der Fälle, die in ein Intervall fallen. Jedoch gewährt das

Stem & Leaf-Diagramm mehr Information als ein Histogramm, da jeder einzelne Fall durch einen Wert repräsentiert wird. Dazu wird jeder Wert in zwei Komponenten aufgeteilt, den führenden Ziffern (hier den Werten vor dem Komma, z.B. durch "1" bei dem Wert 1,2), die hier den Stem (Stamm) bilden, und den folgenden Ziffern (hier dem ersten Wert nach dem Komma), die das Leaf (Blatt) konstituieren. So hat hier der Wert von 2,71 einen Stamm von 2 und ein Blatt von 7.

Im vorliegenden Beispiel ist jeder Stamm in zwei Zeilen aufgeteilt. Die erste Zeile umfaßt für jedes Paar Blätter mit den Werten von 0 bis 4, während die zweite Zeile Fälle mit Blättern von den Werten 5 bis 9 darstellt. Aus dem Stem & Leaf-Diagramm kann die Gesamtverteilung (bis zu einer gewissen Genauigkeit) rekonstruiert werden, da jeder Wert entsprechend seiner Häufigkeit aufgeführt wird. So ist der Variablenwert von 3.0 beim Stamm 3 mit der Ziffer 0 entsprechend der Häufigkeit fünfmal repräsentiert. Die erste und letzte Zeile des Stem & Leaf-Diagramms geben jeweils Fälle mit Extremwerten (Werte die "weit" von der restlichen Verteilung entfernt sind) an.

Frequency	Stem	&	Leaf
2,00	Extremes		(1,0)
1,00	1	*	4
7,00	1	.	5577788
30,00	2	*	000000111111112222222234444444
28,00	2	.	5555555577777777777778888888
14,00	3	*	00000111122244
3,00	3	.	577
2,00	Extremes		(4,0), (4,3)

Stem with: 1,00
Each leaf: 1 case(s)

Abbildung 6.3: Stem & Leaf-Diagramm der Skala "Belastung"

In Abbildung 6.5 ist der Box-Plot der Skala Belastung dargestellt. Betrachten wir zunächst Abbildung 6.4, in der der allgemeine Aufbau eines Box-Plots erläutert wird. Der Box-Plot gibt zunächst einmal die für das Ordinalskalenniveau adäquaten Statistiken des Medians und des Interquartilabstandes (Differenz zwischen dem 75. und 25. Percentil) wieder. Somit liegen 50 % der Versuchspersonen innerhalb der "Box". Daneben zeigt der Box-Plot zwei Kategorien von Fällen mit extrem ausgeprägten Skalenwerten, Werte die mehr als 1,5 sowie 3 Box-Längen vom 25. bzw. 75. Percentil entfernt liegen. Mit dem Box-Plot kann durch die Veranschaulichung des Medians die zentrale Tendenz sowie über die Länge der Box die Variabilität der Verteilung betrachtet werden. Befindet sich der Median nicht im Zentrum der

Box-Plots

Box, sind die Verteilungen schief. Liegt der Median näher am unteren bzw. oberen Ende der Box, ist eine rechts- bzw. linksschiefe Verteilung gegeben.

Der Box-Plot für die Variable Belastung zeigt eine relativ symmetrische Verteilung an, bei der es drei Ausreißer gibt. (Neben den entsprechenden Symbolen sind z.T. die Versuchspersonennummern angegeben.) Box-Plots lassen auch sehr gut einen schnellen Vergleich der Verteilung für verschiedene Untersuchungsgruppen zu. So ist in Abbildung 6.6 der Box-Plot der Skala Belastung für Experimental- und Kontrollgruppe (für den ersten Meßpunkt) wiedergegeben. Hier ist leicht zu sehen, daß es keine gravierenden Unterschiede bei den Verteilungen dieser Variablen gibt.

*   Werte, die mehr als 3 Box-Längen vom 75. Percentil entfernt sind (Extremwerte)

•   Werte, die mehr als 1,5 Box-Längen von 75. Percentil entfernt sind (Ausreißer)

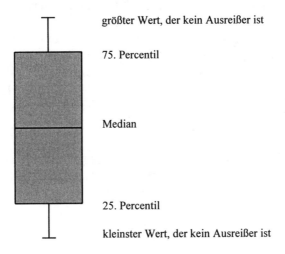

größter Wert, der kein Ausreißer ist

75. Percentil

Median

25. Percentil

kleinster Wert, der kein Ausreißer ist

•   Werte, die mehr als 1,5 Box-Längen vom 25. Percentil entfernt sind

*   Werte, die mehr als 3 Box-Längen vom 25. Percentil entfernt sind

Abbildung 6.4: Darstellung der Logik eines Box-Plots

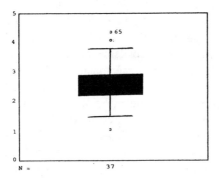

Abbildung 6.5: Box-Plot der Skala "Belastung

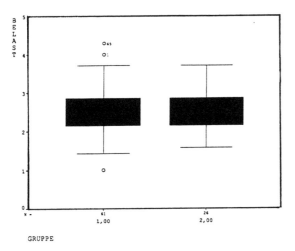

Abbildung 6.6: Box-Plot der Skala "Belastung" für Experimental- und Kontrollgruppe

Weitere Schritte im ersten Stadium der Datenanalyse können in der Überprüfung von bestimmten Verteilungsannahmen bestehen. So erfordern z.B. varianzanalytische Auswertungsverfahren, daß die Normalverteilungsannahme erfüllt ist. Für eine solche Überprüfung bieten sich insbesondere graphische Tests an. In Abbildung 6.7 ist ein Plot zur Überprüfung der Normalverteilungsannahme für die Skala Belastung wiedergegeben. Hier werden die beobachteten und erwarteten Werte in einem Streuungsdiagramm dargestellt. Ist die Normalverteilungsannahme erfüllt, müssen die Werte auf einer Geraden liegen. Abbildung 6.7 zeigt, daß keine gravierenden Abweichungen von der Normalverteilungsannahme bei der Variablen Belastung festzustellen sind, auch wenn einige Regelmäßigkeiten im Verlauf der dargestellten Punkte festzustellen sind. Insbesondere weichen die Extremwerte, die schon der Box-Plot auswies, von der Geraden ab.

Überprüfung der Normalverteilungs-annahme

Weiterhin existieren statistische Testverfahren zur Überprüfung von Verteilungsannahmen. Solche Tests dienen zur Überprüfung der Hypothese, ob die Stichprobenwerte einer Population mit einer bestimmten Verteilung, z.B. der Normalverteilung, gezogen wurden. Solche Tests beruhen auf der Differenz zwischen den beobachteten und theoretischen, d.h. der Verteilungsannahme, erwarteten Werten. Hier bietet sich der im SPSS-Programm verwendete Lilliefors-Test an, der eine Modifikation des Kolmogorov-Smirnoff-Testes darstellt. Für die Skala Belastung ergibt der Lilliefors-Test übereinstimmend mit der graphischen Analyse bei einer Irrtumswahrscheinlichkeit von α ⟩ 0.5 keine signifikante Abweichung von der Normalverteilungsannahme. Allgemein ist in Rechnung zu stellen, daß solche statistischen Testverfahren vom Stichprobenumfang abhängen, und bei einer hinreichend großen Stichprobe müssen in der Regel die Normalverteilungsannahmen sehr häufig zurückgewiesen werden, da in der Regel lediglich approximativ normalverteilte Variablen auftreten. Somit sind Plots entscheidende Hilfsmittel zur Überprüfung von Verteilungsannahmen. Angemerkt sei hier, daß viele statistische Verfahren relativ robust gegen solche Abweichungen von der Normalverteilungsannahme sind. Treten jedoch stärkere Abweichungen von Verteilungsannahmen auf, ist u.U. eine Transformation der ursprünglichen Variablen vorzunehmen, z.B. durch eine Rangtransformation (vgl. LIENERT, 1989).

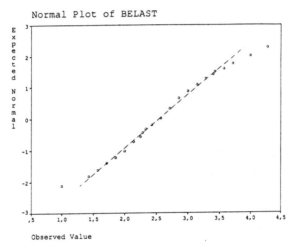

Abbildung 6.7: Graphische Überprüfung der Normalverteilungsannahme bei der Skala "Belastung"

Wir haben bisher die Skala Belastung als Meßinstrument benutzt, ohne darauf einzugehen, wie solche Skalen erstellt werden. Betrachten wir im folgenden diese Thematik. Oftmals ist es notwendig, für spezifische Fragestellungen neue Meßinstrumente zu entwickeln. Ist eine Voruntersuchung zu diesem Zweck nicht möglich, was oft aus organisatorischen, finanziellen oder anderen Gründen der Fall ist, sind die Daten der Hauptuntersuchung für die Skalenbildung heranzuziehen. Oftmals wird man dann mittels Faktorenanalysen (s.u.) zunächst einmal Item-Pools bilden. Dann gilt es, diese Itemgruppen anhand testtheoretischer Analysen weiter zu überprüfen und gegebenenfalls zu modifizieren. Bezieht man sich wie im vorliegenden Fall auf erprobte Skalen, kann man diese nochmals mittels einer testtheoretischen Analyse überprüfen.

In der arbeits- und organisationspsychologischen Forschungspraxis geht man momentan fast ausschließlich von der klassischen Testtheorie aus. In Tabelle 6.5 sind die Ergebnisse einer testtheoretischen Analyse mittels des Unterprogramms "RELIABILITY" des Programmsystems SPSS dargestellt. Ausgangspunkt waren die sieben Items zur Belastung aus dem Fragebogen SAA. Die Zusammenfassung dieser Items zu einer Skala ergibt einen Reliabilitätskoeffizienten (**CRONBACHS´s Alpha**) von 0.67. Dabei gibt die Reliabilität an, wie genau ein Konstrukt gemessen wird, unabhängig davon, ob es - inhaltlich gesehen - das intendierte Konstrukt ist. Die Formel *1-Reliabilität,* die für das vorliegende Beispiel 1-0.67 = 0.33 ergibt, gibt den Meßfehler an, der als prozentualer Anteil an der Gesamtvarianz bestimmt ist.

Beispiel für eine testtheoretische Analyse einer Skala

RELIABILITY ANALYSIS-SCALE(ALPHA)

1.	V10	Eile nötig zur Arbeitsbewältigung?
2.	V16	für manches zu wenig ausgebildet
3.	V17	Arbeit wächst über den Kopf
4.	V24	Arbeit manchmal zu schwierig
5.	V29	Arbeit kaum zu bewältigen
6.	V40	Manches zu kompliziert
7.	V44	zu viele Dinge auf einmal zu erledigen

		Mean	Std Dev	Cases
1.	V10	3,8193	1,0723	83,0
2.	V16	2,3855	1,2181	83,0
3.	V17	2,5542	,9659	83,0
4.	V24	2,2169	1,0712	83,0
5.	V29	2,0723	,9211	83,0
6.	V40	2,0843	,9266	83,0
7.	V44	2,6265	,9842	83,0

Statistics for	Mean	Variance	Std Dev	N of Variables
SCALE	17,7590	17,4778	4,1806	7

Item-total Statistics

	Scale Mean if Item Deleted	Scale Variance if Item Deleted	Corrected Item- Total Correlation	Alpha if Item Deleted
V10	13,9398	15,2280	,1314	,7083
V16	15,3735	12,4076	,4180	,6288
V17	15,2048	13,0185	,5059	,6048
V24	15,5422	13,6171	,3432	,6499
V29	15,6867	13,6812	,4327	,6263
V40	15,6747	13,5880	,4437	,6232
V44	15,1325	13,2383	,4567	,6180

Reliability Coefficients

N of Cases = 83,0   N of Items = 7

Alpha = ,6734

Tabelle 6.5: Testtheoretische Analyse der Skala "Belastung"

In Tabelle 6.5 sind nach der Darstellung der Kurzbezeichnungen der Items die deskriptiven Statistiken für die Items sowie für die auf-summierten Items die Mittelwerte und Standardabweichungen aufge-führt (Statistics for Scale). Bei den "Item-Total Statistics" finden sich die Trennschärfen (Rubrik: "Corrected Item-Total Correlation") sowie die Reliabilitätskoeffizienten, falls das entsprechende Item aus der Skala entfernt würde. Die Trennschärfe ist definiert als die Korrelation eines bestimmten Items mit der gesamten Skala, ohne daß dieses Item in der Skala enthalten ist. Je höher diese Korrelation, d.h. der Trennschärfekoeffizient, ist, um so stärker mißt dieses Item Teile des Konstrukts, das diese Skala erfaßt.

Tab. 6.5 zeigt, daß die Eliminierung des Items "Ich muß mich sehr beeilen, um mit der Arbeit fertig zu werden." zu einem höheren Cron-bach's α von 0.71 führen würde. Dieses Item ist mit einem Mittelwert von 3.81 und einer Trennschärfe von 0.13 von den testtheoretischen Kriterien her am schlechtesten zu bewerten. Da bei der Nachhermes-sung für dieses Item ein analoges Ergebnis auftrat, haben wir es nicht in die Skalenbildung einbezogen. Betrachtet man die übrigen Items hinsichtlich ihrer Balance, d.h. des Mittelwertes, sowie der Trenn-schärfekoeffizienten, ergeben sich sehr zufriedenstellende Werte. Somit wurden diese sechs Items zu einem ungewichteten Summen-wert, der wie im vorliegenden Beispiel durch die Anzahl der Items dividiert werden kann, zusammengefaßt.

Weitere wichtige Informationen im Rahmen der Skalenerstellung ergeben Analysen anhand probabilistischer Testmodelle. Hier kommen vorallem das zweiparametrige bzw. dreiparametrige Modell von Birnbaum (LORD & NOVICK, 1968) in Frage. Inzwischen gibt es leistungsfähige EDV-Programme, wie z.B. BIILOG 3 (MISLEVY & BOCK, 1990). Solche Analysen anhand probabilistischer Testmodelle erfordern jedoch fundierte Erkenntnisse der probabilistischen Testtheorien, und es würde zu weit führen, im vorliegenden Rahmen hierauf einzugehen.

6.3   Bivariate Analysen

In bivariaten Analysen geht es um die gemeinsame Analyse zweier Variablen. Auch hier sind inzwischen zahlreiche graphische Darstellungsverfahren vorgestellt worden, die eine gute Veranschaulichung bivariater Verteilungen gewährleisten und einfach über die gängigen Statistikprogrammpakete zu erstellen sind. Erwähnen möchten wir hier lediglich den Scatter-Plot, der insbesondere zur Überprüfung der Linearität des Zusammenhangs von zwei Variablen wichtig ist.

Im Rahmen bivariater Analysen unterscheidet man häufig Zusammenhangs- und Unterschiedshypothesen. Die mit korrelationsstatistischen Verfahren ausgewerteten Fragestellungen werden hier als Zusammenhangsanalysen bezeichnet. Hier geht es um die Übereinstimmung zweier Variablen, die vorwiegend anhand der Produkt-Moment-Korrelation ermittelt wird. Hingegen korrespondieren varianzanalytische Methoden mit Unterschiedshypothesen und beziehen sich auf den Unterschied von Variablen hinsichtlich bestimmter Statistiken, insbesondere des arithmetischen Mittels.

> Zusammenhangs- und Unterschiedshypothesen

Wir greifen auch im folgenden diese Unterscheidung auf, da sie sich in vielen Statistiklehrbüchern (z.B. BORTZ, 1989) eingebürgert hat. Es sei jedoch angemerkt, daß diese Unterscheidung nicht unproblematisch ist und z.T. ein Definitionsproblem ist. So lassen sich Unterschiedshypothesen auch als Zusammenhangshypothesen formulieren und umgekehrt. Zudem sind die statistischen Kalküle, geht man vom **allgemeinen linearen Modell** oder vom **verallgemeinerten linearen Modell** aus, oftmals identisch.

6.3.1   Zusammenhangsanalysen

Für die Überprüfung von Zusammenhangshypothesen wurden zahlreiche Zusammenhangsmaße entwickelt. In Tabelle 6.6 werden die wichtigsten, mit den heutigen gängigen Statistikprogrammpaketen zu berechnenden Zusammenhangsmaße dargestellt, die jeweils in Abhängigkeit von den Skalenniveaus, auf denen die Variablen gemessen wurden, zu selektieren sind.

Skalenniveau		Intervallskala	Ordinalskala	Nominalskala polytom	Nominalskala dichotom natürlich	Nominalskala dichotom künstlich
Intervallskala		Produkt-Moment-Korrelation	Rang-korrelation	Eta	Punktbiseriale Korrelation	biseriale Korrelation
Ordinalskala			Rang-korrelation	Cramer`s V Lambda	biseriale Rang-korrelation	biseriale Rang-korrelation
Nominalskala	polytom			Cramer`s V Lambda	Cramer`s V Lambda	Cramer`s V Lambda
	dichotom natürlich				Phi	Phi
	dichotom künstlich					tetra-chorische Korrelation

Tab. 6.6: Übersicht über die wichtigsten Zusammenhangsmaße in Abhängigkeit vom Skalenniveau

Zur Ermittlung des Zusammenhangs von nominalskalierten Variablen sind in Tabelle 6.6 zwei Koeffizienten, Cramer's V und Lambda, aufgeführt. Cramer's V ist ein symmetrisches Maß, d.h. es unterscheidet keine abhängige und unabhängige Variable. Dieser Koeffizient hat gegenüber anderen vorgeschlagenen Koeffizienten, wie z.B. dem Kontingenzkoeffzienten, den Vorteil, daß er den Maximalwert von 1.0 annehmen kann und über verschiedenen Kontingenztafeln mit unterschiedlichen Dimensionierungen vergleichbar ist.

Lambda ist hingegen ein asymmetrisches Maß, bei dem eine abhängige und unabhängige Variable unterschieden werden können. Lambda hat weiterhin den Vorzug einer eindeutigen Interpretation, da es zu den sogenannten PRE-Maßen ("Proportional Reduction in Error measures") gehört, deren Logik wir weiter unten kurz erläutern.

Für die Analyse ordinalskalierter Variablen existieren mehrere unterschiedliche Koeffizienten. Hier wird zumeist die Spearman´sche Rangkorrelation berechnet, einschlägiger sind z.T. verschiedene Formen von Kendalls tau (vgl. BENNINGHAUS, 1974).

Das wichtigste Maß zur Berechnung von Zusammenhängen ist zweifelsohne die Produkt-Moment-Korrelation bzw. Regression, die Intervallskalenniveau voraussetzt. Wir gehen etwas ausführlicher auf dieses Konzept ein, da es grundlegend für weitere Verfahren, wie die multiple Regression oder Faktorenanalyse, ist. Hier wird ein Kriterium X_1 durch einen Prädiktor X_2 anhand der linearen Funktion: $X_1 = b_{12}X_2 + a + e$ vorhergesagt. Das Kriterium X_1 wird damit in zwei Anteile aufgegliedert, dem vorgesagten Teil $X'_1 = b_{12}X_2 + a$ und der Fehlervariable e. Die Fehlervariable e wird auch als auspartialisierte Variable X_{1-2} bezeichnet, da der Einfluß der Variable X_2 aus der Variable X_1 auspartialisiert ist. (Das Minuszeichen verdeutlicht die

Subtraktion der Varianz der Variablen X_2 von der Variablen X_1). Somit läßt sich die Regressionsgleichung auch folgendermaßen beschreiben:

$$X_1 = b_{12}X_2 + a + X_{1-2}.$$

Die beiden Parameter b_{12} und a werden so geschätzt, daß die Fehler minimal bzw. die vorhergesagten Kriterienwerte maximal wird.

Das Verhältnis der Varianz der vorhergesagten Kriterienwerte zur Varianz der (ursprünglichen) Kriterienwerte wird als erklärte Varianz bezeichnet und ist - wie die Wurzel aus der erklärten Varianz, der Korrelationskoeffizient - ein normiertes Maß. Diese beiden Koeffizienten können als Maße für die Stärke des Zusammenhanges interpretiert werden.

Hingegen ist die Interpretation des Regressionskoeffizienten schwieriger. Wir behandeln diese Thematik hier etwas ausführlicher, da sie auch in der multiplen Regression ein wichtiges Problem darstellt. Der Regressionskoeffizient b_{12} dient zur Bestimmung des erwarteten Kriteriumswertes, wenn ein bestimmter Prädiktorwert gegeben ist. Er ist insbesondere dann relevant, wenn Prädiktor und Kriterium auf (Verhältnis-)Skalen gemessen werden, die "sinnvoll" zu interpretieren sind. Sagt man z.B. die Zahl der Fehltage aufgrund der Zahl der Unfälle vorher, ist die Bestimmung der erwarteten Fehltage aufgrund einer bestimmten Zahl von Unfällen oftmals eine wichtige Informationsgrundlage. Hier gibt der Regressionskoeffizient Auskunft über die Größe des Anstiegs der Anzahl von Fehltagen pro Unfall. In der Regel liegen in der arbeits- und organisationspsychologischen Forschung Intervallskalierungen vor, wie z.B. bei Likert-skalierten Variablen zur Arbeitszufriedenheit oder zum Handlungsspielraum, deren Skalenwerte keine sinnvollen Interpretationen zulassen.. Da hier die für das Intervallskalenniveau zulässige Transformationen vorgenommen werden können, ist der Regressionskoeffizient wenig aussagekräftig, da er unmittelbar von der Standardabweichung der beiden Variablen abhängig ist.

Sind die beiden Variablen standardisiert, stimmen einfacher Regressionskoeffizient, der dann standardisierter einfacher Regressionskoeffizient heißt, und Korrelationskoeffizient überein. Dann gilt $b_{12} = s_1/s_2 * r_{12} = 1/1 * r_{12}$. Beträgt die Standardabweichung des Prädiktors z.B. 0.5 und die Standardabweichung der abhängigen Variablen 1, ist der Regressionskoeffizient doppelt so groß wie der Korrelationskoeffizient: $b_{12} = 1/0.5 * r_{12} = 2 * r_{12}$. Durch die Veränderung der Standardabweichung und die damit verbundene Verdoppelung des einfachen (unstandardisierten) Regressionskoeffizienten wird natürlich nicht der Einfluß der unabhängigen Variablen verdoppelt.

Die auspartialisierte Variable X_{1-2} besitzt die Standardabweichung $s_x\sqrt{1-r_{12}^2}$ und im Fall standardisierter Ausgangsvariablen $\sqrt{1-r_{12}^2}$. Sie besitzt immer dann, wenn die Korrelation zwischen beiden Variablen

ungleich 0.0 ist, eine Standardabweichung, die geringer ist als die ursprüngliche Standardabweichung und damit im Fall standardisierter
Variablen eine Standardabweichung, die kleiner als 1.0 ist.

PRE-Maße Betrachten wir im folgenden die Logik von PRE-Maßen, zu denen
auch der Korrelationskoeffizient zählt. PRE-Maße reflektieren den
Grad, indem die Kenntnis der Werte der unabhängigen Variablen die
Werte der abhängigen Variablen vorherzusagen vermag. Dieses Maß
variiert zwischen 0 und 1 und gibt den Grad der proportionalen Fehlerreduktion an, der aus der Messung der unabhängigen Variablen
resultiert.

PRE-Maße beruhen auf der Spezifizierung von vier Regeln: erstens
einer Regel für die Vorhersage einer abhängigen Variablen auf der
Basis ihrer eigenen Verteilung, zweitens einer Regel für die Vorhersage der abhängigen Variablen auf der Basis der unabhängigen
Variablen sowie drittens einer Definition eines Fehlers der Vorhersage
und viertens einer Formel, die angibt, um welche Proportion die Fehler durch die Kenntnis der unabhängigen Variablen im Vergleich zur
Kenntnis der abhängigen Variablen allein sich vermindern. Somit sagt
ein PRE-Maß z.B. aus, daß sich durch die Kenntnis der unabhängigen
Variablen die Vorhersageleistung bezüglich der abhängigen Variablen
um 20 % verbessert.

Bei der Produkt-Moment-Korrelation besteht folgende Regel zur Vorhersage der abhängigen Variablen aufgrund der Kenntnis allein ihrer
Verteilung: "Nimm für jede Untersuchungseinheit das arithmetische
Mittel der Verteilung". Die Regel für die Vorhersage auf der Basis der
Kenntnis der unabhängigen Variablen lautet: "Nimm für jede Untersuchungseinheit - ausgehend von dem Wert der Prädiktorvariablen -
den auf der Regressionsgeraden liegenden Wert". Als Fehlerdefinition
gilt hier die Summe der quadrierten Abweichungen der Werte der
abhängigen Variablen von den vorhergesagten Werten. Somit erhalten
wir einmal die Summe der quadrierten Abweichungen der Werte der
abhängigen Variablen vom Mittelwert (E_1), die dividiert durch N-1
der Gesamtvarianz entspricht. Für E_2 wird die Summe der quadrierten
Abweichungen der Werte der abhängigen Variablen von dem durch
die Regressiongleichung bestimmten Wert X'_1 berechnet, die durch
N-1 dividiert der erklärten Varianz entspricht. Nehmen wir als Feh-
lerregel zur proportionalen Fehlerreduktion die Formel $(E_1-E_2)/E_1$,
resultiert die quadrierte Korrelation r^2.

6.3.2   Unterschiedsanalysen

In Tabelle 6.7 sind wichtige statistische Prüfverfahren für Unterschiedshypothesen dargestellt. Es handelt sich hier um Verfahren, die
in der Regel eingesetzt werden können, in Abhängigkeit von spezifischen Voraussetzungen mögen jedoch andere Verfahren adäquater
sein. Sehr häufig eingesetzte Verfahren sind Varianzanalysen mit bzw.

ohne Meßwiederholungen bzw. als Spezialfälle verschiedene Formen des t-Tests, auf die wir im folgenden näher eingehen.

Skalenniveau	Vergleich von Stichproben			
	unabhängige		abhängige	
	zwei	mehrere	zwei	mehrere
Nominalskala	χ^2-Test	log-lineares Testverfahren	Mc-Nemars χ^2 (für dichotome Variablen)	Cochran`s Q-Test (für dichotome Variablen)
Ordinalskala	U-Test nach Mann-Whitney	Kruskal-Wallis` Rangvarianzanalyse	Wilcoxon-Test	Friedman`s Rangvarianzanalyse
Intervallskala	t-Test für unabhängige Stichproben (für homogene bzw. heterogene Varianten)	Varianzanalyse ohne Meßwiederholung	t-Test für abhängige Stichproben	Varianzanalyse mit Meßwiederholung

Tabelle 6.7: Übersicht über wichtige Testverfahren zur Überprüfung von Unterschiedshypothesen

Im Rahmen varianzanalytischer Verfahren ist das Interesse auf die Unterschiede zwischen den Stichprobenmittelwerten verschiedener Untersuchungsgruppen gerichtet. Im Vordergrund steht zumeist die Frage, ob die beobachteten Unterschiede statistisch signifikant sind, d.h. ob sie auf die zugrundeliegenden Populationen verallgemeinert werden können. Für die Messung der abhängigen Variablen ist Intervallskalenniveau und für die Messung der unabhängigen Variablen Nominalskalenniveau vorausgesetzt. Im Rahmen der Varianzanalyse nennt man die unabhängigen Variablen Faktoren und die einzelnen Ausprägungen der Faktoren Stufen.

Entsprechend der Anzahl der Faktoren unterscheidet man ein- bzw. mehrfaktorielle Varianzanalysen. Ein weiterer Gesichtspunkt für die Klassifikation varianzanalytischer Designs ist die Unabhängigkeit bzw. Abhängigkeit der Messungen auf einem Faktor. Unabhängige Messungen stammen von unabhängigen Untersuchungsgruppen, abhängige Messungen von Gruppen, die parallelisiert wurden oder identische Versuchspersonen im Rahmen von Meßwiederholungen enthalten. Man spricht deshalb auch von Meßwiederholungsfaktoren. Im Rahmen mehrfaktorieller Varianzanalysen können somit einzelne Faktoren Meßwiederholungsfaktoren darstellen, während andere Faktoren durch unabhängige Untersuchungsgruppen konstituiert werden.

Varianzanalytische Verfahren

t-Tests

Ein Spezialfall varianzanalytischer Methoden sind die t-Tests. Hier liegt lediglich ein Faktor mit zwei Stufen vor, d.h. hier wird ein Mittelwertsvergleich zwischen zwei Untersuchungsgruppen vorgenommen. Typische Fragestellungen, für die t-Tests eingesetzt werden, sind z.B.: "Unterscheiden sich Männer und Frauen hinsichtlich ihrer Belastbarkeit?" oder "Ist bei einer Stichprobe von Führungskräften die Belastbarkeit nach einem Streßbewältigungstraining höher geworden?". Während bei der ersten Fragestellung ein t-Test für unabhängige Stichproben einzusetzen ist, benötigt man für die Beantwortung der zweiten Fragestellung ein t-Test für abhängige Stichproben.

Es gibt zwei unterschiedliche Formen des t-Tests für unabhängige Stichproben. Je nachdem, ob die Varianzen der Populationen, aus denen die beiden Stichproben stammen, identisch bzw. verschieden sind, ist der t-Test für homogene bzw. heterogene Varianzen indiziert. Da in der Regel unbekannt ist, ob die Varianzen homogen sind, ist zur Auswahl des t-Tests zuvor ein Test auf Varianzhomogenität durchzuführen. Hierzu kann beispielsweise der Levene-Test benutzt werden, der auch im Programmpaket SPSS als Grundlage für diese Prüfung angeboten wird. Dieser Test überprüft die Hypothese, ob die beiden Populationsvarianzen identisch sind. Er ist in einem geringeren Maße von der Normalverteilungsannahme abhängig als die meisten anderen Tests zur Überprüfung der Gleichheit von Varianzen.

Statistikprogrammpakete, wie z.B. SPSS, führen standardmäßig einen Test zur Varianzhomogenität und beide t-Tests durch. Der Benutzer muß sich dann anhand der Ergebnisse des Tests zur Varianzhomogenität für einen der beiden t-Tests entscheiden.

Ein- versus
zweiseitige
Fragestellungen

Bei der Interpretation des Ergebnisausdruckes ist weiterhin zu beachten, ob eine ein- oder zweiseitige Fragestellung vorliegt. Während es bei der zweiseitigen Fragestellung um die Hypothese geht, ob sich zwei Stichprobenmittelwerte signifikant unterscheiden, ohne daß hier eine Annahme darüber getroffen wird, ob der Mittelwert der Experimentalgruppe signifikant größer oder kleiner als der Mittelwert der Kontrollgruppe ist, wird bei einer einseitigen Fragestellung explizit die Richtung des Mittelwertunterschiedes festgelegt. Somit lauten die Hypothesen in formaler Hinsicht:

Zweiseitige Fragestellung:
$H_0: \mu_E = \mu_K$
$H_1: \mu_E \neq \mu_K$

Einseitige Fragestellung:
$H_0: \mu_E \leq \mu_K$ bzw. $H_0: \mu_E \geq \mu_K$
$H_1: \mu_E > \mu_K$ $H_1: \mu_E < \mu_K$

In den Ergebnisausdrucken von Programmpaketen werden zumeist nur die Irrtumswahrscheinlichkeiten für zweiseitige Fragestellungen ausgedruckt. Ist die Fragestellung jedoch einseitig, kann die Irrtumswahrscheinlichkeit, da hier eine symmetrische Verteilung der Stichprobenstatistik vorliegt, einfach halbiert werden. Eine Irrtumswahrscheinlichkeit von $p = 0.08$ für die zweiseitige Testung entspricht einer Irrtumswahrscheinlichkeit von $p = 0.04$ für die einseitige Hypothesentestung.

Tab. 6.8 enthält den Ergebnisausdruck des Programmpaketes SPSS für einen t-Test für unabhängige Stichproben zur Überprüfung der Frage, ob sich die Mittelwerte der Variablen Verantwortung bei der Experimental- und Kontrollgruppe im Rahmen der Vorhermessung unterscheiden. Nach der Angabe wichtiger deskriptiver Statistiken folgen die Ergebnisse zum Levene-Test. Hier kann bei einer Irrtumswahrscheinlichkeit von $p = 0.253$ die Nullhypothese, daß Varianzhomogenität vorliegt, beibehalten werden. Demzufolge ist der t-Test für homogene Varianzen indiziert. Hier ist eine zweiseitige Irrtumswahrscheinlichkeit von 0.605 gegeben, derzufolge keine signifikanten Unterschiede zwischen der Experimental- und Kontrollgruppe bestehen. Überprüft man hingegen eine einseitige Hypothese, z.B., daß die Experimentalgruppe eine größere Verantwortung besitzt als die Kontrollgruppe, ist von einer Irrtumswahrscheinlichkeit von 0.3025 auszugehen.

Beispiel für einen t-Test für unabhängige Stichproben

t-tests for independent samples of GRUPPE

Variable	Number of Cases	Mean	SD	SE of Mean
VERANTW VERANTWORTUNG				
Gruppe 1	53	3,8302	,610	,084
Gruppe 2	22	3,7424	,788	,168

Mean Difference = ,0878

Levene's Test for Equality of Variances: F= 1,325 P= ,253

t-test for Equality of Means					95 %
Variances	t-value	df	2-Tail Sig	Se of Diff	CI for Diff
Equal	,52	73	,605	,169	(-,249; ,425)
Unequal	,47	31,95	,643	,188	(-,295; ,470)

Tab.6.8: t-Test zur Überprüfung des Mittelwertunterschiedes für die Variable Verantwortung zwischen der Experimentalgruppe (Gruppe 2) und der Kontrollgruppe (Gruppe 1)

Bei dem t-Test für homogene Stichproben geht es um die Frage, ob signifikante Differenzen der Meßwerte zwischen zwei Stichproben (gematchte Stichproben bzw. identische Stichproben mit Meßwiederholung) vorliegen. Auch hier gilt es, die Irrtumswahrscheinlichkeit zu halbieren, wenn lediglich die Irrtumswahrscheinlichkeit für zweiseitige Stichproben von einem Computerprogramm ausgedruckt wird, hingegen aber eine einseitige Fragestellung vorliegt.

Beispiel für einen t-Test für abhängige Stichproben

In Tab. 6.9 sind die Ergebnisse eines t-Tests für abhängige Stichproben dargestellt, bei dem überprüft wird, ob sich alle Vpn hinsichtlich ihres Handlungsspielraum von der Vorher- zur Nachhermessung signifikant unterscheiden. Es zeigt sich ein hochsignifikanter Mittelwertunterschied, der Mittelwert bei der Nachhermessung (Variable "HANDLN" in Tab. 6.9) 3.73 beträgt vs. 3.00 bei der Vorhermessung (Variable "HANDLV" in Tab. 6.9). Der vorliegende Test läßt allerdings keine Aussage darüber zu, ob die signifikanten Differenzen zwischen Vorher- und Nachhermessung auf die Experimental-, Kontroll- oder auf beide Gruppen zurückzuführen sind. Zur Beantwortung dieser Frage ist eine Varianzanalyse mit Meßwiederholung (s.u.) erforderlich.

t-tests for paired samples

Variable	Number of pairs	Corr	2-tail Sig	Mean	SD	SE of Mean
HANDLV HANDLUNGSSPIELRAUM				3,0014	,586	,067
77		,902	,000			
HANDLN				3,7287	,578	,066

Mean	Sd	Paired Differences Se of Mean	t-value	df	2-tail Sig
-,7273	,258	,029	-24,70	76	,000
95 % CI (-,786; -,669)					

Tab. 6.9: Ergebnisse des t-Tests für abhängige Stichproben für die Variable Handlungsspielraum

Bei dem t-Test für unabhängige Stichproben wird vorausgesetzt, daß die abhängige Variable in beiden Populationen normalverteilt ist. Beim t-Test für abhängige Stichproben müssen die Differenzen der zusammengehörigen Meßwertpaare normalverteilt sein. Es sei hier angemerkt, daß der t-Test gegenüber Verletzungen der Normalverteilungsvoraussetzung relativ robust ist, d.h. Entscheidungen auf der Grundlage solcher Tests sind weitgehend davon unabhängig, ob die Voraussetzungen erfüllt sind oder nicht. Jedoch sollten die Verteilungen der Grundgesamtheiten eine annähernd gleiche Form haben, und die Stichprobenumfänge sollten nicht zu sehr differieren (vgl. BORTZ, 1989).

Einfaktorielle Varianzanalyse

Gehen wir weiterhin von einem Faktor, jedoch mit mehr als zwei Stufen aus, so ist eine einfaktorielle Varianzanalyse durchzuführen. Hier wird gemäß der Nullhypothese angenommen, daß alle Mittelwerte der einzelnen Subpopulationen identisch sind. Die Alternativhypothese lautet: Es gibt mindestens zwei Subpopulationen, die unterschiedliche Mittelwerte aufweisen, mit:

$$H_0: \mu_1 = \mu_2 = ... = \mu_r$$

H_1: Es gibt mindestens ein i und ein j, so daß gilt: $\mu_i \neq \mu_j$.

Bezeichnen wir im folgenden den Gesamtmittelwert mit $\bar{x}$ und den Mittelwert auf der k-ten Faktorstufe mit $\bar{x}_k$. Jeder Meßwert x wird als Summe von drei Anteilen konzipiert:

$$x = \bar{x} + (\bar{x}_k - \bar{x}) + (x - \bar{x}_k).$$

Damit besteht jeder Meßwert aus der Summe vom Gesamtmittelwert, der Abweichung des Mittelwertes der zugehörigen Faktorstufe vom Gesamtmittelwert, der auch erklärter Anteil genannt wird, und der Abweichung des Meßwertes vom Mittelwert der Faktorstufe, der auch Fehleranteil genannt wird und alle unsystematischen Einflüsse umfaßt. Die Gesamtsumme der Abweichungsquadrate

$$SS_t = \sum_{i=1}^{N} (x_i - \bar{x})^2$$

läßt sich in zwei Anteile zerlegen, die Quadratsumme der Abweichungen der Mittelwerte der Faktorstufen vom Gesamtmittelwert

$$SS_b = \sum_{k=1}^{r} N_k (\bar{x}_k - \bar{x})^2$$

und die Quadratsumme der Abweichungen der Meßwerte vom Mittelwert der zugehörigen Faktorstufe

$$SS_w = \sum_{k=1}^{r} \sum_{j=1}^{N_k} \left(x_{jk} - \bar{x}_k \right)^2.$$

Dabei bezeichnet N den Gesamtstichprobenumfang, r die Anzahl unterschiedlicher Faktorstufen bzw. die Anzahl unterschiedlicher Substichproben, N_k den Umfang der Substichprobe der Faktorstufe k, x_i den Meßwert der i-ten Person und x_{jk} den Meßwert der j-ten Person in der Substichprobe mit Faktorstufe k.

Es gilt also: $$SS_t = SS_b + SS_w$$

In Abbildung 6.8 ist eine Aufgliederung der Streuung graphisch veranschaulicht.

Dividiert man die Summe der Abweichungsquadrate jeweils durch die Freiheitsgrade, erhält man die Summe der mittleren Abweichungsquadrate. Das Verhältnis der mittleren Abweichungsquadrate zwischen den Gruppen zu den mittleren Abweichungsquadraten innerhalb der Gruppen folgt einer F-Verteilung. Damit ergibt sich eine Statistik zur Signifikanzprüfung.

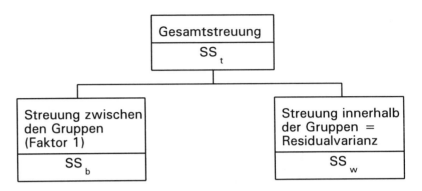

Abbildung 6.8: Aufteilung der Streuung bei der einfaktoriellen Varianzanalyse ohne Meß-wiederholung

Auch im Rahmen von Varianzanalysen kann man das PRE-Konzept einsetzen bzw. die durch die Faktoren aufgeklärten Varianzanteile berechnen. So ergibt $\frac{SS_b}{SS_t}*100$ bei der einfaktoriellen Varianzanalyse den durch die Einführung des Faktors aufgeklärte Varianz. Leider hat es sich bisher noch nicht eingebürgert, auch bei Varianzanalysen die aufgeklärten Varianzanteile in Publikationen mitzuteilen.

Vorausgesetzt ist bei der einfaktoriellen Varianzanalyse, daß die Residualwerte voneinander unabhängig sind, einer Normalverteilung mit dem Erwartungswert Null folgen und die gleiche Varianz besitzen. Hat man ein signifikantes varianzanalytisches Ergebnis, weiß man zwar, daß es einige Mittelwerte gibt, die unterschiedlich sind - mindestens zwei Mittelwerte unterscheiden sich signifikant-, aber man weiß nicht, welche Mittelwerte signifikant differieren. Um diese Frage zu klären, gibt es sogenannte a-posteriori Vergleiche, die man im Anschluß an signifikante varianzanalytische Ergebnisse durchführen kann. So wurden statistische Tests für einen Vergleich aller möglichen Paaren von Mittelwerten entwickelt. Andererseits kann man auch mehrere Faktorstufen zusammenfassen und gemeinsam gegen andere ebenfalls kombinierte Faktorstufen über sogenannte lineare Kontraste auf signifikante Unterschiede prüfen. Auf diese einzelnen Tests können wir hier jedoch im einzelnen nicht eingehen (vgl. BORTZ, 1989).

Mehrfaktorielle Varianzanalysen Wird der Einfluß von zwei oder mehr unabhängigen Variablen auf eine abhängige Variable untersucht, sind mehrfaktorielle Varianzanalysen indiziert. Bei mehrfaktoriellen Varianzanalysen ohne Meßwiederholungsfaktoren wird die Streuung zwischen den Gruppen weiter aufgegliedert, und zwar in die Anteile, die jeweils auf die einzelnen Faktoren zurückgehen sowie auf die Streuungsanteile, die durch die gemeinsame Wirkung von zwei bzw. mehreren Faktoren entstehen. In

Abbildung 6.9 ist die Aufgliederung der Gesamtstreuung für eine zweifaktorielle Varianzanalyse ohne Meßwiederholung dargestellt.

Das Verhältnis der mittleren Abweichungsquadrate der Faktoren bzw. Interaktionen zu den mittleren Abweichungsquadraten innerhalb der Gruppen folgt wiederum einer F-Verteilung, womit eine Signifikanz-prüfung erfolgen kann.

Bei der Varianzanalyse mit Meßwiederholung wird die Varianz inner-halb der Versuchspersonen (within subjects) weiter aufgegliedert. Die Aufteilung der Streuung für eine einfaktorielle Varianzanalyse mit Meßwiederholung ist in Abbildung 6.10 dargestellt. Bei varianzanaly-tischen Plänen, die lediglich Meßwiederholungsfaktoren beinhalten, ist die Streuung zwischen den Versuchspersonen in der Regel nicht von Interesse, obwohl überprüft werden kann, ob signifikante Mittel-wertsdifferenzen zwischen den Probanden vorliegen. Vielmehr geht es hier um die Frage, ob signifikante Differenzen zwischen den Mittel-werten der einzelnen Meßzeitpunkte vorliegen.

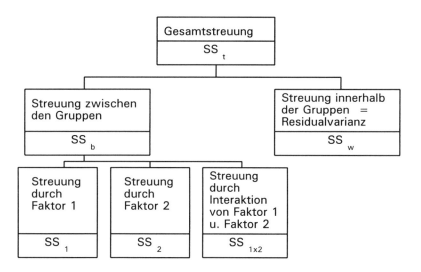

Abbildung 6.9: Aufteilung der Streuung bei der zweifaktoriellen Varianzanalyse ohne Meßwiederholung

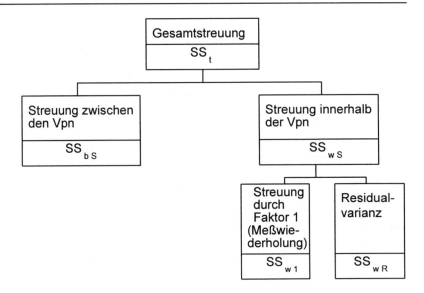

Abbildung 6.10: Aufteilung der Streuung bei der einfaktoriellen Varianzanalyse mit Meßwiederholung

Wenn im Rahmen mehrfaktorieller Varianzanalysen Faktoren mit abhängigen und unabhängigen Messungen (Meßwiederholungsfaktoren und Faktoren, die durch unabhängige Gruppen konstituiert sind) vorliegen, wird sowohl die Varianz zwischen den Vpn als auch innerhalb der Vpn weiter aufgegliedert. Wir können an dieser Stelle nicht ausführlich auf die Auswertung mehrfaktorieller varianzanalytischer Designs eingehen, für eine differenzierte Behandlung solcher Versuchspläne sei auf die einschlägige Literatur (z.B. BORTZ, 1989) verwiesen. Dargestellt sei jedoch noch kurz die Varianzanalyse mit zwei Faktoren, wobei ein Faktor ein Meßwiederholungsfaktor darstellt. Ein solche varianzanalytische Auswertung ist für den Kontrollgruppenplan mit Meßwiederholung indiziert.

Die Aufteilung der Streuung bei der zweifaktoriellen Varianzanalyse mit einem Meßwiederholungsfaktor ist in Abbildung 6.11 dargestellt. Hier rekrutiert sich Faktor 1 aus unabhängigen Messungen, während Faktor 2 die Meßwiederholungen beinhaltet. Die Streuung innerhalb der Gruppen wird hier in drei Anteile gegliedert, in die Streuung durch die Meßwiederholung, die Streuung durch die Interaktion der beiden Faktoren sowie die verbleibenden Residualvarianz.

Im Rahmen eines Kontrollgruppenplans mit Meßwiederholung geht es vorwiegend um die Frage, ob unterschiedliche Differenzen von der Nachher- zur Vorhermessung für die Experimental- vs. die Kontrollgruppe vorliegen. So wird oft erwartet, daß die Kontrollgruppe, die kein Treatment erhält, identische Werte bei der Vorher- und Nachhermessung besitzt, während für die Experimentalgruppe eine bedeutsame Steigerung bzw. Verminderung bei den Meßwerten festzustellen ist. Die Prüfung, ob sich die Meßwertunterschiede zwischen Vorher- und Nachhermessung für die Experimentalgruppe signifikant von denen der Kontrollgruppe unterscheidet, erfolgt über das Verhältnis der Interaktionsvarianz zur Residualvarianz innerhalb der Gruppen. Dieser Signifikanztest entspricht einem t-Test für unabhängige Stichproben mit den Differenzscores zwischen Vorher- und Nachhermessung als abhängige Variable (AV).

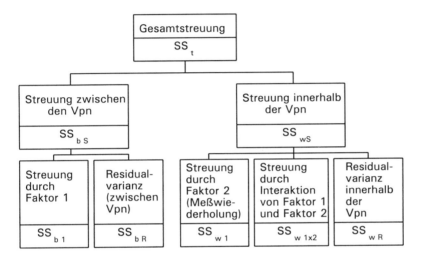

Abbildung 6.11: Aufteilung der Streuung bei der zweifaktoriellen Varianzanalyse mit einem Faktor als Meßwiederholungsfaktor

In Abb. 6.10 sind die Ergebnisse einer Varianzanalyse mit Meßwiederholung wiedergegeben. Hier geht es um die Frage, ob sich durch die Einführung der Gruppenarbeit signifikante Veränderungen für den Handlungsspielraum ergeben haben. Ein Faktor stellt die Unterscheidung zwischen Experimental- und Kontrollgruppe (Faktor: Gruppe) dar, während sich der Faktor "Handlung" auf die Messung des Handlungspielraums zu den beiden Meßzeitpunkten bezieht. Wie die Irrtumswahrscheinlichkeit für die Interaktion der beiden Faktoren zeigt, liegen hochsignifikante Meßwertdifferenzen zwischen der Experimental- und Kontrollgruppe vor.

```
* * * * * * A n a l y s i s    o f    V a r i a n c e * * * *

77 cases accepted.
 0 cases rejected because of out-of-range factor values.
10 cases rejected because of missing data.
2 non-empty cells.

 1 design will be processed.


- - - - - - - - - - - - - - - - - - - - - - - - - - - - - - -
Cell Means and Standard Deviations
Variable .. HANDVOR
FACTOR                          CODE           Mean      Std.Dev.        N

              GRUPPE            1              2,956      ,589          53
              GRUPPE            2              3,102      ,581          24
 For entire sample  3,001      ,586           77
- - - - - - - - - - - - - - - - - - - - - - - - - - - - - -
Variable .. HANDNACH
FACTOR                          CODE           Mean      Std. Dev.       N

              GRUPPE            1              3,039      ,564          53
              GRUPPE            2              3,885      ,541          24
 For entire sample            3,303           ,680       77
- - - - - - - - - - - - - - - - - - - - - - - - - - - - - -
* * A n a l y s i s    o f    V a r i a n c e -- design  1 *

Tests of Between-Subjects Effects.

Tests of Significance for T1 using UNIQUE sums of squares
Source of Variation      SS            DF           MS          F        Sig of F

WITHIN CELLS          48,60           75          ,65
GRUPPE                 8,13            1          8,13        12,55         ,001
- - - - - - - - - - - - - - - - - - - - - - - - - - - - -
* * A n a l y s i s    o f    V a r i a n c e -- design  1 *

Tests involving 'HANDLUNG' Within-Subject Effect.

Tests of Significance for T2 using UNIQUE sums of squares
Source of Variation      SS            DF           MS          F        Sig of F

WITHIN CELLS           ,47            75          ,01
HANDLUNG              6,20             1          6,20       980,88         ,000
GRUPPE BY HANDLUNG    4,05             1          4,05       640,93         ,000
- - - - - - - - - - - - - - - - - - - - - - - - - - - - - -
```

Tab. 6.10: Ergebnisse der zweifaktoriellen Varianzanalyse mit einem Meßwiederholungsfaktor zur Überprüfung signifikanter Meßwertdifferenzen von der Vorher- zur Nachhermessung der Variablen "Handlungsspielraum" zwischen der Experimental- und Kontrollgruppe

6.4   Multivariate Analysen

Multivariate Analyseverfahren werden in der einschlägigen Literatur unterschiedlich definiert. Wir bezeichnen hier solche Verfahren als multivariat, die mehr als zwei Variablen gleichzeitig in die Analyse einbeziehen. Insofern zählen die oben bereits behandelten mehrfaktoriellen Varianzanalysen nach dieser Definition zu den multivariaten Verfahren.

Das klassische multivariate Verfahren, das bis zum jetzigen Zeitpunkt weitaus am häufigsten eingesetzt wird, ist die multiple Regression. Hier wird in Verallgemeinerung der einfachen Regression ein intervallskaliertes Kriterium durch mehrere intervallskalierte Prädiktoren erklärt. Die Prädiktoren können auch dichotome nominalskalierte Variablen darstellen. So lassen sich auch **polytome nominalskalierte** und ordinalskalierte **Variablen** als Prädiktoren in multiple Regressionsmodelle einbeziehen, wenn sie in dichotome nominalskalierte Variablen (sog. **Dummy-Variablen**) transformiert werden.

Varianzanalysen können über die multiple Regression durchgeführt werden, indem die Faktoren (nominalskalierte Prädiktoren) als Dummy-Variablen kodiert werden. Sind intervallskalierte und nominalskalierte Prädiktoren gegeben, entspricht das multiple Regressionsmodell einer Kovarianzanalyse.

Sind in Verallgemeinerung der multiplen Regression mehrere intervallskalierte Kriterien gegeben, liegt eine kanonische Korrelation vor. Hier werden auf beiden Seiten Linearkombinationen mit solchen Gewichten gebildet, daß die einfache Korrelation zwischen den beiden Linearkombinationen maximiert wird. Auf der Seite der unabhängigen Variablen können wiederum dichotome nominalskalierte Variablen eingesetzt werden.

Die bisher oben erwähnten Verfahren setzen intervallskalierte abhängige Variablen voraus. In jüngster Zeit erfuhren statistische Verfahren für die Analyse nominalskalierter abhängiger Variablen ein starkes Interesse. Hier müssen dichotome Kriterien oder zu dichotomen Variablen transformierte Kriterien vorliegen. Als wichtigste Verfahren sind hier Logit-Analysen zu nennen (vgl. URBAN, 1993).

Neben der Gruppe der bisher aufgeführten Verfahren, bei denen zwischen zwei Variablengruppen, Prädiktoren und Kriterien, unterschieden wird, sind unter einer zweiten Gruppe solche statistischen Analyseverfahren zu subsumieren, bei denen die Variablen oder Untersuchungsobjekte in bestimmte Gruppen klassifiziert werden. Hier sind im wesentlichen die Faktorenanalyse, Clusteranalyse und Verfahren der multidimensionalen Skalierung zu nennen. In a.o.-psychologischen Untersuchungen sind aus dieser Verfahrensgruppe bisher am häufigsten Faktorenanalysen zur Klassifizierung von Variablen eingesetzt worden, jedoch ist zu erwarten, daß in Zukunft insbesondere Verfahren der multidimensionalen Skalierung häufiger

Verwendung finden, da sie auf voraussetzungsärmeren Annahmen als Faktorenanalysen beruhen.

Eine neue sehr leistungsfähige Gruppe von statistischen Analyseverfahren stellen Strukturgleichungsverfahren dar. Sie sind eine Verallgemeinerung vieler klassischer linearer Verfahren, so integrieren sie z.B. faktoren-, regressions- und varianzanalytische Modelle im Rahmen eines einheitlichen Kalküls. Wir werden daher weiter unten dieses Verfahren, das eine rasche Verbreitung in der Arbeits- und Organisationspsychologie erfährt, ausführlicher darstellen. Zuvor seien jedoch die beiden wichtigsten Analyseverfahren der beiden anderen Gruppen, die multiple Regression und die Faktorenanalyse, expliziert.

6.4.1   Multiple Regression

Bei der multiplen Regression wird in Verallgemeinerung der einfachen Regression eine Kriteriumsvariable aufgrund mehrerer Prädiktoren vorhergesagt. Im einfachsten Fall mit einem Kriterium X_1 und zwei Prädiktoren X_2 und X_3 lautet die Vorhersagegleichung:

$$X_1 = b_{1.2\text{-}3}X_2 + b_{1.3\text{-}2}X_3 + a + e.$$

Die einfache Korrelation des Kriteriums mit dieser Linearkombination ergibt den multiplen Korrelationskoeffizienten $R_{1.23}$.

Diese Beziehung läßt sich analog auf n Prädiktoren erweitern. Dann lautet die Vorhersagegleichung :

$$X_1 = b_{1.2\text{-}3,4\ldots n} X_2 + b_{1.3\text{-}2,4\ldots n} X_3 + \ldots + b_{n.2,3\ldots n\text{-}1}X_n + a + e.$$

Der multiple Korrelationskoeffizient als einfache Korrelation zwischen dem Kriterium und dieser Linearkombination wird als $R_{1.2,3\ldots n}$ bezeichnet.

Betrachten wir im folgenden der Einfachheit halber den Fall mit zwei Prädiktoren. Bei dem Regressionskoeffizienten $b_{1.2\text{-}3}$ bedeutet der Index $_{1.2\text{-}3}$, daß sich der Regressionskoeffizient auf die auspartialisierte Variable $X_{1.2\text{-}3}$ bezieht. (Analoge Beziehungen gelten für die übrigen Regressionskoeffizienten mit mehr Prädiktoren). Es ergibt sich hier der folgende Zusammenhang zur einfachen Regression. Der Regressionskoeffizient $b_{1.2\text{-}3}$ aus der obigen Gleichung zur multiplen Regression stimmt mit dem Regressionkoeffizienten aus der einfachen Regression des Kriteriums X_1 auf die Variable $X_{2\text{-}3}$ überein. Hier ist die Variable $X_{2\text{-}3}$ die auspartialisierte Variable aus der einfachen Regression $X_2 = b_{23}X_3 + a + X_{2\text{-}3}$. Die Variable $X_{2\text{-}3}$ besitzt aber nicht mehr die gleiche Varianz wie die Variable X_2, wenn beide Variablen korreliert sind. Aus der Variablen $X_{2\text{-}3}$ ist also der Varianzanteil, den die Variable X_2 mit der Variablen X_3 gemeinsam besitzt, auspartialisiert.

Die einfache Korrelation der Variablen X_1 und $X_{2\text{-}3}$ ergibt den semipartiellen Korrelationskoeffizient $r_{1.2\text{-}3}$. Hier wird die Stärke des Zusammenhangs zwischen dem Kriterium und dem auspartialisierten Prädiktor erfaßt. Partialisiert man aus dem Kriterium und dem Prädiktor Drittvariablen aus und korreliert dann die auspartialisierten Variablen, erhält man den partiellen Korrelationskoeffizienten. So bildet die einfache Korrelation zwischen den Variablen X_{1-3} und X_{2-3} den partiellen Korrelationskoeffizienten $r_{1-3,2-3}$. Der partielle und semipartielle Korrelationskoeffizient sind Maße für die Stärke des Zusammenhangs der Variablen X_1 und X_{2-3} bzw. der Variablen X_{1-3} und X_{2-3}.

Informationsbox 6.1: Das Problem der Interpretation der Gewichte in der multiplen Regression

Im Fall der multiplen Regression - und das wird weitgehend übersehen - existiert kein analoger Zusammenhang zwischen der Standardisierung der Ausgangsvariablen und der Standardisierung der Regressionskoeffizienten, auch wenn die Regressionskoeffizienten im Fall standardisierter Ausgangsvariablen mißverständlicherweise "standard-isierte semipartielle Regressionskoeffizienten" heißen.

Sind die Variablen X_1, X_2 und X_3 standardisiert, ist der Regressionskoeffizient $b_{1.2-3}$ identisch mit dem Regressionskoeffizienten der standardisierten Variablen X_1 auf die Variablen X_{2-3}. Auch wenn die Variablen X_2 und X_3 standardisiert sind, so ist die Variable X_{2-3} nicht mehr standardisiert. Ihre Standardabweichung beträgt $\sqrt{1 - r_{23}^2}$, wie oben bereits gezeigt wurde. Somit entspricht der Regressionskoeffizient $b_{1.2-3}$ im Fall standardisierter Variablen, der dann häufig als Beta-Gewicht $\beta_{1.2-3}$ bezeichnet wird, einem einfachen unstandardisierten Regressionskoeffizienten (zwischen zwei Variablen, bei denen eine Variable nicht standardisiert ist), der nicht die Assoziationsstärke mißt.

Die obigen Ausführungen zur Interpretation der Regressionskoeffizienten in der multiplen Regression mit zwei Prädiktoren können einfach auf multiple Regressionsmodelle mit mehr als zwei Prädiktoren generalisiert werden. Bei n Prädiktoren stimmt der standardisierte semipartielle Regressionskoeffizient $b_{1.2-3.4...n}$ mit dem einfachen unstandardisierten Regressionskoeffizienten des standardisierten Kriterium X_1 auf die Prädiktorvariable $X_{2-3,4...n}$ überein. Die Variable $X_{2-3,4...n}$ entspricht dann der ursprünglich standardisierten Variablen X_2, aus der die standardisierten Variablen X_3, X_4, ..., X_n mittels einer multiplen Regression auspartialisiert sind.

Standardisierte Maße für den Zusammenhang zwischen dem (auspartialisierten) Kriterium und den auspartialisierten Prädiktoren sind der semipartielle (bzw. partielle) Korrelationskoeffizient. Wie oben dargestellt, entspricht der semipartielle Korrelationskoeffizient $r_{1.2-3}$ der einfachen Korrelation zwischen den Variablen X_1 und X_{2-3}. Er bildet damit ein Maß für die Assoziationsstärke dieser beiden Variablen, da hier die Variable X_1 mit der Variablen x_{2-3} korreliert wird.

Analog stellt der partielle Korrelationskoeffizient ist $r_{1-3.2-3}$ die einfache Korrelation zwischen den Variablen X_{1-2} und X_{2-3} dar. Die Regressionskoeffizienten in der multiplen, partiellen und semipartielle Regressionskoeffizienten stimmen überein (vgl. z.B. GAENSLEN & SCHUBÖ, 1973). Damit wird auch die Bezeichnung "(semi-)partieller Regressionskoeffizient" für die Regressionskoeffizienten in der multiplen Regression plausibel.

In der multiplen Regression kann man in der Regel nicht den durch einen bestimmten Prädiktor zu erklärenden Varianzanteil bestimmen. Nur im Fall unkorrelierter Prädiktoren gilt:

$$R^2_{1.23...n} = r^2_{12} + r^2_{13} + ... + r^2_{1n}.$$

Im Fall korrelierter Prädiktoren gilt diese Beziehung nicht. Vielmehr gilt hier allgemein der Zusammenhang zwischen der multiplen Korrelation und den semipartiellen Korrelationskoeffizienten:

$$R^2_{1.23..n} = r^2_{12} + r^2_{1.3-2} + r^2_{1.4-23} + ... + r^2_{1.n-23...(n-1)}.$$

Aus den nachfolgenden Prädiktoren ist jeweils die Varianz der vorhergehenden Prädiktoren auspartialisiert. Damit ist die Reihenfolge der Prädiktoren für die Höhe der quadrierten semipartiellen Korrelationskoeffizienten entscheidend. Bei einer anderen Reihenfolge der Prädiktoren ergeben sich andere quadrierte semipartielle Korrelationskoeffizienten. So stimmt in der Regel $r^2_{1.3-2}$ aus der obigen Gleichung nicht mit $r^2_{1.3-4}$ aus der folgenden Gleichung überein, in der eine andere Reihenfolge der Prädiktoren vorliegt:

$$R^2_{1.23..n} = r^2_{14} + r^2_{1.3-4} + r^2_{1.2-34} + ... + r^2_{1.n-23...(n-1)}.$$

Die Reihenfolge der Prädiktoren ist insbesondere für die schrittweise multiple Regression relevant. Hier werden nicht alle Prädiktoren sogleich in die Regressionsgleichung aufgenommen, sondern schrittweise. Zunächst wird der Prädiktor in die Regressionsgleichung aufgenommen, der am höchsten mit dem Kriterium korreliert, d.h. am meisten Kriteriumsvarianz erklärt. Dann wird der Prädiktor aufgenommen, der wiederum die meiste Kriteriumsvarianz erklärt, wobei aus diesem Prädiktor die Varianz des zuerst aufgenommenen Prädiktors auspartialisiert ist. Hier wird die Variable selektiert, die die höchste entsprechende semipartielle (oder äquivalent dazu die partielle) Korrelation mit dem Kriterium besitzt. Dieser Prozeß wird solange fortgesetzt, bis keine nennenswerte Kriteriumsvarianz durch die zusätzliche Aufnahme von Prädiktoren mehr erfolgt.

In Tab. 6.12 bzw. Tab. 6.13 sind die Ergebnisse einer multiplen Regression mit simultaner bzw. schrittweiser Aufnahme der Prädiktoren wiedergegeben. Als abhängige Variable (AV) wurde die Skala Belastung gewählt, als unabhängige Variable (UV) die drei Skalen Handlungsspielraum, Verantwortung und Qualifikation. Die Messungen stammen aus der Vorhermessung. Während die Skala Verantwortung die Verantwortung eines Beschäftigten für die Belange (z.B.

Gesundheit, Sicherheit) des eigenen Arbeitsplatzes, seiner eigenen Person oder seiner Kollegen erfaßt, mißt die Skala Belastung den Ausbildungs- und Kompetenzgrad, den die Durchführung der Tätigkeit erfordert. In Tab. 6.11 sind die einfachen Korrelationen zwischen der AV und den Prädiktoren sowie der Prädiktoren untereinander wiedergegeben. Hier zeigt sich, wie zu erwarten ist, daß die Belastung negativ mit dem Handlungsspielraum (allerdings nicht signifikant) kovariiert und jeweils signifikant positiv mit den beiden anderen Prädiktoren.

- - Correlation Coefficients - -

	BELAST	HANDL	VERANTW	QUALIFIK
BELAST	1,0000 -,	1631 ,	3111 ,	2800
	(87)	(79)	(75)	(74)
	P= ,	P= ,151	P= ,007	P= ,016
HANDL	-,1631	1,0000	,2415	,4430
	(79)	(79)	(69)	(73)
	P= ,151	P= ,	P= ,046	P= ,000
VERANTW	,3111	,2415	1,0000	,5818
	(75)	(69)	(75)	(66)
	P= ,007	P= ,046	P= ,	P= ,000
QUALIFIK	,2800	,4430	,5818	1,0000
	(74)	(73)	(66)	(74)
	P= ,016	P= ,000	P= ,000	P= ,

(Coefficient / (Cases) / 2-tailed Significance)

" . " is printed if a coefficient cannot be computed

Tab. 6.11: Einfache Korrelationen zwischen den Variablen Belastung, Verantwortung, Handlungsspielraum und Qualifikation

Wie Tab. 6.12 und Tab. 6.13 zeigen, beträgt die multiple Korrelation der Variablen Belastung mit den drei Prädiktoren R=0.46 und ist mit einer Irrtumswahrscheinlichkeit von 0.0019 hochsignifikant. Die Spalten "B" bzw. "Beta" in Tab. 6.12 und Tab. 6.13 enthalten die unstandardisierten bzw. standardisierten (semipartiellen) Regressionskoeffizienten. Die semipartiellen Korrelationen werden im Programmpaket SPSS nicht im Rahmen des Unterprogramms "REGRESSION" ausgedruckt. Wie die t-Statistiken zur Signifikanztestung der Regressionskoeffizienten anzeigen, ist der Beitrag der Skala Verantwortung zur Vorhersage der Belastung nicht signifikant, wenn die beiden anderen Prädiktoren auspartialisiert sind.

**** M U L T I P L E   R E G R E S S I O N ***

Equation Number 1   Dependent Variable.. BELAST

Block Number 1. Method: Enter   VERANTW QUALIFIK HANDL

Variable(s) Entered on Step Number
  1.. HANDL   HANDLUNGSSPIELRAUM
  2.. VERANTW   VERANTWORTUNG
  3.. QUALIFIK QUALIFIKATION

Multiple R	,46008
R Square	,21168
Adjusted R Square	,17353
Standard Error	,53983

Analysis of Variance

	DF	Sum of Squares	Mean Square
Regression	3	4,85137	1,61712
Residual	2	18,06759	,29141

F =   5,54926   Signif F = ,0019

------------------ Variables in the Equation -----------

Variable	B	SE B	Beta	T	Sig T
HANDL	-,057426	,020470	-,352936	-2,805	,0067
VERANTW	,192838	,124218	,215287	1,552	,1257
QUALIFIK	,228287	,110141	,311123	2,073	,0424
(Constant)	1,862182	,418629		4,448	,0000

Tab. 6.12: Ergebnisse der multiplen Regression mit simultaner Aufnahme aller Prädiktoren

Im Rahmen der schrittweisen multiplen Regression wird zunächst die Variable Verantwortung in die Regressionsgleichung aufgenommen (vgl. Tab. 6.12). Sie besitzt die höchste einfache Korrelation mit dem Kriterium. Dann folgt der Prädiktor Handlungsspielraum, der von den beiden verbleibenden Prädiktoren die höchste partielle Korrelation mit dem Kriterium besitzt, wenn die schon aufgenommene Variable Verantwortung auspartialisiert ist.

Bildet man jeweils die Differenz der quadrierten multiplen Korrelationskoeffizienten nach jedem Schritt, erhält man den Anteil an aufgeklärter Kriterienvarianz, der auf die Aufnahme des weiteren Prädiktors zurückgeht. So zeigt sich, daß der Zuwachs an aufgeklärter Varianz durch die Aufnahme des zweiten Prädiktors 0.06 beträgt und 0.05 durch die weitere Einbeziehung des dritten Prädiktors.

Equation Number 1   Dependent Variable   BELAST

Block Number 1.   Method: Stepwise
VERANTW   QUALIFIK   HANDL

Variable(s) Entered on Step Number
  1.. VERANTW VERANTWORTUNG

Multiple R   ,31109
R Square   ,09678
Adjusted R Square   ,08266
Standard Error   ,56873

Analysis of Variance

	DF	Sum of Squares	Mean Square
Regression	1	2,21803	2,21803
Residual	64	20,70093	,32345

F = 6,85736   Signif F = ,0110

------------------ Variables in the Equation ----------------

Variable	B	SE B	Beta	T	Sig T
VERANTW	,278652	,106410	,311090	2,619	,0110
(Constant)	1,486490	,409858		3,627	,0006

------------- Variables not in the Equation -----------------

Variable	Beta In	Partial	Min Toler	T	Sig T
QUALIFIK	,149722	,128128	,661472	1,025	,3091
HANDL	-,252995	-,258328	,941700	-2,122	,0377

Variable(s) Entered on Step Number
  2.. HANDL HANDLUNGSSPIELRAUM

Multiple R   ,39630
R Square   ,15705
Adjusted R Square   ,13029

Standard Error   ,55377

Analysis of Variance

	DF	Sum of Squares	Mean Square
Regression	2	3,59947	1,79973
Residual	63	19,31949	,30666

F = 5,86885   Signif F = ,0046

------------------ Variables in the Equation -----------------------

Variable	B	SE B	Beta	T	Sig T
VERANTW	,333369	,106770	,372177	3,122	,0027
HANDL	-,041164	,019395	-,252995	-2,122	,0377
(Constant)	1,820232	,428938		4,244	,0001

------------- Variables not in the Equation -------------

Variable	Beta In	Partial	Min Toler	T	Sig T
QUALIFIK	,311123	,254559	,564302	2,073	,0424

Equation Number 1   Dependent Variable   BELAST

Variable(s) Entered on Step Number
  3..   QUALIFIK QUALIFIKATION

Multiple R	,46008
R Square	,21168
Adjusted R Square	,17353
Standard Error	,53983

Analysis of Variance

	DF	Sum of Squares	Mean Square
Regression	3	4,85137	1,61712
Residual	62	18,06759	,29141

F = 5,54926   Signif F = ,0019

---------------- Variables in the Equation --------------

Variable	B	SE B	Beta	T	Sig T
VERANTW	,192838	,124218	,215287	1,552	,1257
HANDL	-,057426	,020470	-,352936	-2,805	,0067
QUALIFIK	,228287	,110141	,311123	2,073	,0424
(Constant)	1,862182	,418629		4,448	,0000

Tab. 6.13: Ergebnisse der multiplen Regression mit schrittweiser Aufnahme der Prädiktoren

6.4.2   Faktorenanalyse

Während in der multiplen Regressionsanalyse eine Linearkombination von UV gesucht wird, die die beste Vorhersage einer AV gewährleistet, wird in der Faktorenanalyse aus einer gegebenen Menge von Ausgangsvariablen eine zumeist geringere Zahl von Variablen gebildet, die die Ursprungsvariablen erklären sollen bzw. ihnen "zugrunde liegen".

Es gibt inzwischen eine Vielzahl unterschiedlicher faktorenanalytischer Modelle. Die wichtigsten und bekanntesten Verfahren sind die Hauptkomponentenanalyse, die Hauptachsenanalyse und die in neuerer Zeit hinzugekommene Maximum-Likelihood-Faktorenanalyse.

Die Hauptkomponentenanalyse kommt mit den sparsamsten Annahmen aus. Aus den im allgemeinen standardisierten Ausgangsvariablen Z_1, Z_2, ..., Z_n gilt es, Linearkombinationen zu bilden, die die Varianz der Ausgangsvariablen ökonomisch erklären. Diese Linearkombinationen bilden die Faktoren F_1, F_2, ..., F_g. Somit gilt als grundlegende Bestimmungsgleichung für den Faktor F_i:

$$F_i = w_{i1}Z_1 + w_{i2}Z_2 + .. + w_{in}Z_n$$

Die Werte F_i die für jede Person berechnet werden, nennt man Faktorscores oder Faktorenwerte und die Gewichte w_{ij} Faktorscoregewichte. Bei der Faktorenbestimmung, der sogenannten Faktorenextraktion, werden die Gewichte w_{ij} so gewählt, daß der erste extrahierte Faktor den größtmöglichen Varianzanteil der gesamten Varianz aufklärt, der zweite Faktor den größtmöglichen Teil der durch den ersten Faktor unerklärt gebliebenen Varianz, der dritte Faktor den maximalen Teil der sich so ergebenen Restvarianz etc.

Es liegen verschiedene Kriterien vor, die angeben, wieviele Faktoren auf diesem Weg zu extrahieren sind. Zumeist ist die Zahl signifikanter Faktoren bedeutend höher als die aus Relevanzerwägungen beizubehaltende Anzahl von Faktoren. In der Praxis hat sich der sogenannte Scree-Test als Abbruchkriterium bewährt (vgl. z.B. ÜBERLA, 1968). Jedoch ist es wichtig, bei der Faktorenextraktion auch darauf zu achten, daß die Faktoren inhaltlich sinnvoll zu interpretieren sind. Die Anzahl der Faktoren richtet sich damit auch nach ihrer Interpretierbarkeit.

Hat man sich für eine bestimmte Faktorenanzahl entschieden, bildet man zumeist aus den gewonnenen Linearkombinationen neue Linearkombinationen, um "das Zueinander der Variablen und Faktoren so einfach als möglich zu gestalten" (ÜBERLA, 1968, S. 176). Diese sogenannte Faktorenrotation kann orthogonal oder oblique und hier jeweils nach verschiedenen Strategien erfolgen. Eine orthogonale Rotation führt zu wechselseitig unkorrelierten Faktoren, während eine oblique (schiefwinklige) Rotation korrelierende Faktoren ergibt. In der Praxis hat sich die orthogonale Varimax-Rotation bewährt, bei der die Zahl der Variablen minimiert wird, die eine hohe Ladung auf einem Faktor haben. Dadurch resultieren einfach zu interpretierende Faktoren.

Sind die Faktoren bestimmt, können die Ursprungsitems als Linearkombinationen der Faktoren rekonstruiert werden, wenn so viele Faktoren extrahiert wurden, wie Items vorliegen. Da es jedoch das Ziel ist, wenige Faktoren zu bilden, die möglichst viel der gesamten Itemvarianz aufklären, bleibt ein Teil der Itemvarianz unaufgeklärt, und die Items können nur zu einem Teil durch die Faktoren rekonstruiert werden. Die entsprechende Bestimmungsgleichung lautet:

$$Z_i = a_{i1}F_1 + a_{i2}F_2 + ... + a_{ij} F_{ij} + ... + a_{ig}F_g$$

Die Gewichte a_{ij} heißen Faktorladungen. Bei orthogonalen Faktoren entsprechen sie den Korrelationskoeffizienten zwischen den Faktoren und Items, im Fall obliquer (korrelierter) Faktoren stellen sie die standardisierten semipartiellen Regressionskoeffizienten der Items auf die Faktoren dar.

Den Anteil an Varianz, den die Faktoren bei einem Item erklären, nennt man Kommunalität. Er ergibt sich als Summe der quadrierten Korrelationen zwischen einem Item und allen Faktoren, im Fall orthogonaler Faktoren also als Summe der quadrierten Faktorladungen. Der Anteil der Varianz eines Faktors, als Maß für die Bedeutsamkeit eines Faktors, bestimmt sich als Summe der quadrierten Korrelationskoeffizienten eines Faktors mit allen Items. Im Fall orthogonaler Faktoren sind hier alle quadrierten Ladungen eines Faktors zu summieren. Diese Summe wird im Fall der Hauptkomponentenanalyse auch als Eigenwert eines Faktors bezeichnet.

Hauptachsenanalyse Die Hauptachsenanalyse geht von vornherein nicht von den ursprünglichen Variablen aus, sondern nur von den durch die Faktoren erklärten Varianzanteilen der Items, den Kommunalitäten. Hier ist also schon vor der Faktorenextraktion die Kommunalität der Items bzw. die Restvarianz der Items festzulegen, d.h. zu schätzen. Die Bestimmungsgleichung für die Items lautet hier:

$$Z_i = a_{i1}F_1 + a_{i2}F_2 + ... + a_{ig}F_g + u_i$$

Dabei bezeichnet u_i den spezifischen Anteil des Items Z_i, der nicht durch die Faktoren erklärt wird. Mit der Hauptachsenanalyse liegt ein realistischeres Modell zur Faktorenbestimmung vor, da man kaum davon ausgehen kann, daß die Itemvarianz vollständig durch die zu extrahierenden Faktoren bestimmt wird und die Items zusätzlich meßfehlerfrei erhoben wurden. Allerdings ergibt sich damit das Problem einer a-priori-Bestimmung der Kommunalitäten.

Es wurden unterschiedliche Verfahren zur Kommunalitätenschätzung entwickelt. In der Praxis hat sich das folgende Vorgehen bewährt. Es wird eine erste Schätzung der Kommunalitäten durch die multiple Korrelation eines Items mit allen übrigen Items vorgenommen, dann werden in einem iterativen Schätzprozeß die endgültigen Kommunalitäten festgelegt, d.h. bis sie zu einem bestimmten Wert konvergieren.

Die Maximum-Likelihood-Faktorenanalyse geht von multivariat normalverteilten Variablen aus und schätzt die Parameter ausgehend von dieser Verteilungsannahme mittels der Maximum-Likelihood-Methode. Damit beruht sie auf expliziteren Modellannahmen, jedoch nimmt man hier nicht unbeträchtliche Annahmen in Kauf.

Insgesamt ist zur explorativen Faktorenanalyse, vor allem hinsichtlich der Hauptkomponenten und -achsenanalyse, festzuhalten, daß es sich hier um deskriptive Verfahren zur Aufdeckung von "zugrundeliegenden" Dimensionen handelt. Dabei besteht ein nicht unbeträchtlicher Spielraum bis zur endgültigen Faktorenbestimmung.

Anders verhält es sich bei den sogenannten konfirmatorischen faktorenanalytischen Modellen. Hier steht nicht die Datenreduktion im Vordergrund und auch nicht die 'Entdeckung' von latenten Dimensionen. Hier müssen die Items a-priori gesetzten Dimensionen nach theoretischen Kriterien zugeordnet werden. Konfirmatorische Faktorenanalysen fanden insbesondere mit der Verbreitung von Strukturgleichungsmodellen eine größere Verbreitung, da sie dann im Rahmen einfach zu bedienender EDV-Programme berechnet werden konnten (s.u.).

Betrachten wir im folgenden eine Faktorenanalyse anhand einiger Items aus unserem Fragebogen mittels des Programmpaketes SPSS. In die Analyse wurden die folgenden Items zu den Konstrukten "Belastung" sowie "Handlungsspielraum" einbezogen:

V16: Ich muß Dinge tun, für die ich eigentlich zu wenig ausgebildet bin.

V17: Ich habe so viel zu tun, daß es mir über den Kopf wächst.

V24: Es kommt schon vor, daß mir die Arbeit zu schwierig ist.

V29: Es passiert so viel auf einmal, daß ich es kaum bewältigen kann.

V40: Bei meiner Arbeit gibt es Sachen, die zu kompliziert sind.

V44: Bei meiner Arbeit muß man zu viele Dinge auf einmal erledigen.

V08: Es ist einem genau vorgeschrieben, wie man seine Arbeit machen muß.

V18: Die Bewegungsfreiheit am Arbeitsplatz ist groß.
V30: Man fühlt sich bei der Arbeit stark beaufsichtigt und kontrolliert.
V42: Ich kann mir meine Arbeit selbständig einteilen.
V50: Bei meiner Arbeit muß man immer das gleiche tun.

Durchgeführt wurde eine Hauptachsenanalyse mit iterativer Kommunalitätenschätzung. Die vorläufige Kommunalitätenschätzung über die multiple Korrelation eines Items mit den jeweils übrigen Items ist in Tab. 6.14 enthalten.

Extraction   1 for analysis   1, Principal Axis Factoring (PAF)

Initial Statistics:

Variable	Communality	*	Factor	Eigenvalue	Pct of Var	Cum Pct
		*				
V16	,29763	*	1	2,73828	24,9	24,9
V17	,30407	*	2	2,02063	18,4	43,3
V24	,28232	*	3	1,05812	9,6	52,9
V29	,30195	*	4	,94165	8,6	61,4
V40	,32223	*	5	,81163	7,4	68,8
V44	,24779	*	6	,77264	7,0	75,8
V08	,22621	*	7	,65333	5,9	81,8
V18	,29729	*	8	,62688	5,7	87,5
V30	,35378	*	9	,55628	5,1	92,5
V42	,22788	*	10	,46396	4,2	96,8
V50	,18507	*	11	,35660	3,2	100,0

Tab. 6.14: Vorläufige Kommunalitätenschätzung

Die vorläufige Kommunalitätenschätzung indiziert, geht man vom Scree-Test aus, die Extraktion von zwei Faktoren. Auch die endgültige Kommunalitätenschätzung bei der Extraktion aller Faktoren, die wir hier nicht wiedergeben, ergibt das gleiche Bild. Daher entschieden wir uns für die Extraktion von zwei Faktoren mit anschließender Varimax-Rotation. Die Ergebnisse sind Tab. 6.15 dargestellt. Hier folgt nach der unrotierten Faktormatrix (Factor Matrix) unter der Rubrik "Final Statistics" die Darstellung der Kommunalitäten für die einzelnen Items sowie die Angabe der aufgeklärten Varianz für die beiden unrotierten Faktoren. (Der Eigenwert dividiert durch die Anzahl der Items ergibt den prozentualen Anteil der aufgeklärten Varianz.) Die Höhe der Kommunalitäten ändert sich durch die Rotation nicht, ebenso wie die gesamte aufgeklärte Varianz von 30,9 %. Hingegen verschiebt sich der durch jeden Faktor aufgeklärte Varianzanteil durch die Rotation.

PAF   extracted   2 factors.   7 iterations required.

Factor Matrix:

	Factor 1	Factor 2
V16	,46175	,40498
V17	,60325	-,06816
V24	,47377	,24395
V29	,58245	,09086
V40	,46214	,23351
V44	,47194	,09945
V08	-,37962	,31424
V18	-,27819	,57102
V30	-,48671	,38841
V42	,09550	,53911
V50	-,12854	,41639

Final Statistics:

Variable	Communality	*	Factor	Eigenvalue	Pct of Var	Cum Pct
		*				
V16	,37722	*	1	2,06118	18,7	18,7
V17	,36856	*	2	1,34054	12,2	30,9
V24	,28397	*				
V29	,34751	*				
V40	,26810	*				
V44	,23262	*				
V08	,24285	*				
V18	,40346	*				
V30	,38775	*				
V42	,29976	*				
V50	,18990	*				

VARIMAX   rotation   1 for extraction   1 in analysis   1 - Kaiser Normalization.

VARIMAX   converged in   3 iterations.

Rotated Factor Matrix:

	Factor 1	Factor 2
V16	,58917	,17349
V17	,51878	,31532
V24	,53243	,02231

V29	,56672	-,16228
V40	,51748	,01773
V44	,47005	-,10804
V08	-,21245	,44466
V18	-,01252	,63506
V30	-,27847	,55696
V42	,31317	,44909
V50	,05831	,43186

Tab. 6.15: Ergebnisse der Faktorenextraktion und Rotation

Die inhaltliche Interpretation der rotierten Lösung ist hier sehr einfach. Während auf dem ersten Faktor alle "Belastungsitems" hoch laden, besitzen auf dem zweiten Faktor alle Items, die Aspekte des Handlungsspielraum messen, hohe Ladungen.

6.4.3   Strukturgleichungsmodelle

Strukturgleichungsmodelle verallgemeinern Regressions-, Faktoren- und Varianzanalysen und integrieren diese Verfahren im Rahmen eines allgemeinen Modells. Es gibt unterschiedliche Ansätze für Strukturgleichungsmodelle, häufig wird der Ansatz von JÖRESKOG & SÖRBOM (1989) gewählt, für den das EDV-Programm LISREL vor-liegt. Mittlerweile gibt es neben LISREL einige weitere leistungsfä-hige Programme, wie das Programm EQS von BENTLER (1984) oder LISCOMP von MUTHEN (1988).

LISREL   Wir können Strukturgleichungsmodelle nur sehr elementar anhand eines Beispiels behandeln. Betrachten wir im folgenden Strukturglei-chungsanalysen anhand eines Beispiels zu unserer Untersuchung zur Einführung von Gruppenarbeit. Wir greifen hier wiederum auf Daten aus der Vorhermessung zurück. Die Ausgangsfrage richtet sich auf das Ausmaß, in dem die Konstrukte „Information über die Arbeitssi-tuation" und „Verhältnis zum Vorgesetzten" das Konstrukt „Arbeitszufriedenheit" erklären. In Abbildung 6.12 wird dieses Modell anhand des sogenannten Pfaddiagramms graphisch veran-schaulicht. Dabei sind die Konstrukte durch Ovale charakterisiert. Sie entsprechen gewissermaßen Faktoren im Rahmen von Faktorenanaly-sen, jedoch muß hier a-priori festgelegt werden, welche Indikatoren zu welchem Konstrukt bzw. Faktor gehören. Das Konstrukt "Information über die Arbeitssituation" wird über drei Indikatoren gemessen. Hier handelt es sich um Fragen, inwieweit die Informationen zu verschiedenen Aspekten der Arbeitssituation rechtzeitig sowie in einem ausreichenden und zufriedenstellenden Maße vorliegen. Indikatoren werden in Pfaddiagrammen häufig, wie es in Abbildung 6.12 der Fall ist, durch Rechtecke dargestellt. Analog wurde das zweite unabhängige Konstrukt „Verhältnis zum Vorgesetzten" über seine Zivilcourage und Wahrnehmung der Fürsorgepflicht definiert. Das abhängige Konstrukt „Arbeitszufriedenheit" wird über die Zufriedenheit mit der Arbeitsfähigkeit selbst, der Zufriedenheit mit den Arbeitsbedingungen sowie der Zufriedenheit mit den in der Arbeitsgruppe getroffenen Entscheidungen erfaßt. Betrachten wir hier zunächst einmal lediglich die Beziehungen zwischen den drei durch die Ovale gekennzeichneten Faktoren bzw. Konstrukte - ihr Zusammenhang bildet das sogenannte Strukturmodell -, so liegt eine multiple Regression einer abhängigen Variablen auf zwei unabhängige Variablen vor. Der doppelseitige Pfeil zwischen den beiden unabhängigen Konstrukten steht für die Interkorrelation der beiden unabhängigen Konstrukte und beträgt hier 0.40. Die einseitigen Pfeile von den unabhängigen auf die abhängige Variable symbolisieren regressive Beziehungen. Hier sind die standardisierten semipartiellen Regressionskoeffizienten (0.07 bzw. 0.65) angegeben. Zusätzlich haben wir noch die Korrelationen mitgeteilt, was in der Literatur leider nicht sehr häufig erfolgt. Der weitere Pfeil auf das abhängige Konstrukt mit dem Wert 0.53 gibt die nichterklärte Varianz bzw. Residualvarianz an. Daraus läßt sich die multiple Korrelation berechnen. Da hier eine Residualvarianz von 0.53 für die abhängige Variable "Arbeitszufriedenheit" vorliegt, ergibt sich eine multiple Korrelation von $\sqrt{1-0.53} = 0.69$.

Jedoch korreliert bereits die Variable "Verhältnis zum Vorgesetzten" allein mit 0.68 mit dem abhängigen Konstrukt, der zusätzliche Varianzanteil, den der zweite Prädiktor "Information über die Arbeitssituation" liefert, ist damit sehr niedrig. Betrachtet man die ursprüngliche Variable "Information über die Arbeitssituation" (in nicht-auspartialisierter Form), so resultiert eine Korrelation von 0.33 mit der Arbeitszufriedenheit.

Betrachten wir nun die Zusammenhänge der Konstrukte mit den Indikatoren, die die sogenannten Meßmodelle bilden. Hier zeigen die Pfeile von den Konstrukten zu den Indikatoren an. welcher Indikator zu welchem Konstrukt gehört. Hier sind, wie es in der Literatur üblich ist, die Korrelationen zwischen den Konstrukten und Indikatoren wiedergegeben. Wie Abbildung 6.12 zeigt, korreliert das Konstrukt "Information über die Arbeitssituation" mit seinen drei Indikatoren mit 0.63, 0.68 bzw. 0.84. Das Quadrat einer Korrelation ergibt die durch das Konstrukt aufgeklärte Varianz bei dem entsprechenden Indikator. Ein weiterer Pfeil auf jeden Indikator gibt die nicht aufgeklärte Varianz des Items an. Dementsprechend berechnen sich die Residualvarianzen, die im Pfaddiagramm als Maße für die Fehlereinflüsse angegeben sind, als *1- erklärte Varianz*. So beträgt die quadrierte Korrelation des Items zur Zufriedenstellung bezüglich der Information mit dem Konstrukt „Information über die Arbeitssituation" $0.84^2 = 0.70$ und die Residualvarianz 1-0.70 = 0.30.

Abgesehen von dem Einfluß des Konstruktes „Information über Arbeitssituation" auf das abhängige Konstrukt „Arbeitszufriedenheit" besitzen alle Koeffizienten mit einer Irrtumswahrscheinlichkeit von p < 0.05 einen signifikanten Einfluß (s. Abbildung 6.12). (Einige Koeffizienten, die in Abbildung 6.12 mit einem f gekennzeichnet sind, wurden aus technischen Gründen als fixe Parameter spezifiziert, damit ein lösbares Gleichungssystem zur Parameterschätzung resultiert. Im Prinzip bedeutet diese Maßnahme im vorliegenden Kontext lediglich, daß keine Signifikanzprüfung erfolgen kann.)

Insgesamt gesehen sind die Korrelationen der Items mit den Konstrukten als recht hoch zu bezeichnen, d.h. die Konstrukte werden gut durch die Items repräsentiert. Die beiden unabhängigen Konstrukte korrelieren mit 0.33 bzw. 0.68 mit dem Kriterium. Die multiple Korrelation beträgt, wie oben bereits angegeben, $\sqrt{1-0.53} = 0.69$. Damit erklären die beiden unabhängigen Konstrukte einen bedeutenden Anteil an der Gesamtvarianz des Kriteriums, wobei die Variable „Verhältnis zum Vorgesetzten" einen deutlich höheren Einfluß besitzt.

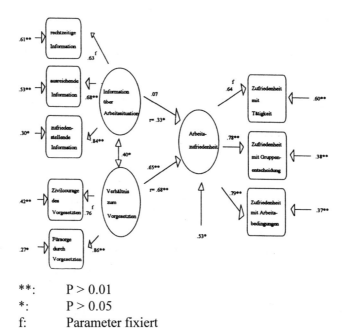

**:   P > 0.01
*:   P > 0.05
f: Parameter fixiert

Abbildung 6.12: Strukturgleichungsmodelle zur Vorhersage der Arbeitszufriedenheit durch die Information über die Arbeitssituation und das Verhältnis zum Vorgesetzten

Vorteile von Strukturgleichungsmodellen

Das vorliegende Beispiel entsprach im Prinzip einer Kombination einer Faktorenanalyse mit einer multiplen Regression. Es können mittels Strukturgleichungsanalysen weitaus komplexere Modelle berechnet werden. So hätten im obigen Beispiel noch weitere unabhängige und auch - was in klassischen Modellen kaum möglich ist -, mehrere abhängige Variablen einbezogen werden können. Dabei können auch komplizierte Wechselwirkungen zwischen den abhängigen Variablen analysiert werden. Abschließend seien hier noch einige weitere wesentliche Vorzüge von Strukturgleichungsmodellen gegenüber den klassischen statistischen Verfahren aufgeführt. Strukturgleichungsmodelle lassen Meßfehler bei den unabhängigen beobachteten Variablen zu, was bei den klassischen regressions- und varianzanalytischen Verfahren nicht der Fall ist. Hier wird unrealistischerweise angenommen, daß die Prädiktoren fehlerfrei gemessen werden. Liegt jedoch keine perfekte Reliabilität bei allen Prädiktoren vor, erfolgt bei diesen Verfahren eine verzerrte Koeffizientenschätzung. Bei den abhängigen Variablen lassen sich bei den klassischen regressions- und varianzanalytischen Verfahren Meßfehler und die strukturell bedingte, nicht aufgeklärte Varianz nicht trennen. Diese Trennung ist jedoch durch die Unterscheidung von Meß- und Strukturmodellen bei Strukturgleichungsanalysen gegeben.

Die Parameter eines Strukturgleichungsmodells können wie im obigen Beispiel geschätzt werden (freie Parameter) oder, falls man eine Hypothese über eine bestimmte Ausprägung eines Parameters besitzt, können sie auf einen bestimmten Wert fixiert werden (fixe Parameter). Weiterhin können für mehrere Parameter gleiche Ausprägungen spezifiziert werden, d.h. für diese Parameter wird ein identischer Wert geschätzt (constrained Parameter).

Die Notwendigkeit bei Strukturgleichungsverfahren, a-priori Modelle in Abhängigkeit von theoretischen Grundlagen zu formulieren, bedingt häufig ein stärkeres theoriegeleitetes Vorgehen. In Abhängigkeit von den theoretischen Annahmen können konfirmatorische und/oder explorative Modelle spezifiziert und auf ihre Übereinstimmung mit den empirischen Daten überprüft werden. Dabei lassen sich bestimmte Parameter auch auf Gleichheit über verschiedene Gruppen hinweg testen.

Somit kann mit einem einheitlichen EDV-Programm eine Vielzahl statistischer Verfahren durchgeführt werden. Anhand einer einheitlichen klaren Logik werden zudem sehr komplizierte Verfahren, wie z.B. multivariate Kovarianzanalysen, transparenter. Allerdings darf nicht übersehen werden, daß die Annahme multivariat normalverteilter Variablen bei der Maximum-Likelihood-Schätzung eine restriktive Voraussetzung darstellt. Ihre Überwindung mittels gewichteter Kleinste-Quadrate-Schätzungen ist jedoch an sehr große Stichproben gebunden. Zudem ist in der Praxis ein systematisches Datenfitting zu beobachten, d.h. es werden aufgrund der vorliegenden empirischen Daten Modelle systematisch herausgearbeitet, die mit den empirischen Daten übereinstimmen. Schließlich werden dann lediglich diese Modelle publiziert. Auf weitere Schwierigkeiten von Strukturgleichungsmodellen weist HOLLING (1993) hin.

6.5   Die Meta-Analyse

Die bisher dargestellten statistischen Verfahren versuchen, anhand der Daten einer Stichprobe Antworten auf bestimmte Fragestellungen zu geben. Hierbei kann es sich um Punkt- bzw. Konfidenzintervallschätzungen zu bestimmten Parametern und/oder die Testung von Hypothesen handeln. Im Rahmen des Verfahrens der Meta-Analyse gewinnt man diese Erkenntnisse aufgrund der Reanalyse von mehreren bereits durchgeführten Studien. Hier werden die Ergebnisse mehrerer Studien integriert, womit in der Regel eine umfassendere Beantwortung der Ausgangsfragestellung möglich ist. Eine wichtige Voraussetzung für die Integration der Studien ist die Vergleichbarkeit der einbezogenen Originaluntersuchungen hinsichtlich wesentlicher Merkmale, wie z.B. der Operationalisierung der abhängigen und unabhängigen Variablen oder der Stichprobe. Jedoch kann man im Rahmen von Moderatoranalysen überprüfen, ob bestimmte Merkmale der Originalstudien, wie z.B. Feld- versus Laborstudie, zu unterschiedlichen Ergebnissen führen.

Wie wir im folgenden ausführen werden, resultiert ein Vorteil von Meta-Analysen gegenüber anderen statistischen Verfahren aus der weitaus größeren zugrundeliegenden Datenbasis, die zu einer Reduktion des Stichprobenfehlers führt. Zudem werden in der Meta-Analyse zumeist weitere systematische wie unsystematische Fehler korrigiert. Es existieren mittlerweile mehrere meta-analytische Vorgehensweisen, die sich jedoch nicht gravierend unterscheiden. Wir stellen im folgenden den in der Arbeits- und Organisationspsychologie wohl am häufigsten eingesetzten Ansatz von HUNTER UND SCHMIDT (1990) vor.

HUNTER UND SCHMIDT (1990) unterscheiden die Integration zweier Arten von Studien, zum einen Studien mit Zusammenhangshypothesen, andererseits Studien mit Unterschiedshypothesen, die zumeist auf Experimenten oder Quasi-Experimenten beruhen. Es gilt nun, innerhalb eines Untersuchungstyps, die anhand verschiedener statistischer Indizes ermittelten Ergebnisse anhand eines einheitlichen statistischen Koeffizienten zusammenzufassen. In Studien mit Unterschiedshypothesen wird hier der Produkt-Moment-Korrelationskoeffizient (r) benutzt, d.h. werden in den Originalstudien andere Zusammenhangsmaße als dieser Korrelationskoeffizient gewählt, müssen diese Koeffizienten jeweils in den Korrelationskoeffizienten transformiert werden. In Studien mit Unterschiedshypothesen wird die Effektstärke (d) als einheitliches statistisches Maß berechnet (s.u.). HUNTER UND SCHMIDT (1990) betrachten zwar die Integration von Studien mit Unterschiedshypothesen und von Studien mit Zusammenhangshypothesen jeweils separat, jedoch lassen sich die beiden Maße, d bzw. r, jeweils ineinander überführen.

Während die Produkt-Moment-Korrelation r, ein vertrautes Maß darstellt, wurde das Effektmaß d im Rahmen der Meta-Analyse entwickelt. Dieses Maß d wird ermittelt, indem die Mittelwertunterschiede an den Standardabweichungen relativiert werden. Dabei kann es sich um Mittelwertunterschiede zwischen unabhängigen Stichproben bzw. zwischen abhängigen Stichproben (Differenz zwischen Prä- und Post-Messung) handeln. Die Formel der Berechnung für die d-Werte für unabhängige Stichproben lautet:

Effektstärke d

$$d = \frac{\bar{y}_e - \bar{y}_c}{s_y}$$

mit:

$\bar{y}_e$ bzw. $\bar{y}_c$: Mittelwert der abhängigen Variablen für die experimentelle bzw. Kontrollgruppe (control group),

s_y : gewichtete Standardabweichung:

$$s_y = \frac{n_e s_{y_e} + n_c s_{y_c}}{n_e + n_c}$$

n = Stichprobenumfang.

Bei abhängigen Stichproben (Vergleiche des Prätests (1) mit dem Posttest (2)) wird d folgendermaßen berechnet:

$$d = \frac{\bar{y}_2 - \bar{y}_1}{s_y} \; .$$

Oftmals werden in Primärstudien die für die Berechung der d-Statistik notwendigen Angaben nicht publiziert. Es ist jedoch auch möglich, aus t-, F- oder χ^2-Statistiken etc. in Zusammenhang mit entsprechenden Angaben zu den Freiheitsgraden bzw. Stichprobenumfängen den d-Wert zu berechnen. Entsprechende Umrechnungsformeln werden von HUNTER UND SCHMIDT (1990) dargeboten.

Grundanliegen inferenzstatistischer Verfahren ist die Schätzung eines Populationsparameters anhand einer Stichprobenstatistik. Über die Standardabweichung der Stichprobenstatistik können Konfidenzintervalle berechnet und auf dieser Basis statistische Tests durchgeführt werden. Je kleiner der Stichprobenumfang ist, um so ungenauer ist die Schätzung des Populationsparameters. Die Abweichung der Stichprobenstatistik vom Populationsparameter bezeichnet man als Stichprobenfehler. Die Höhe des Stichprobenfehlers hängt unmittelbar von der Größe der Stichprobe ab und kann im Rahmen von Meta-Analysen verringert werden, da hier viele Stichproben zu einer großen Stichprobe zusammengefaßt werden.

Der Stichprobenfehler wirkt sich unsystematisch auf die einzelnen Stichprobenstatistiken r bzw. d aus, daher hebt sich sein Effekt bei der Mittelung der Stichprobenstatistiken auf. Vorausgesetzt ist hier, daß die einzelnen einbezogenen Stichproben voneinander unabhängig sind. Der Mittelwert vieler Einzelergebnisse aus Primärstudien ist ein besserer Schätzwert für den Populationsparameter als die Stichprobenstatistik aus einer einzelnen Studie. Um bei der Mittelung die Stichprobengröße zu berücksichtigen (je größer der Stichprobenumfang der Primärstudie ist, um so größer sollte ihr Gewicht bei der Mittelung sein), werden die Stichprobenstatistiken mit dem Stichprobenumfang gewichtet. So ergibt sich z.B. für die Mittelung von Korrelationskoeffizienten die folgende Formel:

$$\bar{r} = \frac{\sum\limits_{i=1}^{n} N_i r_i}{\sum\limits_{i=1}^{n} r_i}, \text{ n = Anzahl der Primärstudien.}$$

Stichprobenfehler   Man kann nun die Varianz der in die Meta-Analyse einbezogenen Stichprobenstatistiken berechnen und mit der aufgrund der Stichprobentheorie erwarteten Varianz vergleichen. Fällt die empirische Varianz weitaus größer als die theoretisch erwartete Varianz aus, ist davon auszugehen, daß neben dem Stichprobenfehler andere systematische Einflußgrößen (Moderatoren) für die Variabilität der Stichprobenstatistiken der Primärstudien verantwortlich sind. Im Rahmen von Moderatoranalysen, auf die wir weiter unten eingehen, kann man abschätzen, welche Moderatoren welchen Einfluß besitzen.

Weitere Fehlereinflüsse   Neben dem Stichprobenfehler werden in der Meta-Analyse auch andere Fehlereinflüsse berücksichtigt. Hier sind zunächst einmal Reliabilitätseinflüsse zu nennen, d.h. unsystematische Meßungenauigkeiten bei den unabhängigen und abhängigen Variablen. Je geringer die Reliabilität sowohl der unabhängigen wie der abhängigen Variable ausfällt, um so stärker wird die Korrelation gemindert. Hingegen gilt es, für die Effektstärke d zwischen abhängiger und unabhängiger Variable zu unterscheiden. Bei der abhängigen Variablen führen unreliable Messungen zu einer Erhöhung der Standardabweichung der Meßwerte. Eine Erhöhung der Standardabweichung, die in den Nenner der Formel zur Berechnung der Effektstärke d (s.o.) eingeht, führt zu einer Reduktion der Effektstärke d. Die unabhängige Variable stellt in experimentellen bzw. quasi-experimentellen Studien zumeist eine dichotome Gruppierungsvariable dar. Hier treten nur dann Meßfehler auf, wenn die Zuordnung der Probanden zu den einzelnen Gruppen fehlerhaft vorgenommen wurde. Auch solche Fehler führen in der Regel zu einer Verminderung der Effektstärke.

Wurden in Primärstudien kontinuierliche Variablen dichotomisiert und statt des Produkt-Moment-Korrelationskoeffizienten punkt-biseriale Korrelationskoeffizienten berechnet, so sind diese punkt-biserialen Koeffizienten um einen konstanten Faktor niedriger als die entsprechenden Produkt-Moment-Korrelationskoeffizienten. Dividiert man den punkt-biserialen Korrelationskoeffizienten durch den entsprechenden Minderungsfaktor (s. HUNTER & SCHMIDT, 1990), so wird der durch die Dichotomisierung hervorgerufene Fehler korrigiert. Häufig werden in bestimmten Primärstudien Stichproben analysiert, die aus bestimmten Subpopulationen stammen. Damit ist bei Korrelationsstudien die Varianz der unabhängigen und/oder abhängigen Variablen eingeschränkt. Eine solche Bereichseinschränkung führt zwangsläufig zu einer Reduktion des Korrelationskoeffizienten. Diese Reduktion kann jedoch korrigiert werden, wenn man auf die bekannte Varianz einer Referenzpopulation Bezug nimmt und somit die eingeschränkte Varianz wieder ausgleicht. Hingegen gilt es für das Effektmaß d zu beachten, daß eingeschränkte Varianzen der abhängigen Variablen zu homogenen Gruppen führen. Bei gleichen Mittelwertsunterschieden führt eine verringerte Varianz zu höheren Effektgrößen als im Falle heterogener Stichproben.

Die oben angegebenen Fehlerquellen stellen diejenigen Fehlereinflüsse dar, die am häufigsten in Meta-Analysen korrigiert werden. Auf weitere Fehlerquellen, die korrigiert werden können, wie z.B. mangelnde Konstruktvalidität, Fehler bei der Datenübertragung und -auswertung oder Fehler aus den Unterschieden der Treatmentstärke sei hier nicht eingegangen (s. HUNTER & SCHMIDT, 1990). Zu der obigen Artefaktkorrektur ist noch anzumerken, daß Informationen über den Einfluß dieser Artefakte in den Primärstudien, z.B. durch die Angabe von Reliabilitätskoeffizienten, vonnöten sind. Oftmals werden jedoch auch Schätzungen für die Größe dieser Artefakte vorgenommen. Sind für jede Studie unterschiedliche Artefakteinflüsse zu korrigieren, so ist eine solche Korrektur vor der Integration der Einzelstudien vorzunehmen. Wird eine einheitliche Artefaktgröße für alle Studien angenommen, kann eine solche Korrektur auch nach der Integration der Einzelstatistiken folgen.

Zieht man von der Varianz der Stichprobenstatistiken die Effekte der Artefakte, vor allem den Einfluß des Stichprobenfehlers ab, so erhält man die von diesen Fehlereinflüssen bereinigte Varianz. Ist diese Varianz gleich Null oder sehr gering, so kann die scheinbare Widersprüchlichkeit in den Ergebnissen der Primärstudien allein auf diese Artefakte zurückgeführt und so erklärt werden. Bleibt jedoch ein substantieller bereinigter Varianzanteil übrig - HUNTER und SCHMIDT nennen als Kriterium 25 % der beobachteten, unkorrigierten Varianz - sollte der Einfluß von Moderatoren empirisch überprüft werden. Eine solche Moderatorenanalyse kann über unterschiedliche Verfahren erfolgen,

z.B. Mischverteilungs-Analysen oder multiple Regressionsanalysen. Zumeist werden jedoch separate Meta-Analysen für Untergruppen, die anhand der unterschiedlichen Ausprägungen der Moderatorvariablen gebildet werden, durchgeführt. Ist eine Moderatorvariable wirksam, unterscheiden sich die Schätzungen des Populationsparameters für die einzelnen Untergruppen substantiell. Durch solche Moderatoranalysen

Moderatoranalysen

können auch Fragestellungen behandelt werden, die in den Primärstudien selbst nicht thematisiert wurden bzw. prinzipiell nicht analysiert werden konnten. So kann man z.B. im Rahmen von Meta-Analysen zur Wirksamkeit einer bestimmten Organisationsentwicklungsmaßnahme die Bedeutung unterschiedlicher Organisationstypen, z.B. staatliche versus private Organisationen, für die Effizienz dieser Interventionen untersuchen.

Vorteile der Metaanalyse

Betrachten wir im weiteren kurz die Vorteile meta-analytischer Verfahren gegenüber klassischen Methoden zur Zusammenfassung von Forschungsbefunden im Rahmen von Überblicksartikeln. In solchen Reviews werden häufig Studien mit signifikanten Ergebnissen solchen mit nicht signifikaten Resultaten gegenübergestellt (sogenanntes "Box-Counting"). Ein solches Verfahren vernachlässigt aufgrund der Dichotomisierung der Forschungsergebnisse in signifikante versus nicht signifikante Resultate die Einflußstärke. Meta-Analysen basieren hingegen auf Mittelungen von quantifizierten Schätzungen des Populationsparameters. Dabei werden verschiedene Zufalls- und systematische Fehler abgeschätzt und korrigiert, so daß eine validere Schätzung der Populationsparameter erfolgt. Der wesentliche Vorteil entsteht dabei durch die Reduktion des Stichprobenfehlers, da hier zahlreiche Einzelstudien integriert werden.

In traditionellen Literatur-Reviews wird vor allem auf die Signifikanz der Resultate Bezug genommen. Hierdurch wird fast ausschließlich dem α-Fehler Rechnung getragen. Es ist jedoch zu beachten, daß die Studien ebenfalls mit dem β-Fehler (Entscheidung für die Null-Hypothese bei Gültigkeit der Alternativhypothese) behaftet sind. Der β-Fehler kann bei den häufig, insbesondere in Experimentalstudien, geringen Stichprobenumfängen und den häufig eher geringen "wahren" Populationseffekten sehr groß werden. Die Folge davon ist, daß eine Auszählung besonders vieler Einzelstudien sogar die Wahrscheinlichkeit für falsche Schlußfolgerungen erhöht.

Weitere Vorteile meta-analytischer Verfahren gegenüber traditionellen Reviews ergeben sich aus ihrer strikten Orientierung an dem Kanon der empirischen Forschung. Im Gegensatz zu den meisten Literaturübersichten ist die Verfahrensstrategie in der Meta-Analyse explizit und standardisiert, so daß die Meta-Analyse den Kriterien der Objektivität, Überprüfbarkeit und Replizierbarkeit stärker Rechnung trägt. Durch die systematische statistische Vorgehensweise können ohne weiteres große Mengen empirischer Einzelstudien integriert werden. Schließlich sei noch angeführt, daß die Einführung von Meta-Analysen und die Diskussionen um dieses Verfahren zu einer stärkeren Beachtung der empirischen Standards und einer verbesserten Berichterstattung bei den Primärstudien geführt haben dürfte.

Betrachten wir einige Einwände, die immer wieder gegen Meta-Analyse vorgebracht werden:

Einwände gegen die Metaanalyse

(1) Es werden Ergebnisse aus Studien miteinander kombiniert, die sich hinsichtlich vieler Kriterien voneinander unterscheiden, wie z.B. hinsichtlich der Stichproben, der Operationalisierung der abhängigen und/oder unabhängigen Variable, des Untersuchungskontextes, etc. Dieser Einwand trifft jedoch nicht zu, wenn nur solche Studien berücksichtigt werden, die hinsichtlich der wesentlichen Kriterien vergleichbar sind. Dabei hängt die Breite der einzubeziehenden Studien von der Fragestellung ab. Zudem läßt sich der Einfluß unterschiedlicher Untersuchungsmerkmale im Rahmen von Moderatoranalysen testen.

(2) Meta-Analysen begünstigen signifikante Forschungsbefunde, weil sie sich überwiegend auf publizierte Studien stützen, unter denen Untersuchungen mit signifikanten Ergebnissen überrepräsentiert sind. Dieses Argument trifft nicht in spezifischer Weise auf Meta-Analysen zu, sondern gilt ebenso für alle Arten von Forschungsüberblicken.
Es bieten sich im Rahmen von Meta-Analysen zwei Möglichkeiten an, sich gegen solche Publikationseffekte abzusichern: Zum einen kann man versuchen, möglichst viele unpublizierte Studien in eine Meta-Analyse einzubeziehen. Andererseits bieten HUNTER UND SCHMIDT (1990) ein Rechenverfahren an, um diesen Effekt abzuschätzen. Hier wird geprüft, wieviele Studien mit einer Effektgröße von Null in eine Analyse einbezogen werden müssen, damit die in einer Meta-Analyse ermittelte Effektgröße auf ein bestimmtes Niveau von z.B. 0.0 sinkt. Auf dieser Basis kann abgeschätzt werden, ob es wahrscheinlich ist, so viele entsprechende Arbeiten übersehen zu haben.

(3) Meta-Analysen verleiten zu einem unkritischen Umgang mit den Ergebnissen, da sie den Eindruck erwecken, alle Fehler seien ausgeräumt und die wahren Werte seien nun entdeckt. Würden weiterhin Meta-Analysen zur dominierenden Strategie in der Erarbeitung von Forschungsüberblicken, blieben wichtige Arten von Studien, insbesondere Einzelfallanalysen und Studien mit komplexen, innovativen Methoden, ohne die gebührende Aufmerksamkeit. Zu diesen Argumenten ist zu bemerken, daß durch eine sorgfältige Interpretation der Ergebnisse von Meta-Analysen und durch die Beibehaltung des Methodenpluralismus diese Argumente keine Gültigkeit besitzen.

Betrachten wir ein konkretes Beispiel für eine Meta-Analyse zur Effektivität von Organisationsentwicklungsmaßnahmen. Es wurden bisher mehrere Meta-Analysen zur Effektivität von Personal- und Organisationsentwicklungsmaßnahmen vorgelegt (vgl. HOLLING &

Beispiel für eine Meta-Analyse

LIEPMANN, 1993). Dabei konnten GUZZO, JETTE UND KATZELL (1985) zeigen, daß Organisationsentwicklungsmaßnahmen zu einer nicht unbeträchtlichen Erhöhung der organisationalen Produktivität führen. In der hier dargestellten Meta-Analyse von NEUMAN, EDWARDS UND RAJU (1989) geht es nicht um "objektive" Kriterien, sondern um die Veränderung "subjektiver" Variablen durch die Organisationsentwicklungsmaßnahmen.

Diese Autoren führten eine Meta-Analyse aufgrund von 126 Primärstudien durch, die zwischen 1950 und 1986 veröffentlicht wurden. Diese Originaluntersuchungen erfüllen die folgenden Kriterien: (1) Die Interventionen wurden in Organisationen (und nicht im Labor) durchgeführt. (2) Die Intervention war das Hauptziel der Untersuchung. (3) Es werden inferenzstatistische Maße zur Abschätzung der Stärke des Interventionseffekts mitgeteilt. (4) Die abhängigen Variablen sind Zufriedenheits- oder Einstellungsmaße.

Für die Berechnung des Effektmaßes wurden Korrekturen für die Reliabilität der Prädiktoren und Kriterien sowie für Varianzeinschränkungen vorgenommen.

Drei Arten von Interventionen werden unterschieden:

(1) Mitarbeiterbezogene Interventionen, d.h. Interventionen, die sich auf die Veränderung der Kenntnisse, Fertigkeiten, Motivation der Mitarbeiter und/oder sozialen Interaktion richten.

Sie werden weiter in sechs Untergruppen eingeteilt:

- Labor-Training (gruppendynamische Maßnahmen zu Erhöhung der Sensitivität)
- Beteiligung von Organisationsmitgliedern an Entscheidungen zur Lösung organisationaler Probleme, z.B. durch Qualitätszirkel
- Goal setting und Management by Objectives
- Mitteilung realistischer Vorinformationen zur Arbeitsstelle bei der Bewerbung
- Teambildung/Anwendung der Grid-Technik
- Survey feedback.

(2) Technologiebezogene Interventionen
Interventionen zur Veränderung technologischer Strukturen, die darauf zielen, den Arbeitsinhalt, die Arbeitsmethoden und die Beziehungen der Arbeiter untereinander zu verändern, z.B. durch Job enlargement, Job enrichment oder die Einführung flexibler Arbeitszeiten.

(3) Multiple Interventionen
Sie implizieren ein Bündel verschiedener Interventionen aus den beiden oben genannten Kategorien und entsprechen weitgehend den soziotechnischen Maßnahmen.

Als abhängige Variablen werden Zufriedenheitsaspekte und Einstellungsveränderungen unterschieden. Hier faßt die allgemeinste Ebene der Analyse alle subjektiven Veränderungen in der Kategorie "alle subjektiven Veränderungen" zusammen. Auf der nächsten darunter angesiedelten Ebene werden zwei Kategorien unterschieden:

- alle Zufriedenheitsaspekte
- alle Einstellungen (d.h. solche Veränderungen, die nicht die Zufriedenheit betreffen).

Die Kategorie "Zufriedenheit" wird weiterhin in zwei Unterkategorien aufgeteilt:

- allgemeine Zufriedenheit
- spezielle Zufriedenheit, d.h. Zufriedenheit mit speziellen Aspekten, wie z.B. mit der Bezahlung, den Kollegen oder den Beförderungsmöglichkeiten.

Die Kategorie "alle Einstellungen", wird in vier Kategorien aufgeteilt:

- Einstellungen zu sich selbst
- Einstellungen zu anderen Organisationsmitgliedern
- Einstellungen zur Arbeit
- Einstellungen zur Organisation.

	mitarbeiterbezogene Interventionen					technologiebezogene Interventionen					multiple Interventionen				
	S	N	d	uK	r	S	uN	d	uK	r	S	N	d	uK	r
alle subj. Veränd.	84	24204	.37	-.25	.23	25	11767	.23	-.27	.14	31	4862	.38	.14	.23
alle Arten der Zuf.	40	9650	.35	-.02	.22	18	5737	.08	-.46	.05	11	1245	.46	.20	.28
allgemeine Zuf.	13	3932	.47	.28	.29	10	2574	.14	-.44	.09					
spez. Arten der Zuf.	33	5718	.28	-.13	.17	16	3163	.02	-.46	.01	8	962	.40	.18	.25
alle Einstellungen	72	14382	.38	-.02	.23	22	6002	.36	-.02	.22	18	3617	.35	.13	.22
Einst. zu sich	18	1782	.40	.01	.25	10	2005	.25	-.10	.16					
Einst. zu anderen	5	261	.81	.42	.47	8	874	.48	-.13	.29					
Einst. zur Arbeit	59	10270	.36	-.04	.22	19	2815	.41	.05	.25	15	2400	.37	.16	.23
Einst. zur Org.	14	2069	.35	.06	.22										

Tab. 6.16: Ergebnisse der Metaanalyse von NEUMANN ET AL. (1989) zu allen Interventionsarten

S: Anzahl der Studien

N: Stichprobenumfang

d: standardisierte Mittelwertsdifferenz

uK: untere Grenze des 95%igen Konfidenzintervalls

r: Produkt-Moment-Korrelationskoeffizient

Tab. 6.16: Ergebnisse der Metaanalyse von NEUMANN ET AL. (1989) zu allen Interventionsarten

Wie Tab. 6.16 zeigt, haben die multiplen Interventionen die stärkste Auswirkung auf die hier erfaßten subjektiven Kriterien, betrachtet man die Mittelwerte und Varianzen. Zur Erklärung dieses Befundes greifen

die Autoren auf Ausführungen von FRIEDLANDER UND BROWN (1974)
sowie PASMORE UND KING (1978) zurück. Demnach ist die Wahrscheinlichkeit von Veränderungen durch mehrere Interventionen a-
priori höher, andererseits werden multiple Interventionen eher
unterschiedlichen situativen Anforderungen gerecht. Weiterhin haben
die mitarbeiterbezogenen Interventionen in der Regel einen höheren
Effekt als die technologiebezogenen Maßnahmen. Dieser Befund mag
nach PASMORE UND KING (1978) darauf zurückzuführen sein, daß
technologiebezogene Interventionen eher Angst bei den Beschäftigten
vor Entlassungen oder gravierenden Veränderungen am Arbeitsplatz
auslösen.

Die Ergebnisse einer separaten Meta-Analyse über alle mitarbeiterorientierten Interventionsformen ist in Tab. 6.17 enthalten. Eine besonders hohe Wirkung haben nach dieser Analyse mitarbeiterbezogene
Interventionen auf die Einstellung zu anderen Mitarbeitern. Ebenso
erfolgen beträchtliche, signifikante Veränderungen der allgemeinen
Zufriedenheit, der Einstellung zu sich selbst und zur eigenen Person.

Bei den mitarbeiterbezogenen Interventionen wurden Goal setting und
Management by Objectives nicht getrennt erfaßt, aus diesen Verfahren
folgen, faßt man sie zusammen, positive Einstellungen. Die höchsten
positiven Auswirkungen zeigen Labor-Training und die Teambildung.
Diese Trainingsformen wirken sich sehr direkt auf das Erleben der
Teilnehmer aus und dürften deshalb zu solchen Einstellungsveränderungen führen.

Die z.T. relativ hohen Varianzen der Effektmaße bei den mitarbeiter-
und technologiebezogenen Interventionen weisen nach Ansicht der
Autoren auf eine hohe Situationsspezifität hin. Die Analyse verschiedener Moderatorvariablen war jedoch wenig erfolgreich. Lediglich
über alle mitarbeiterbezogenen Maßnahmen zeigte sich ein höherer
Erfolg bei Personen mit Führungsfunktionen gegenüber Teilnehmern
ohne eine solche Funktion. Hier gelte es, in zukünftigen Untersuchungen weitere Faktoren zu eruieren, die einen Erfolg der Interventionen
bedingen.

	S	N	d	uK	r
Labor-Training					
alle subj. Veränderungen	16	1790	.57	.14	.34
alle Arten der Zuf.					
alle Einstellungen	16	1790	.57	.14	.34
Partizipation					
alle Einstellungen	19	7340	.25	.03	.16
alle Arten der Zuf.	12	3089	.23	.06	.14
alle Einstellungen	16	4251	.27	.11	.17
Goal setting/MBO					
alle Einstellungen	23	5647	.44	.12	.27
alle Arten der Zuf.	17	2950	.36	.16	.22
alle Einstellungen	16	2697	.51	.14	.31

	S	N	d	uK	r
Realistische Informationen					
alle Einstellungen	7	1733	.20	.10	.12
alle Arten der Zuf.					
alle Einstellungen	7	1543	.21	.07	.13
Survey feedback					
alle Einstellungen	6	5460	.32	-.37	.20
alle Arten der Zuf.	4	2505	.35	-.01	.22
alle Einstellungen	5	2955	.30	-.06	.19
Teambildung/Grid					
alle Einstellungen	13	2062	.58	.00	.35
alle Arten der Zuf.	7	916	.67	.19	.40
alle anderen Einst.	6	1146	.50	-.13	.30

S: Anzahl der Studien

N: Stichprobenumfang

d: standardisierte Mittelwertdifferenz

uK: untere Grenze des 95%igen Konfidenzintervalls

r: Produkt-Moment-Korrelationskoeffizient

Tab. 6.17: Ergebnisse der Metaanalyse von NEUMANN ET AL. *(1989) zu den mitarbeiterorientierten Interventionen*

Übungsaufgaben zu Kapitel 6:

1.) Warum ist für die Auswahl statistischer Analyseverfahren das Skalenniveau von entscheidender Bedeutung ?

2.) Beschreiben Sie die Logik von PRE-Maßen.

3.) Unterscheiden Sie ein- und zweiseitige Fragestellungen am Beispiel des t-Tests. Was gilt für die Irrtumswahrscheinlichkeiten, insbesondere hinsichtlich ihrer Darstellung durch Statistikprogramme?

4.) Wo liegen die Unterschiede zwischen der multiplen Regression und der Faktorenanalyse ?

5.) Nennen Sie einige Vorteile von Strukturgleichungsmodellen gegenüber klassischen statistischen Verfahren.

7. Berichterstellung und Präsentation

Nachdem die erhobenen Daten statistisch ausgewertet worden sind und die Ergebnisse vorliegen, stellt sich die Frage, wie diese Ergebnisse in einem abschließenden Bericht und/oder in einer Präsentation vorgestellt werden sollen.

Möglicherweise verwundert es Sie, in einem Text über Methoden einen Abschnitt zu Fragen der Berichterstattung und Präsentation zu finden. Wir halten dies aber aus mehreren Gründen für folgerichtig:

1. ist die Berichterstattung der Ergebnisse ein notwendiger Teil einer Untersuchung,

2. hat unserer Meinung die Qualität der Berichterstattung für die Untersuchung insgesamt eine erfolgsentscheidende Bedeutung (z.B. für die Akzeptanz der Ergebnisse und Empfehlungen) und

3. haben wir trotz dieser Wichtigkeit kaum eine wesentlich über die Beschreibung formaler Regeln hinausgehende Behandlung des Themas in der einschlägigen Literatur gefunden?

Berichterstattung, d.h. die Erstellung des abschließenden Berichtes und die Präsentation der Ergebnisse, sind zwar letzter, aber sehr wesentlicher Teil einer arbeits- und organisationspsychologischen Untersuchung. Sehr prägnant verweisen nämlich WOTTAWA und THIERAU (1990) darauf, daß letztlich für die Praxis nur die Ergebnisse relevant sind, die auch "bei dem Adressaten der Berichte ankommen" (S. 156). Insofern wollen wir in diesem Kapitel Überlegungen anstellen, wie so berichtet werden kann, daß die Botschaft auch beim Empfänger ankommt. Dazu wollen wir weniger Formales behandeln, sondern uns vielmehr überlegen, was berichtet bzw. präsentiert werden soll, wie es präsentiert werden soll und was dabei hinsichtlich der Wirkung auf den Adressaten besonders zu beachten ist. Die Überlegungen lassen sich also einteilen in eher inhaltliche, eher technische und eher strategische Überlegungen. Sie werden im folgenden merken, daß die Bereiche sich notwendigerweise nicht ganz klar trennen lassen. Inhaltliche Überlegungen setzen u.U. strategische voraus, und technische haben strategische Implikationen. Für die Übersichtlichkeit der Darstellung empfiehlt sich aber die getroffene Unterteilung in inhaltliche, technische und strategische Überlegungen.

7.1 Inhaltliche Überlegungen

Die inhaltlichen Überlegungen beschäftigen sich mit der Frage, welche Ergebnisse in welcher Ausführlichkeit berichtet werden sollen. Unterscheiden muß man erstens, ob es sich dabei um den Gesamtbericht der Organisationsentwicklungsmaßnahme handelt, nur den Bericht der Organisationsdiagnose oder den Untersuchungsbericht des empirischen Vorher-Nachher-Vergleichs; zweitens, ob es sich um einen schriftlichen Bericht oder eine mündliche Präsentation der Ergebnisse handelt.

Inhalt des Gesamtberichts

Der Gesamtbericht beinhaltet, wie der Name schon sagt, die gesamten mit der Maßnahme verbundenen Informationen und Materialien. Meist handelt es sich dann um einen schriftlichen Bericht. Bei einer mündlichen Präsentation muß notwendigerweise eine starke Informationsvorselektion stattfinden, da sonst die Adressaten durch zu viele Informationen überlastet würden.

Beim Gesamtbericht wäre in unserem Fall zunächst die Ausgangslage zu schildern, die dazu geführt hat, sich überhaupt mit Gruppenarbeit zu beschäftigen. Gehen Sie ruhig davon aus, daß einige Adressaten Lücken bei der Hintergrundinformation haben, die - wenn sie nicht gefüllt werden - ihnen das Verständnis der folgenden Ausführungen erheblich erschweren würden. Möglicherweise gibt es im Unternehmen auch unterschiedliche Ansichten der Ausgangslage. Insofern kann eine diesbezügliche Beschreibung spätere Mißverständnisse verhindern helfen und die notwendige Diskussion der Meinungsunterschiede anregen. Deswegen sollten wir, bevor wir unser eigenes Vorgehen beschreiben, schildern, warum eine Einführung von Gruppenarbeit für notwendig erachtet wurde, welche Fragestellungen sich daraus ergeben haben und warum und wozu eine wissenschaftliche Begleitforschung beschlossen wurde.

Anschließend wird aufgezeigt, warum die Einführung von Gruppenarbeit als Organisationsentwicklungsprozeß konzipiert wurde, was dies für das weitere Vorgehen methodisch bedeutet hat und welche Infrastruktur dafür geschaffen wurde, wie z.B. Entwicklung einer Projektgruppe, Einsetzung eines Koordinators, Untergliederung des Projektes in mehrere Unterprojekte usw.

Ein wichtiger Untersuchungsschritt, der sich aus dem Organisationsentwicklungskonzept ergab, war die Durchführung der Organisationsdiagnose. Hierzu sind im nächsten Abschnitt die Ausgangsfragestellung, der methodische Ansatz (z.B. Survey-Feedback-Methode), die verwendeten Methoden (z.B. Unternehmensbegehung, Gruppeninterviews mit Mitarbeitern, Einzelinterviews mit Führungskräften), die Durchführung (z.B. einbezogene Personengruppen, zeitlicher und örtlicher Durchführungsrahmen), die Ergebnisse und die Rückmeldung (z.B. Rückmeldungsverfahren, Adressatengruppen, Beschreibung der Diskussion) zu schildern. Aus den Ergebnissen der Diagnose werden im folgenden Abschnitt Implikationen abgeleitet, und es wird überlegt, wie diese in konkrete Gestaltungsmaßnahmen umgesetzt werden können. Derartige Gestaltungsmaßnahmen können z.B. die Entwicklung eines neuen, gruppenangepaßten Aufstellungsplanes der Maschinen in der Produktionshalle sein (Hallenlayout) oder eines notwendigen, gruppenbezogenen Qualifizierungsprogramms für die Mitarbeiter.

Der darauffolgende Schritt beschäftigt sich mit der Erfolgskontrolle   Erfolgskontrolle
der im vorigen Abschnitt genannten Maßnahmen durch die empiri-
sche, quantitative Wirkungsanalyse Die Berichterstattung der Erfolgs-
messung lehnt sich, da es sich ja um eine empirische, quantitative
Untersuchung handelt, stärker an die bei wissenschaftlichen
Untersuchungen übliche Berichterstattung an. Nach der Explikation
der Ausgangsfragestellung werden Untersuchungsplan beschrieben
und begründet; Erfolgskriterien definiert, expliziert und operationalisiert; Stichprobe und Stichprobenziehung erörtert; Verfahren, Instrumente, Methoden und Materialien und die Untersuchungsdurchführung beschrieben sowie die Ergebnisse dargestellt und diskutiert.

Der Bericht schließt mit der Beschreibung und Erörterung von Impli-   Implikation
kationen, die sich aus der Wirkungsanalyse ergeben haben, und mit
Überlegungen zur weiteren Entwicklung, sowohl hinsichtlich des
Veränderungsprozesses im Unternehmen, als auch hinsichtlich der
Planung weiterer wissenschaftlicher Begleitung.
Entsprechend könnte der Gesamtbericht insgesamt ungefähr so wie im
folgendend in Abbildung 7.1 dargestellt aussehen:

Schematischer Überblick des Gesamtberichts

   Zusammenfassung/Abstract
1. Ausgangsproblemlage
   u.U. weiter untergliedert in
   1.1 Problem A
   1.2 Problem B
   usw.

2. Einführung von Gruppenarbeit als Organisationsentwicklungsprozeß
   2.1 Die Grundlagen von Organisationsentwicklung
   2.2 Die einzelnen Schritte bei der Organisationsentwicklung
   2.3 Methoden der Organisationsentwicklung
   2.4 Schaffung der benötigten Infrastruktur

3. Organisationsdiagnose
   3.1 Ausgangsfragestellung
   3.2 Methoden
        3.2.1 Verwendete methodische Ansätze
              (z.B. Dokumentenanalyse, Interview)
        3.2.2 Instrumente (z.B. Interviewleitfaden)
        3.2.3 Durchführung (Stichproben, Ort, Zeitrahmen)
   3.3 Ergebnisse
   3.4 Rückmeldung und Diskussion

4. Gestaltungsmaßnahmen
   4.1 Implikationen aus der Diagnose für mögliche Gestaltungsmaßnah-
        men
   4.2 Maßnahmen
        4.2.1 Maßnahme A (z.B. Layout)

4.2.2 Maßnahme B (z.B. Qualifizierungskonzept)
4.3   Beschreibung der Umsetzung der Maßnahmen
5. Erfolgskontrolle
    5.1 Ausgangsfragestellung
    5.2 Methode
        5.2.1 Untersuchungsplan (Design)
        5.2.2 Kriterien
        5.2.3 Meßinstrumente
        5.2.4 Stichprobe
        5.2.5 Untersuchungsdurchführung
    5.3 Ergebnisse
         geordnet meist nach Maßnahmen wie z.B.
        5.3.1 Ergebnisse der Erfolgskontrolle bei Maßnahme A
        5.3.2 Ergebnisse der Erfolgskontrolle bei Maßnahme B usw. oder
               nach gemessenen Variablen wie z.B.
        5.3.1 Ergebnisse zur Qualifikation
        5.3.2 Ergebnisse zur Arbeitsmotivation
        5.3.3 Ergebnisse zum Arbeitsstreß usw.
    5.4 Diskussion der Ergebnisse
6. Resümee
    6.1 Implikationen aus der Erfolgskontrolle
    6.2 Überlegungen zu weiteren Gestaltungs- und Veränderungsmaß-
         nahmen
    6.3 Überlegungen zur weiteren wissenschaftlichen Begleitung

Abb. 7.1: Schematischer Überblick des Gesamtberichts

Der Gesamtbericht sollte sinnvollerweise so gegliedert sein, daß die
einzelnen Kapitel ungefähr gleich groß sind, wobei diese wiederum in
mehrere, mindestens zwei gleich große Unterpunkte untergliedert sein
sollten. Hat ein Kapitel nun einen Unterpunkt, ist zu überprüfen, ob
nicht weitere Unterpunkte möglicherweise vergessen worden sind,
oder ob der Unterpunkt nicht so voluminös ist, daß er weiter unterteilt
werden sollte. Danach ist zu überprüfen, ob der Unterpunkt nicht
überflüssig ist, oder ob er u.U. als Exkurs oder besondere Zusatzin-
formation aus dem Gesamtbericht herausgenommen und z.B. in einer
zusätzlichen Informationsbox untergebracht werden sollte.

Zusammenfassung Jeder Bericht sollte eine kurze kompakte Zusammenfassung enthalten,
die besser am Anfang als am Ende stehen sollte, da sie dort erstens
eher gelesen wird, zweitens dem Leser einen Kurzüberblick über das
folgende gibt und ihm so den Bericht insgesamt besser erschließt. Bei
der Zusammenfassung ist darauf zu achten, daß in ihr nur das im
Bericht tatsächlich enthaltene überblickartig geordnet wird, aber keine
darüber hinausgehenden Ergebnisse präsentiert werden; ebenso wie
die Einleitung nur zum Thema hinführen, aber noch keine Hinweise
auf spätere Ergebnisse enthalten sollte.

Im Diskussionsteil werden Ergebnisse interpretiert, Implikationen abgeleitet und es wird überlegt, welche Schlüsse aus den Ergebnissen für die Fortführung oder für notwendige Modifikationen der Maßnahmen zu ziehen sind. Dabei sollte sorgfältig darauf geachtet werden, direkte und u.U. kausale Ableitungen zu den Ergebnissen von weiterführenden und u.U. spekulativen Überlegungen zu trennen. Solche spekulativen Überlegungen sind durchaus etwas Sinnvolles, denn sie stellen die Grundlage für weitere Innovationen dar. Entsprechend wird vom Auftraggeber oft auch erwartet, daß man auf der Grundlage seiner Expertenkenntnisse über die empirisch belegten Erkenntnisse hinausgeht; dies sollte aber jeweils deutlich gemacht werden, damit es keine Verwechslungen von weiterführenden Überlegungen mit tatsächlichen Beobachtungen gibt.

Eine Frage, die sich bei der Abfassung eines Berichtes immer wieder stellt, ist, wie detailliert und genau die einzelnen Inhalte dargestellt werden sollten. Allgemein formuliert sollten zwar dem Adressaten alle mit der Untersuchung verbundenen Informationen in irgendeiner Form verfügbar sein und von ihm abgerufen werden können; gleichzeitig sollte aber der Bericht so abgefaßt sein, daß den wirklich wichtigen Informationen auch die meiste Aufmerksamkeit geschenkt wird. Dies kann dadurch erreicht werden, daß die wesentlichen Ergebnisse und Schlußfolgerungen im Berichtsteil beschrieben werden, während z.B. methodische und technische Details, Zwischenergebnisse oder Nebeneffekte in einem Anhang behandelt werden, auf den im Haupttext nur jeweils verwiesen wird.
Welche Ergebnisse die wirklich wichtigen sind, kann abhängig von der Adressatenzielgruppe und dem anvisierten Verwertungszusammenhang variieren (vgl. dazu auch WOTTAWA UND THIERAU, 1990). Entsprechend sollte auch die Berichterstattung zielgruppenspezifisch und verwertungsspezifisch abgefaßt werden.
Beispielsweise würde eine Berichterstattung gegenüber der Geschäftsleitung des Unternehmens anders aussehen als gegenüber der Abteilung für die betriebliche Fort- und Weiterbildung.
Der Geschäftsleitung wäre wahrscheinlich am meisten an Schlußfolgerungen für zukünftige strategische Maßnahmen gelegen. Ihr Interesse läßt sich in die folgenden vier Fragen fassen:

1. Was sind die Ergebnisse?
2. Was sind die Implikationen?
3. Was ergeben sich daraus für Maßnahmen?
4. Was werden diese bringen vs. was wird ihre Realisierung kosten?

Unter Umständen interessieren noch Belege, daß die Ergebnisse wirklich verläßlich sind, und mit welcher Genauigkeit sich Effekte in Teilbereichen auf das Gesamtunternehmen generalisieren lassen. Grundsätzlich sind wir aber gut beraten uns an den vier Fragen zu orientieren, wenn wir der Geschäftsleitung berichten. Dabei müssen Psychologen die Kosten nicht genau spezifizieren können, aber sie sollten einen ungefähren Maßnahmen- oder Sachrahmen vorgeben können, über den sich die zu erwartenden Kosten grob abschätzen lassen.

Die technische Leitung wäre vermutlich an objektiven Veränderungshinweisen interessiert, und die Funktionalität von eher psychotechnischen Maßnahmen sollte ausgiebig begründet werden.
Die Fort- und Weiterbildung würde sich vermutlich am stärksten für die Planung und Umsetzung von Maßnahmen und den methodischen Ansatz der Erfolgskontrolle interessieren.

Zielgruppen- Um wirklich optimal auf die unterschiedlichen Informationsbedürf-
analyse nisse der verschiedenen Zielgruppen eingehen zu können, empfiehlt es sich u.U. sogar, vor der Berichterstattung eine entsprechende Zielgruppenanalyse durchzuführen.
Ist mit einer vollkommen heterogenen Zielgruppe zu rechnen, stellt ein kurzer orientierender Hinweis, wo im Text die verschiedenen Untergruppen die für sie jeweils besonders relevanten Informationen finden, für die Adressaten eine große Hilfe dar.

Bei der Berücksichtigung des Verwertungszusammenhangs sollte bedacht werden, daß es in der angewandten Forschung allgemein mehr auf Verwertbarkeit der Ergebnisse ankommt, als auf ihre theoretische Bedeutung. Diese Überlegung hat auch Implikationen für die Präsentation. Zum Beispiel ist die bloße Berichterstattung von Signifikanzen oft von nur geringem praktischem Wert. Beobachtete Unterschiede mögen hochsignifikant und trotzdem praktisch unerheblich sein, wenn z.B. die Effektstärken nur gering sind oder die Endwerte immer noch unter einem für die Praxis maßgeblichem Grenzwert liegen. Andererseits können u.U. nur numerisch schwache Zusammenhänge eine große Bedeutung haben, wenn sie z.B. auf Veränderungen bei Variablen hinweisen, die bislang vollkommen veränderungsresistent waren. Welche Bedeutung ein Ergebnis hat, sollte deswegen immer in Hinblick auf die Fragestellung und die gesamte Datenlage diskutiert werden.

Methodenteil Im Methodenteil können, wie auch bei wissenschaftlichen Arbeiten, die statistischen Auswertungsverfahren erwähnt werden. In der Regel legen aber nicht-akademische Adressaten keinen besonderen Wert auf die detaillierte Schilderung der Auswertung und Verrechnung, so daß diese auch in den Anhang transferiert werden kann. Man muß ganz einfach sehen, daß die Berichterstattung über die verwendeten Methoden in einem an die Praxis adressierten Bericht eine ganz andere Funktion hat als in einem für wissenschaftliche Zwecke abgefaßten Bericht. Die Darstellung der Methoden in einem wissenschaftlichen Bericht muß ausführlich und exakt sein, damit andere Forscher an Hand dieser Beschreibung die Untersuchung genau replizieren können (vgl. dazu BORTZ, 1984). Das ist aber nicht das Anliegen von

Praktikern. Ihnen geht es um die beste Nutzung der Ergebnisse, nicht um deren Überprüfung.

Für einen Bericht an das Unternehmen wie dem unseren ist es daher ausreichend, den Methodenteil im eigentlichen Bericht nur so ausführlich darzustellen, daß nachvollzogen werden kann, was gemacht worden ist und warum es so gemacht worden ist. Ein übersichtlicher Untersuchungsplan ist hierbei eine große Hilfe.

Ausführliche methodische Begründungen und Detailinformationen gehören im schriftlichen Bericht in den Anhang, um dort von interessierten Experten bei Bedarf abgerufen werden zu können. Ähnlich sollten wir bei der mündlichen Präsentation diese Informationen zwar nicht vorstellen, sie aber bereithalten, um auf Nachfragen überzeugend antworten zu können.

Die bisherige Erörterung der Berichterstellung ging überwiegend von einem schriftlichen Endbericht an das auftraggebende Unternehmen aus. Das bisher schon verschiedentlich angesprochene Gebot von Einfachheit der Darstellung und angemessener Verdichtung der Informationen gilt allerdings für die mündliche Präsentation noch viel mehr als für den schriftlichen Bericht. Eine mündliche Präsentation sollte sich auf die Schilderung der Fragestellung und der wichtigsten Ergebnisse und Schlußfolgerungen beschränken. Hier würden methodische Erörterungen nur unnötigerweise Aufmerksamkeit der Zuhörer binden, die diese besser den zentralen Aussagen der Studie widmen sollten. Die Darstellung der Ergebnisse sollte gerade für den nicht-akademischen Adressaten möglichst plastisch und anschaulich sein. Zusammenfassende Überblickstabellen und graphische Darstellungen können dazu große Hilfen darstellen (vgl. technische Überlegungen). **Mündliche Präsentation**

Es empfiehlt sich, den verschiedentlich angesprochenen Anhang nicht in den Berichtband zu integrieren, sondern als gesonderten Band zu binden. Dadurch wird der eigentliche Bericht handlicher und flexibler verwendbar.

Überhaupt kann es sinnvoll sein, durch eine quantitativ gestufte Berichterstattung dafür zu sorgen, daß zumindest die wichtigsten Informationen bei möglichst allen Adressaten ankommen. Angelehnt an Überlegungen von WOTTAWA UND THIERAU (1990) wäre folgende Abstufung denkbar: **Gestufte Berichterstattung**

1. Voluminöser, u.U. mehrbändiger Gesamtbericht, dessen ausführliche Darstellung zuzüglich Anhang den Anspruch erfüllt, alle unternehmensbezogenen Informationen zu übermitteln.

2. Mehrseitige Zusammenfassung, deren knappe, aber informative Darstellung der wesentlichen Ergebnisse und Schlußfolgerungen auch von denjenigen gelesen werden kann, die keine Zeit haben den Gesamtbericht zu lesen. Ohne diese Zusammenfassung würden u.U. nur zufällig selektierte Auszüge aus dem Bericht

gelesen, was eine verzerrte Informationsaufnahme zur Folge haben könnte. Deswegen ist es besser, Personen mit knappem Zeitbudget mit einer kompakten Darstellung der wesentlichen Berichtsinhalte zu konfrontieren. Eine solche Darstellung wird auch deswegen häufiger rezipiert, weil sie leichter in den Aktenkoffer gesteckt und z.B. auf Reisen oder im Hotel gelesen werden kann.

3. Einseitiges Abstract mit den wichtigsten Ergebnissen und Implikationen in besonders verdichteter Darstellung als Informationsquelle für die Personen, die am stärksten einem Informationsüberangebot ausgesetzt sind wie z.B. obere Führungskräfte. Hier gilt: je kürzer die Darstellung, desto größer die Wahrscheinlichkeit, daß sie gelesen wird. Je nach situativem Kontext kann das Abstract als einseitige Beschlußvorlage bei einer Konferenz der Geschäftsleitung oder als Handout für die Teilnehmer einer Abteilungskonferenz dienen. Gerade bei einem Handout empfiehlt sich die einseitige Darstellung, damit es nicht unnötig zu ablenkendem und störendem Durchblättern der Vorlagen während der Präsentation kommt.

7.2   Technische Überlegungen

Im vorigen Abschnitt ist bereits auf den Wert von tabellarischen und graphischen Darstellungen hingewiesen worden. Diese Nutzung visueller Informationsgestaltung kann auch aus strategischer Perspektive, besonders aus didaktischen und motivationalen Gründen, nur nachhaltig unterstützt werden. Besonders mündliche Präsentationen gewinnen durch den Einsatz visueller Information. Zum einen können besonders Zusammenhangsinformationen als visuelle Darstellung sehr viel besser erfaßt und verarbeitet werden als in ausschließlich akustischer Form. Darüber hinaus haben bildliche Darstellungen erwiesenermaßen auch eine behaltensfördernde Wirkung. Die Wahrnehmungs- und Behaltensvorteile bildlicher Darstellungen können durch eine gezielte Farbgestaltung und andere graphische Kontrastierungen zusätzlich gesteigert werden. Durch Farb-, Helligkeits- oder Figurenkontraste kann die Information schneller wahrgenommen werden, und die Aufmerksamkeit der Adressaten kann gezielt auf die wesentlichen Informationsteile gelenkt werden. Auch können so bestimmte Informationen hervorgehoben und das Gesamt dergestalt differenziert werden. Genaue Hinweise zur optimalen Gestaltung von Diagrammen, Graphiken oder Tabellen können innerhalb dieses Textes allerdings nicht gegeben werden. Eine sehr anschauliche und praxisnahe Anleitung dazu findet der interessierte Leser bei SCHRADER, BIEHNE UND POHLEY (1993) oder BALLSTEDT (1991).

Das Prinzip größtmöglicher Einfachheit gilt im übrigen auch für die Visualisierung von Informationen. So ist z.B. eine doppelte Ergebnisdarstellung in Form einer Graphik <u>und</u> einer Tabelle, wie man es hin und wieder beobachten kann, nicht nur überflüssig, sondern möglicherweise schädlich, da dadurch keine neue Information bereitgestellt, aber der Adressat u.U. verwirrt wird.

Allgemein ist auch zu beachten, daß man bei der äußeren Gestaltung von visueller Information im Wirtschaftsbereich anspruchsvoller ist als an der Universität. Das bedeutet nicht gleich, daß wir unseren Bericht als Hochglanzbroschüre drucken müssen, aber ein gewisser technischer und Design-Standard sollte nach Möglichkeit zu erreichen versucht werden.

Eine ähnlich verständnis- und behaltenserleichternde Funktion wie die Visualisierung von Information hat auch die bildhafte sprachliche Darstellung. Worte gehen beim Adressaten eher "zum einen Ohr herein und zum anderen wieder hinaus", aber Slogans, Metaphern, Analogien, bildhafte Begriffe werden besser erinnert und entsprechend stärker und intensiver vom Rezipienten genutzt. Insofern kann es nützlich sein, Ergebnisse oder Schlußfolgerungen als Slogan zu formulieren oder als Analogie zu beschreiben. Beispielsweise könnte der komplizierte Sachverhalt, daß bei technischen Innovationsmaßnahmen häufig ein Teil der Mitarbeiter den Anforderungen entsprechend höher qualifiziert wird, während für einen anderen Teil nur Tätigkeiten auf niedrigstem Qualifikationsniveau verbleiben, als "Qualifikationsschere" begrifflich direkt erfaßbar, gemacht werden.

Die sprachliche Gestaltung von Bericht und Präsentation sollte unbedingt den Sprachstil und die sprachlichen Grundkenntnisse der Adressatengruppe berücksichtigen. Auch hier gilt das Gebot der größtmöglichen Einfachheit. Eine Präsentation, welche die möglicherweise durchschnittlichen sprachlichen Fähigkeiten der Adressaten überfordert, hat nicht nur keinen Informationswert, sondern beeinträchtigt darüber hinaus u.U. auch die Akzeptanz des untersuchenden Forscherteams in der Organisation. Deshalb sollten sowohl ein komplizierter Satzbau, als auch die Verwendung von vielen Fachausdrücken nach Möglichkeit vermieden werden. WOTTAWA UND THIERAU (1990) weisen darauf hin, daß es dabei weniger auf die Vermeidung von Fremdwörtern, als vielmehr auf die Vermeidung von Abstraktionen, die eigentlich nur Experten nachvollziehen können, und auf die Vermeidung von Begriffen und Konzepten mit hohen und umfänglichen definitorischen Voraussetzungen ankommt. Es kann nützlich sein, den Bericht oder die Präsentation vorab auf mögliche begriffliche oder sprachliche Mißverständnisse zu überprüfen.

Die Autoren weisen auch auf einen fundamentalen Beurteilungsunterschied zwischen wissenschaftlichen Experten und Laien hin, der leicht zu Mißverständnissen führen kann. Die Pole bei Skalierungen werden

Visualisierung

gern und häufig mit positiv und negativ bezeichnet, weil dies am einfachsten ist, ohne zu beachten, daß diese Bezeichnungen für den Laien
bestimmte Wertungen implizieren können. Daher sollten solche miß-
verständlichen Bezeichnungen nach Möglichkeiten vermieden werden.

Für die sprachliche Gestaltung von Bericht und Präsentation können
an dieser Stelle nicht die Grundkenntnisse der Rhetorik aufgearbeitet
werden. Da deren elementare Grundsätze hinsichtlich verständlicher
und überzeugender Darstellung und Argumentation aber beachtet
werden sollten, seien Interessierte auf die Ausführungen von
BERNSTEIN (1993) und HIRSCH (1985) verwiesen.

Overhead-Folien   Abschließend zu den technischen Überlegungen sollen einige Hinweise zum Gebrauch von Folien gegeben werden, da zwar die Nutzung von Folien mittlerweile den Präsentationsstandard darstellt, man
aber dennoch fortwährend mit mangelhaft gestalteten und unzureichend dargebotenen Folien konfrontiert wird.

Die Nutzung von Folien und Overhead- oder Tageslichtprojektor hat
eine doppelte Funktion: Erstens können mit Hilfe von Folien wichtige
Informationen bildlich dargestellt und damit die genannten Vorteile
der Visualisierung von Information genutzt werden. Zweitens erlauben Folien auch dem weniger geübten Redner einen nahezu freien
Vortrag zu halten. Die freie Rede hat gegenüber dem abgelesenen
Vortrag ungleich mehr Vorteile hinsichtlich der Akzeptanz, des Ver-
stehens und des Behaltens der präsentierten Information. Folien können als visuelle Anker im Sinne von Stichworten helfen, die Präsentation ohne sonstige Hilfsmittel zu gestalten. Dabei ist allerdings darauf
zu achten, daß die Stichwortfunktion für den Vortragenden immer
sekundär bleibt. Primär sollen Folien der Information der Adressaten
dienen. Wenn sich dieses Verhältnis umkehrt, z.B. indem sehr viele
Folien als Stichworthilfen aufgelegt werden, werden die Adressaten
mit zu viel für sie unwesentlichen Informationen überfrachtet und der
Einsatz der Folien wird kontraproduktiv.

Wichtig für den Nutzen von Folien ist auch, daß der Verbalteil der
Präsentation und die Folien aufeinander bezogen sein müssen. Man
sollte in den mündlichen Vortrag und die Folien nicht unterschiedliche Informationen hineinpacken. Ein derartiger Versuch, "zwei Vor-
träge in einem zu halten", endet meist in der vollkommenen Verwir-
rung der Adressaten. Folieninhalt und Vortragsinhalt sollten kohärent
sein.

Bezogen auf die Gestaltung der Folien, sollten entsprechend auch die
optische und die sprachliche Gestaltung der Folien kohärent sein.

Da Bericht und mündliche Präsentation sich ja auch auf dieselben
Sachverhalte beziehen, beobachtet man häufig, daß Abbildungen oder
Tabellen aus dem Berichtstext unverändert als Folien in der Präsenta-
tion eingesetzt werden. Dies ist meist ein Fehler, da Abbildungen und

Folien unterschiedliche Funktionen haben. Abbildungen und Tabellen im Text enthalten meist sehr viele Informationen, was unproblematisch ist, da für deren Erfassen der Leser ja beliebig lange Zeit in Anspruch nehmen kann. Dies soll kein Plädoyer für überladene, unübersichtliche Abbildungen sein, aber in der Regel enthalten sie sehr viele Informationen, die über die graphische Darstellung effizienter kommunizierbar sind als nur über den Text.

Folien sollen ebenfalls informieren, aber dafür steht in der Regel nur eine begrenzte Zeit zur Verfügung, denn sonst würden zu lange Sprechpausen entstehen. Das bedeutet, daß Folien nicht so viele Informationen enthalten dürfen wie Abbildungen im Text. Enthalten Folien zu viele Informationen, binden sie die Aufmerksamkeit zu lange, zum Nachteil der verbalen Präsentation, der diese Aufmerksamkeit verloren geht. Das wirkt dann ungefähr so, als wollten Sie beim Lesen des Berichtes gleichzeitig die Abbildungen betrachten und den Text lesen, was ja auch nicht gut gehen kann.

Darüber hinaus haben Folien auch noch die Funktion, als visuelle Ankerreize für das verbal Vorgetragene die Präsentation zu strukturieren. Dazu werden Folien benutzt, die meist nur wenige Begriffe oder kurze Statements enthalten. Derartige Abbildungen gibt es in der Regel im Text gar nicht, da dort die Strukturierung durch Inhaltsverzeichnis, Überschriften, Untertitel, Fettungen und andere Hervorhebungen meist hinreichend gewährleistet wird. Solche Abbildungen würden im Text auch eher peinlich aussehen; als Folien haben sie aber eine wichtige Funktion. Dazu kann man jedoch nicht einfach Überschriften oder Untertitel aus dem Text auf Folien ziehen, sondern diese Folien müssen eigens angefertigt werden. Das Gleiche gilt für Abbildungen und Tabellen. Wenn aus einer Abbildung oder Tabelle im Text für die Präsentation ein Detail interessant ist, sollte dafür eine eigene Folie angefertigt werden. Werden alle Informationen der Abbildung benötigt, ist zu überlegen, ob sie nicht auf der Folie optisch deutlicher geordnet oder auf mehrere Folien verteilt werden können.

Folien sollten für sich selber sprechen; d.h. auch, daß alles auf der Folie entweder aus sich heraus unmittelbar verständlich sein sollte oder erklärt werden muß. Beispielsweise sollten Kürzel (z.B. KVP-Gruppen für Kontinuierlicher-Verbesserungs-Prozeß in Gruppen) oder Symbole kein Rätselraten verursachen. Wenn jemand, nachdem Sie zehn Minuten über eine Folie referiert haben, fragt, was ein bestimmtes Symbol auf der Folie bedeutet, können Sie sicher sein, daß dies während der letzten zehn Minuten seine Aufmerksamkeit gebunden und er nichts von dem aufgenommen hat, was Sie gesagt haben.

Eine Standardfrage hinsichtlich der Verwendung von Folien ist immer, wieviele Folien denn optimal sind. Dafür gibt es keinen eindeutigen Richtwert, sondern nur einige Hinweise. Wenn man zu wenig Folien nutzt, werden Möglichkeiten, Informationen verbal <u>und</u> visuell und damit optimaler zu kommunizieren, verschenkt. Werden zu viele Folien benutzt, werden die kognitiven Kapazitäten der Adressaten überfordert, sie werden verwirrt, und das Resultat sind Informationsverluste. Auch sollte beachtet werden, daß bei zu vielen Folien die Präsentationsdauer für die einzelnen Folien meist so kurz wird, daß deren Inhalte gar nicht richtig wahrgenommen werden können. Andererseits wird bei der Verwendung von nur wenigen Folien häufig der Standardfehler gemacht, diese so lange liegen zu lassen, daß die inzwischen verbal präsentierten Informationen nicht mehr zu der gerade aufliegenden Folie passen.

Insgesamt gilt für die Frage der optimalen Folienzahl eher der Grundsatz "weniger ist mehr". Man sollte überlegen, welches die wesentlichen Informationen sind, die präsentiert werden sollen, danach die Folien aussuchen und darauf achten, daß für diese genügend Expositionszeit gegeben ist. Die übrigen Folien kann man zur Beantwortung von Nachfragen bereithalten.

Beachtenswert ist auch, daß Folien als Klapp- oder Schichtfolien kombiniert werden können. Derartige, einander ergänzende Folien eignen sich sehr gut zur Visualisierung von Entwicklungsprozessen oder um komplexe Zusammenhänge aufzuzeigen. Allerdings ist dabei zu beachten, daß daraus keine "Folienkür" werden sollte, bei der die Form der Präsentation mehr Aufmerksamkeit bindet als der Inhalt, so daß dieser Inhalt verloren geht.

Abschließend wollen wir die von POHL (1990) aufgeführten häufigsten Fehler bei der Gestaltung und Anwendung von Folien und entsprechende Verbesserungsvorschläge im Überblick darstellen. Diese Darstellungen dienen zum einen der Wiederholung von bereits diskutierten Punkten und weisen zum anderen auf weitere beachtenswerte Überlegungen hin.

Die häufigsten Fehler bei der Gestaltung und Verwendung von Folien

Gestaltung von Folien:

A. Die Folie ist nicht lesbar: Zu kleine Schrifttype; unleserliche Handschrift; mangelhafter Kontrast.

B. Die Folie enthält zu viele Informationen: Zu kompakte Darstellung; überflüssige Informationen.

C. Graphische Gestaltungsmittel werden schlecht genutzt: Fehlende "Veranschaulichung"; fehlende Farbe.

D. Der Inhalt der Folie ist unverständlich.

Verwendung von Folien:

E. Die Anzahl der Folien ist nicht angemessen: Zu wenige oder gar keine Folien; zu viele Folien.

F. Die Folien passen nicht zum Vortrag: Fehlende Abstimmung auf die jeweilige Situation; mangelhafte Koordinierung zwischen Folie und Vortrag.

G. Der Inhalt der Folie wird schlecht erläutert: Zu kurze Darbietungszeit; verdeckte Sicht; fehlende Erklärungen; der "nervöse Finger".

Vorschläge zur Gestaltung und Verwendung von Folien

Gestaltung von Folien:

1. Die Schrifthöhe sollte **mindestens** 6 mm betragen (je nach Raumgröße muß die Schrift größer werden).
2. Handschrift sollte nur ausnahmsweise und mit großer Sorgfalt verwendet werden.
3. Der Kontrast sollte maximal sein.
4. Das Layout sollte einfach und überschaubar sein.
5. Folien sollten keine überflüssigen Informationen enthalten.
6. Folien sollten "bildhaft" gestaltet sein.
7. Farbe sollte gezielt verwendet werden.
8. Folien-Inhalte sollten leicht zu verstehen sein.

Verwendung von Folien:

9. Folien sollten in ausreichendem Maße verwendet werden.
10. Die maximale Folienzahl ergibt sich aus Vortragszeit (in Minuten) geteilt durch drei. Für die ca. ½ stündige Darstellung einer Untersuchung sollten z.B. 8 +/- 2 Folien verwendet werden.
11. Vortragstext und Folien-Präsentation sollten aufeinander abgestimmt sein.
12. Folien sollten der jeweiligen Situation angepaßt und untereinander kohärent sein.
13. Folien sollten genügend lange gezeigt werden.
14. Die Sicht auf die Projektionsfläche sollte nicht verdeckt werden.
15. Folien sollten vollständig erläutert werden.
16. Besprochene Folien-Inhalte sollten markiert werden.

Für eine kompakte Darstellung der Problematik der Gestaltung und Verwendung von Folien empfehlen wir den Aufsatz von POHL (1991), aus dem die beiden Überblickstabellen entnommen worden sind. Weitere Hinweise zur Thematik finden Sie bei WILL (1991).

7.3   Strategische Überlegungen

Die strategischen Überlegungen beschäftigen sich vor allem mit der Frage, wie die Ergebnisse am geschicktesten berichtet werden. Die im vorigen Abschnitt angesprochene Notwendigkeit, die Berichterstattung oder Präsentation zielgruppenspezifisch und situationsspezifisch zu planen, hat in diesem Sinne auch strategische Bedeutung.

Auch die Wichtigkeit von Visualisierung ist zielgruppenspezifisch zu sehen. Abgesehen von den genannten Vorteilen der Visualisierung ist gegenüber manchen Zielgruppen, wie z.B. technischen Berufen, die Verwendung von visuellem Material unverzichtbar. Beispielsweise sind Architekten, Ingenieure oder Planer gewohnt, in Auf- und Grundrissen, Konstruktionsplänen, Ansichten usw. zu kommunizieren. Eine rein verbale Präsentation würde an ihnen u.U. vollkommen vorbeigehen.

Aufmerksamkeit

Der Erfolg einer Präsentation hängt entscheidend davon ab, inwieweit es uns gelingt, daß die Adressaten ihre Aufmerksamkeit auf die unserer Meinung nach wichtigsten Elemente und Informationen konzentrieren. Das erfordert Einfachheit der Darstellung. Niemand wird sich gerne einen mit Details überladenen Vortrag in kompliziertem "Fachjargon" anhören wollen, und wenn, wird niemand wesentliches davon behalten. Wenn sich aber niemand an die von uns vorgetragenen Ergebnisse und Schlußfolgerungen erinnern kann, dann ist das so, als hätte es unsere Untersuchung nie gegeben. Das wäre doch sehr enttäuschend.

hohe Informations- verdichtung

Einfachheit der Darstellung bedeutet als Konsequenz eine hohe Informationsverdichtung. Dabei sollten wir uns selbstkritisch ständig dahingehend überprüfen, ob wir die Informationsverdichtung nicht zu manipulativen Zwecken nutzen. Im Diskurs mit außerhalb der Untersuchung stehenden Diskussionspartnern sollten wir versuchen, uns über die Gefahren eigener selektiver Aufmerksamkeit oder von Halo-Effekten klar zu werden.

Einfachheit bedeutet wie schon erwähnt auch, den Kernbericht von den weniger wichtigen Informationen zu entlasten. Diese können beim Bericht im Anhang und bei der Präsentation bei der Beantwortung von Nachfragen berücksichtigt werden. Wir hatten bei den inhaltlichen Überlegungen darauf hingewiesen, daß die Adressaten z.T. lückenhaft informiert und ungenügend auf die Präsentation vorbereitet sein können. Darauf sollten wir uns aber nicht verlassen. Ebenso gut können zumindest einzelne sehr gut vorbereitet sein. Deswegen sollten wir auch die weniger wichtigen Informationen so gut ausgearbeitet und organisiert haben, daß sie auf Nachfrage ohne zu zögern präsentiert werden können.

Die tatsächlichen Nachfragen sollten Sie aber den Adressaten überlassen. Gelegentlich ist zu beobachten, daß Vortragende häufiger darauf hinweisen, auf diese oder jene nicht präsentierten Inhalte bei Nachfragen gerne eingehen zu wollen. Wenn diese sicher gut gemeinten Hinweise zu häufig gegeben werden, binden sie erstens unnötig Aufmerksamkeit und zweitens verwirren sie den Adressaten, der sich fragt, warum denn diese Punkte nicht in der Präsentation angesprochen werden, wenn sie anscheinend so wichtig sind: Kurz gesagt sollten wir mögliche Nachfragen dem Adressaten nicht ständig in den Mund legen.

Es ist bereits darauf hingewiesen worden, daß Einfachheit der Darstellung vor allem auch **sprachliche Einfachheit** bedeutet. Dies hat auch strategische Implikationen, weil es unser Rollenverständnis betrifft. Bericht und Präsentation bei einem Unternehmen stellen etwas ganz anderes dar, als auf einer wissenschaftlichen Fachtagung. Im Gegensatz zur Fachtagung müssen wir uns hier nicht wissenschaftlich profilieren, indem wir versuchen, unsere methodische und theoretische Kompetenz unter Beweis zu stellen. Wenn wir im Untersuchungskontext bewertet werden, dann in der Regel mehr als Person denn als Wissenschaftler. Insofern gewinnen wir mehr, wenn wir wissenschaftliche Kompetenz eher als "Understatement" demonstrieren.

sprachliche Einfachheit

Einfachheit sollte auch nicht mit Plattheit verwechselt werden. Vom Wissenschaftler wird kein vertretermäßiges "hard-selling" seiner Schlußfolgerungen garniert mit flotten Sprüchen erwartet. Hier sollten wir auf Rollenkohärenz achten und nicht versuchen, uns sprachlich anzubiedern. Die Kunst der Präsentation besteht ja gerade darin, auch komplexe und schwierige Sachverhalte möglichst einfach, aber ohne Verlust an Differenziertheit darzustellen.

Differenziertheit wiederum sollte nicht mit mangelnder Eindeutigkeit verwechselt werden. Wir sind von Fachdiskussionen und -tagungen dahingehend sozialisiert worden, durch einschränkende Bemerkungen und häufige Relativierungen einem Fachpublikum gegenüber fachliche Differenziertheit und wissenschaftliche Redlichkeit zu demonstrieren. Wenn diese Taktik m.E. schon in diesem Rahmen fragwürdig erscheint, bei Präsentationen in der Praxis werden die Adressaten dadurch erst recht verunsichert und verwirrt. Insofern sollten wir uns bei unseren Aussagen um größtmögliche Eindeutigkeit bemühen.

Differenziertheit

Die Tatsache, daß der Erfolg einer Präsentation auch entscheidend von der Bewertung des Präsentierenden als Person abhängt, hat strategische Implikationen. Bekanntermaßen soll es ja schon gelungen sein, schwache wissenschaftliche Leistungen durch die persönliche Ausstrahlung bei der Präsentation zu kompensieren. Sicherlich sollte dies nicht unser Ziel sein, aber umgekehrt wäre es doch schade, wenn wichtige Befunde wegen unzureichendem persönlichem Auftreten bei der Präsentation unberücksichtigt blieben. Deswegen sollten wir uns ruhig auch im Sinne der Akzeptanz unserer wissenschaftlichen Leistung um eine positive Selbstdarstellung bemühen. Das bedeutet, wir sollten möglichst wenig akademisch erscheinen ("Sie sehen ja aus wie ein normaler Mensch!"), sowie solide und verläßlich, dynamisch und energisch, kohärent und widerspruchsfrei, deutlich und entschieden. Von uns werden nicht fertige Problemlösungen erwartet, aber zumindest eindeutige Problemanalysen.

Für das richtige Rollenverständnis sollten wir aber auch lernen, unsere eigene Bedeutung im Anwendungsbereich zu relativieren. Wenn u.U. für uns die Untersuchung zur Einführung von Gruppenarbeit die Hauptaufgabe der letzten Monate gewesen ist, dann muß das nicht gleichermaßen für die Adressaten gelten. Für diese ist die Untersuchung wahrscheinlich eine von vielen flankierenden Maßnahmen im Rahmen der Einführung von Gruppenarbeit und für einige möglicherweise nicht einmal die wichtigste. Für die Präsentation bedeutet dies, das eigene Auftreten zwischen selbstbewußtem Expertentum und notwendiger Bescheidenheit auszubalancieren.

Die Ergebnisse der Untersuchung führen in der Regel nicht automatisch zu Maßnahmen, auch wenn uns selbst diese noch so dringlich erscheinen mögen. Die Ergebnisse sind meist lediglich Mosaiksteinchen in einem komplexen unternehmenspolitischen Entscheidungsprozeß. Sie werden entsprechend primär nach politischen Gesichtspunkten rezipiert, bewertet und genutzt. Für die Evaluationsforschung hat WEISS (1972) diese Thematik ausführlich behandelt.

Als Folge der Einbindung unseres Auftrags in die Unternehmenspolitik wird die Bewertung der Ergebnisse z.T. auch emotionale und unsachliche Aspekte haben. Wenn es um Macht geht, sind immer Emotionen im Spiel. Für uns bedeutet dies zunächst, nicht nach Kräften mitzutaktieren, sondern möglichst eine neutrale Rolle zu wahren. Weitergehend bedeutet es aber auch, bei aller Zurückhaltung doch Informationen über diese unsachlichen und emotionalen Komponenten zu sammeln, damit sie bei der Präsentation berücksichtigt werden können. Derartige Kenntnisse bewahren uns auch davor, in Betriebsfallen zu tappen und zur Partei in innerbetrieblichen Auseinandersetzungen gemacht zu werden. Wenn eine Parteinahme unvermeidlich ist, sollten wir versuchen, die von uns wahrgenommenen Gegensätze und Konflikte zu relativieren.

In diesem Zusammenhang sollten wir uns auch vergegenwärtigen, daß unsere Ergebnisse im Unternehmenskontext primär nicht nach wissenschaftlichen Kriterien bewertet werden, sondern nach unternehmenspolitischen. Wenn vorgeblich fachliche Kritik geübt wird, z.B. Methodenkritik, hat diese oftmals keine fachliche Begründung, sondern einen politischen Hintergrund.

Argumentations-
figuren

Da es für kaum eine Maßnahme in Unternehmen einen Konsens gibt, sollten wir darauf vorbereitet sein, daß am Bericht oder bei der Präsentation immer jemand Kritik übt. WOTTAWA UND THIERAU (1990) haben einige der gebräuchlichsten Argumentationsfiguren solcher

Kritik aufgelistet, von denen wir die unserer Ansicht nach wichtigsten hier erwähnen. So werden nahezu immer irgendwelche methodischen Schwächen kritisiert. Das paßt auch nahezu immer, da bei Verwendung z.B. eines standardisierten Fragebogens man natürlich nicht gleichzeitig die Informationstiefe eines Interviews erwarten kann. Weiter wird oft angeführt, daß nicht alles berücksichtigt worden wäre. Auch dies trifft meist zu, weil man erstens niemals alles berücksichtigen kann und zweitens ein solcher Versuch meistens auch nicht sinnvoll wäre. Ferner wird häufig bemängelt, die Ergebnisse seien nicht verallgemeinerbar und widersprächen anderen Ergebnissen. Auch dies trifft meist zu. Über die Verallgemeinerbarkeit kann man in der Regel ohne Zusatzstudien nichts Verläßliches sagen und Widersprüche lassen sich immer finden. Beide Argumentationen verlangen eigentlich nach weiteren, klärenden Untersuchungen.

Wir wollen wirklich nicht nahelegen, derartige Kritikpunkte nicht ernst zu nehmen. Die Frage, ob die Kritikpunkte zutreffen, sollten wir uns als solide Wissenschaftler sowieso ständig stellen. In der Präsentation aber hat die Kritik möglicherweise eine primär politische Funktion. Dann kann es sinnvoll sein, sie wenn möglich zu ignorieren oder "auszusitzen", um denjenigen Parteien im Unternehmen, die eigentlich angesprochen waren, Gelegenheit zu geben, sich mit der Kritik auseinanderzusetzen.

Abschließend noch ein Wort zum Verhältnis von Bericht und Präsentation. Es gibt in der Wissenschaft ein gewisses Primat des Schriftlichen, weshalb mancher die Präsentation im Vergleich zum Bericht für weniger wichtig halten mag. Diese Ansicht sollte für die Praxis relativiert werden. Wenn überhaupt aufgrund unserer Ergebnisse und Schlußfolgerungen etwas unternommen wird, dann wird die nötige Entscheidung in der Regel auf der Grundlage der Präsentation getroffen, aber nicht weil irgend jemand irgendwann den Bericht gelesen hat, d.h. es sind in der Regel Besprechungen, bei denen die Realisierung von Ideen, Schlußfolgerungen, Planungsvorstellungen und Projekten in Angriff genommen wird. Das gilt um so mehr, je höher die Entscheidungsebene der Adressaten ist. Deswegen ist die Präsentation so wichtig.

Bei der Präsentation ist es möglich, durch geschickte Argumentation ein Committment oder u.U. sogar verbindliche Zusagen für notwendige Folgemaßnahmen zu provozieren. Darüber hinaus erhalten wir bei der Präsentation direkte Rückmeldungen von den Adressaten, was für die weitere Zusammenarbeit wichtig sein kann.

Deswegen sollte, wenn die Möglichkeit besteht, auf die Präsentation nie verzichtet werden, und sie sollte unter Berücksichtigung der behandelten inhaltlichen, technischen und strategischen Aspekte besonders gründlich vorbereitet werden.

Verhältnis Bericht und Präsentation

8. Evaluation

Beim bisher dargestellten Fallbeispiel zur Einführung der Gruppenarbeit ging es um die Bewertung des Nutzens einer Intervention, hier der Gruppenarbeit. Solche Problemstellungen sind recht komplexer Natur. Es gilt zum Beispiel, die Interessen der verschiedenen beteiligten Gruppen zu berücksichtigen, geeignete Kriterien zur Bewertung des Erfolgs einer Intervention festzulegen, geeignete Methoden auszuwählen, die zahlreichen, sich manchmal auch widersprechenden Ergebnisse auszuwerten, zu interpretieren und mündlich wie schriftlich zu berichten.

Wir möchten in diesem letzten Kapitel einige für solche Evaluationen typische Probleme genereller diskutieren und dabei auch auf andere Problemstellungen Bezug nehmen.

Wir geben zunächst einen weiteren Einblick in die a.o.-psychologische Evaluationsforschung anhand eines kurzen Überblicks an einem Forschungsprogramm zur Humanisierung der Arbeit. Anschließend gehen wir auf grundsätzliche Aufgaben und Ziele der Evaluationsforschung ein und unterscheiden hier zwei wesentliche Formen der Evaluation, die formative und summative Evaluation. Evaluationsstudien besitzen aufgrund ihrer Komplexität und der Einbettung in übergeordnete organisationale, gesellschaftliche und/oder politische Kontexte spezifische Probleme. Wir skizzieren die diesbezüglichen Probleme a.o.-psychologischer Evaluationsstudien zunächst tabellarisch und behandeln dann drei wichtige Problemstellungen ausführlicher.

8.1 Arbeits- und organisationspsychologische Evaluationsstudien

Zahlreiche Evaluationsstudien innerhalb der Arbeits- und Organisationspsychologie wurden innerhalb des Programmes "Humanisierung der Arbeit" durchgeführt, das seit 1974 gemeinsam vom Bundesministerium für Arbeit und Sozialordnung und Bundesministerium für Forschung und Technologie getragen wurde. Hier handelt es sich um ein wohl weltweit einmaliges Projekt, in dem zahlreiche Projekte gefördert wurden. An seiner Vorbereitung waren ca. 250 Wissenschaftler beteiligt. Das allgemeine Ziel dieses Programms war es, Möglichkeiten zu untersuchen, wie die Arbeitsbedingungen stärker als bisher den Bedürfnissen der arbeitenden Menschen angepaßt werden können und dafür praktische Lösungsvorschläge zu erarbeiten. Dieses Programm umfaßte vier Maßnahmenbereiche:

Programm "Humanisierung der Arbeit"

- Erarbeitung von Richtwerten sowie Mindestanforderungen an Maschinen, Anlagen und Arbeitsstätten;
- Entwicklung von menschengerechten Arbeitstechnologien;

- Erarbeitung von beispielhaften Vorschlägen und Modellen für die Arbeitsorganisation und die Gestaltung von Arbeitsplätzen;
- Verbreitung und Anwendung wissenschaftlicher Erkenntnisse und Betriebserfahrung.

An diesen Projekten waren Ingenieure, Psychologen, Soziologen, Arbeitswissenschaftler und Informatiker beteiligt. In der Informationsbox 8.1 werden drei solcher Projekte, die vorwiegend von Psychologen durchgeführt wurden, kurz dargestellt. Dabei beschränken wir uns hier auf das in der a.o.-psychologischen Forschung und Praxis sehr wichtige Gebiet der Softwareergonomie.

Informationsbox 8.1: Kurzdarstellung von drei Projekten aus dem Programm "Humanisierung des Arbeitslebens" (aus GORNY, 1992)

Vorhabenstitel	Entwicklung eines Leitfadens zur psychologischen Arbeitsanalyse im Bereich Büro und Verwaltung im Hinblick auf eine angemessene Aufgabenverteilung zwischen Mensch und Rechner.
Kurztitel	KABA
Ausführende Stelle	Institut für Humanwissenschaft in Arbeit und Ausbildung der Technischen Universität
Beteiligte Institutionen	Dr. H. Kubicek (Auftrag: Betriebswirtschaftliche Aspekte) DR. K.-H. Rödiger (Auftrag: software-technische Aspekte)
Laufzeit	05.87 bis 06.92

Selbstdarstellung des Projektes:
Im beantragten Projekt sollen Kriterien und Instrumente für eine menschengerechte Software-Gestaltung aus arbeitspsychologischer Sicht entwickelt werden. Die entwickelten Kriterien und Instrumente werden umgesetzt in einen praxisorientierten Leitfaden zur Aufgabenanalyse. Dieser Leitfaden richtet sich an Personengruppen, die mit Aufgabengestaltung in Büro und Verwaltung unter Einbeziehung moderner Informations- und Kommunikationstechnologien befaßt sind.
Der Leitfaden soll System- und Software-Gestalter in die Lage versetzen, verschiedene technisch-organisatorische Lösungsmöglichkeiten daraufhin zu beurteilen, inwieweit sie psychologischen Anforderungen an eine menschengerechte Arbeitsgestaltung genügen.
Der Leitfaden zur Aufgabenanalyse wird vervollständigt durch konkrete Hinweise und praktische Beispiele zur Aufgabengestaltung in rechnergestützten Arbeitsbereichen. Über verschiedene Evaluationsmaßnahmen wird der Leitfaden erprobt und erste Maßnahmen der praktischen Umsetzung ergriffen.

Vorhabenstitel	Multifunktionale Bürosoftware und Qualifizierung
Kurztitel	MBQ
Ausführende Stelle	Fachgebiet Arbeits- und Organisationspsychologie der Universität Osnabrück, Knollstr. 15, Osnabrück
Beteiligte Institutionen	Fa. PSI (Auftrag: Qualitätssicherung)
Laufzeit	05.87 bis 07.90

Selbstdarstellung des Projektes:
Moderne integrierte Büro-Software-Systeme überfordern Computer-Laien durch ihre vielstufigen und verzweigten Menüs und sind in der Praxis umständlich. Im Projektvorhaben sollen zur Lösung dieses Problems psychologische Verfahren der Aufgabenanalyse weiterentwickelt und zur Gestaltung der Benutzeroberfläche verwendet werden. Ziel ist ein Software-Prototyp mit einer flexiblen veränderbaren "aufgaben- und qualitätsorientierten Menüstruktur". Nach Aufgabenanalysen zur Bearbeitung von Fehlersituationen soll ferner prototypisch ein "zielbezogenes Hilfssystem" erstellt werden. Zur Qualifizierung von Computer-Laien werden schließlich psychologische Prinzipien des "exploratorischen Lernens durch Fehler" übertragen. Die entwickelten Prototypen und Seminare sollen in praxisnahen Laborexperimenten mit leistungsfähigen modernen Software-Paketen und Seminarvorbildern verglichen werden. Feldforschung und Umsetzung sollen exemplarisch in kleinen und mittleren Unternehmen der Osnabrücker Region erfolgen.

Vorhabenstitel	Arbeitsgestaltung in der Software-Entwicklung: Teilprojekt: Analyse und Gestaltung von Arbeitsprozessen, Organisation und Kooperation im Team aus psychologischer und soziologischer Sicht
Kurztitel	IPAS P+S
Ausführende Stelle	Universität München Institut für Psychologie, Leopoldstr. 13. München
Beteiligte Institutionen	Prof. Dr. Weltz, sozialwissenschaftliche Untersuchung betrieblicher Bedingungen der Arbeit der Software-Entwickler (Auftrag) - Universität Marburg (Kooperationspartner, F 20)
Laufzeit	10.89 bis 09.92

Selbstdarstellung des Projektes:
Ziel ist die Analyse der Arbeit von Software-Entwicklern und die Entwicklung von Gestaltungskonzepten, die eine Verbesserung der Arbeitssituation mit einer verstärkten Benutzerorintierung verbinden. Untersucht werden die Konzeption von Arbeit, die Zusammenarbeit mit den Benutzern, die Kooperation im Team und der Einsatz von Methoden und Werkzeugen bei der Software-Entwicklung.
Die Ergebnisse fließen ein in Gestaltungsvorschläge für den Software-Entwicklungsprozeß, Empfehlungen zum Methoden- und Werkzeuggebrauch und zur Kooperation in der Arbeit, ein Leitfaden zur Software-Entwicklung und in Seminare. Alle Maßnahmen werden evaluiert. Aus den Projektzielen ergibt sich die Notwendigkeit eines interdisziplinären Vorgehens von Informatik, Psychologie und Soziologie. Von Seiten der Psychologie werden arbeitsanalyitische Vorgehensweisen und Analysen der Vorstellungen der Software-Entwickler eingebracht und Gestaltungsvorschläge entwickelt und evaluiert. Darüber hinaus wird ein Unterauftrag zur Analyse der Bedingungen und Restriktionen der Arbeit der Software-Entwickler aus soziologischer Sicht vergeben.

Die Projekte führten zu zahlreichen neuen wissenschaftlichen Erkenntnissen, a.o.-psychologischen Interventionsmaßnahmen, Richtlinien für die Arbeits- und Technikgestaltung sowie Kriterien für eine ergonomische, humane und soziale Arbeitsorganisation.
Diese Forschungen wurden aber auch u.a. als "Reparaturhumanisierung" kritisiert, da sie zu sehr an der bereits bestehenden Arbeitswelt ansetzten und eine korrektive Funktion hätten. Daher wurde das Programm "Forschung zur Humanisierung des Arbeitslebens" von 1989 an vom Programm "Arbeit und Technik" abgelöst, das mit neuen Inhalten angereichert wurde. Dieses Programm ist stärker auf präventive Maßnahmen ausgerichtet und geht von einem umfassenderen Innovationsverständnis aus, das Technik, Organisation, Qualifikation und Arbeitsschutz als wechselseitig abhängige Sachverhalte auffaßt. Die Projekte im Rahmen dieses Programms richten sich nicht nur auf die Gesundheitserhaltung, den Belastungsabbau und die Qualifikationser-

Programm "Arbeit und Technik"

höhung der Beschäftigten, sondern stellen vielmehr auch ein qualitativen Beitrag zur Leistungsoptimierung, Produktionserhöhung und wirtschaftlichen Konkurrenzfähigkeit dar.

Komplexität von Evaluationsstudien

Betrachten wir die Forderung im Schwerpunkt "Menschengerechte Anwendung neuer Technologien in Büro und Verwaltung" im Rahmen des Programms "Arbeit und Technik", wird die Komplexität von Evaluationsstudien deutlich. In diesem Förderschwerpunkt lautet das grundsätzliche Paradigma: Software-Gestaltung ist Arbeitsmittelgestaltung wie Arbeitsgestaltung und somit ein sozialer Prozeß. Damit widerspricht dieses Paradigma der gegenwärtigen Praxis in der Informatik, in der die Software-Entwicklung lediglich als ein technischer, formalisierter Vorgang begriffen wird, der software-ergonomische Methoden und Werkzeuge ignoriert, die eine Übertragbarkeit von Erkenntnissen der Software-Ergonomie in umsatzfähige Entwicklungsvorhaben erlaubt. Somit lautet ein implizites Ziel des Programmes: Es soll eine Verhaltensveränderung bei den Software-Entwicklern und Auftraggebern erreicht werden, um eine systematische Berücksichtigung human-orientierter Gestaltungsziele zu erreichen.

Anreize zur Berücksichtigung software-ergonomischer Gestaltungsmaßnahmen durch die Fördermaßnahmen des Programms "Arbeit und Technik" ergeben sich im wesentlichen daraus, daß dieses Ziel unter marktwirtschaftlichen Gegebenheiten scheinbar ökonomisch nicht zu realisieren ist, da die erreichbaren ökonomischen Vorteile wesentlich schwerer zu quantifizieren sind als die zusätzlichen Kosten. Diese Praxis kann sich jedoch dann ändern, wenn die Anwender von informationstechnischen Systemen die Kosten für die besseren Möglichkeiten zur computerunterstützten Aufgabenbearbeitung bei geringeren physischen und psychischen Belastungen übernehmen. Die Entwicklung dieser Bereitschaft ist jedoch - wie die Etablierung des Arbeitsschutzes - als ein langfristiger Prozeß zu sehen.

8.2   Aufgaben und Ziele der Evaluationsforschung

Definitorische Probleme

Die Evaluationsforschung ist eine relativ junge Disziplin der Psychologie. Sie geht insbesondere auf die in den sechziger Jahren vorwiegend in den USA durchgeführten wissenschaftlichen Begleituntersuchungen sozial- und bildungspolitischer Reformansätze zurück. Hier wurden viele Sozialwissenschaftler in Beratung, Gestaltung und Erfolgskontrolle komplexer Programme einbezogen, die eine interdisziplinäre Kooperation erforderten.

Mittlerweile hat sich die Evaluationsforschung in vielen gesellschaftlichen Bereichen etabliert, so z.B. im Bildungs- und Gesundheitswesen, der Verkehrs- und Umweltpolitik oder im Städtebau und Justizvollzug. Im ökonomischen Bereich hat sie seit langem insbesondere unter dem Begriff des 'Controlling' einen festen Platz. Hiermit ist ein

Konzept der Unternehmensführung durch Planung, Information, Organisation und Kontrolle gemeint.

In der einschlägigen Literatur finden sich zahlreiche Definitionen des Terminus "Evaluation" sowie unterschiedliche Evaluationsansätze und -modelle (vgl. z.B. WILL, WINTELER UND KRAPP, 1987). SUCHMAN (1967), einer der Pioniere auf diesem Gebiet, unterscheidet zwischen Evaluation und Evaluationsforschung. Unter Evaluation versteht er den Prozeß der Beurteilung des Wertes eines Produkts, eines Prozesses oder eines Programmes, ohne daß damit systematische Verfahren oder empirische Belege impliziert sind. Evaluationsforschung erfordert seiner Auffassung zufolge hingegen die explizite Verwendung wissenschaftlicher Methoden, um beweiskräftigere Aussagen zu erhalten. ROSSI UND FREEMAN (1985, S. 19) definieren Evaluationsforschung als die systematische Anwendung von Verfahren der empirischen Sozialforschung, um die Konzeption, das Design, die Implementierung und den Nutzen sozialer Interventionsprogramme zu messen. Offen bleibt bei diesen Definitionen jedoch, welche Methoden als wissenschaflich zu werten sind. In Abhängigkeit von der Ausrichtung der Evaluationsforscher (z.B. qualitativ vs. quantitativ, s.u.) mögen völlig unterschiedliche Methoden und Verfahren als wissenschaftlich gelten. ABRAMSON (1979) fügt der Differenzierung von SUCHMAN (1967) noch die weitere Kategorie Programmevaluation hinzu, unter die Studien fallen, die durch eine rigorose Anwendung wissenschaftlicher Forschung (randomisierte Experimente) in ethisch vertretbaren Situationen gekennzeichnet sind. Ohne auf die gesamte Definitionsvielfalt einzugehen, möchten wir uns hier dem Vorgehen von WOTTAWA UND THIERAU (1990) anschließen, die die allgemeinen Kennzeichen der Evaluationsforschung herausarbeiten. Demnach dient Evaluation als Planungs- und Entscheidungshilfe und "hat somit etwas mit der Bewertung von Handlungsalternativen zu tun " (S. 9). Sie ist ziel- und zweckorientiert und hat in erster Linie das Ziel, praktische Maßnahmen zu überprüfen, zu verbessern oder über sie zu entscheiden. Dabei sollen Evaluationsmaßnahmen dem aktuellen Stand wissenschaftlichen Vorgehens angepaßt sein.

Auch hier bleibt das Problem, welche Methoden und Verfahren als wissenschaftlich zu bezeichnen sind. Nach GLASS UND ELLET (1980) reflektiert eine spezifischere Definition das jeweilige Evaluationskonzept, das der Forscher vertritt. Ein solches Konzept müsse jedoch logischen, wissenschaftlichen und ethisch-moralischen Ansprüchen gerecht werden. Solche Standards beanspruchen oftmals quantitativ wie qualitativ ausgerichtete Forscher im gleichen Maße, ohne sie der jeweils anderen Seite zuzubilligen. Oftmals werden hier jedoch - gerade in Hinsicht auf die Evaluation komplexer Interventionen - "künstliche" Barrieren aufgebaut. Wir gehen daher unten ausführlicher auf diese Problematik ein.

Formative und summative Evaluation

Def. ⟶ 1

Von den zahlreichen unterschiedlichen Klassifikationen spezifischer Evaluationskonzepte (vgl. WITTMANN, 1985) wird besonders häufig die Unterscheidung von formativer und summativer Evaluation von SCRIVEN (1980) zitiert. Die formative Evaluation stellt vor und während der Durchführung der Evaluationsuntersuchung Informationen und Bewertungen bereit, um Probleme zu klären und die Gestaltung der Intervention zu konzipieren, zu steuern und zu optimieren. Die summative Evaluation bewertet hingegen die Ausprägung der intendierten Effekte und 'Nebenwirkungen' einer bereits durchgeführten Intervention. WOTTAWA UND THIERAU (1990) führen die folgende tabellarische Unterscheidung der wesentlichen Kennzeichen dieser beiden Evaluationsformen an.

Merkmal	Formativ	Summativ
primäre Zielgruppe	Programm-Entwickler Programm-Manager Programm-Durchführende	Politiker interessierte Öffentlichkeit Geldgeber
primäre Betonung bei der Datensammlung	Klärung der Ziele Art des Programm-Prozesses bzw. der -durchführung Klärung der Probleme bei der Durchführung und der Annäherung an Ergebnisse Analysen zur Durchführung und Ergebnisse auf Mikro-Ebene	Dokumentation zur Durchführung und Ergebnisse auf Makro-Ebene
primäre Rolle des Programm - Entwicklers und -Ausführenden	Mitarbeiter	Datenbeschaffer
primäre Rolle des Evaluators	interaktiv	unabhängig
typische Methodologie	qualitative und quantitative, mit größerer Betonung der ersteren	quantitative, manchmal durch die qualitative bereichert
Häufigkeit der Datensammlung	fortlaufende Überwachung	begrenzt
primäre Mechanismen der Berichtlegung	Diskussion/Treffen informale Interaktion	formale Berichte
Häufigkeit der Berichtlegung	häufig während der ganzen Zeit	zum Schluß
Schwerpunkt des Berichtes	Beziehung zwischen den Prozeßelementen - Mikro-Niveau * Beziehung zwischen Kontext und Prozeß * Beziehungen zwischen Prozeß und Ergebnis * Implikation für Programmpraktiken und spezifische Veränderungen bei den Operationen	Implikationen für Politik, administrative Kontrollen und Management
Anforderungen für Glaubwürdigkeit	Übereinkunft mit Entwicklern/Durchführende hinsichtlich der Berichtlegung Befürwortung/Vertrauen	wissenschaftliche Strenge Unparteilichkeit

Tab.8.1: Vergleich der wesentlichen Kennzeichen formativer und summativer Evaluation (aus WOTTAWA UND THIERAU, 1990, S. 56).

Ausgehend von der Unterscheidung SCRIVEN's (1972) lassen sich drei Stadien der Evaluationsforschung unterscheiden, in denen jeweils auch unterschiedliche Aufgaben, Verfahren und Probleme der Evaluationsforschung auftreten:

(1.) Auftragsphase, (2.) Planungs-, Durchführungs-, Auswertungs- und Interpretationsphase und (3.) Berichterstellungsphase.

Dabei ist festzuhalten, daß die Ergebnisse der vorhergehenden Phasen in den später folgenden Stadien jeweils wieder verändert werden können, es sich hier um einen flexiblen Entwicklungsprozeß handelt.

Stadien der Evaluationsforschung

8.3 Probleme arbeits- und organisationspsychologischer Evaluationsstudien

Evaluationsstudien sind in der Regel komplexe Untersuchungen, bei denen eine rigide Anwendung der Kriterien der klassischen experimentellen Versuchsplanung häufig auf Schwierigkeiten stößt. So implizieren Evaluationsstudien zumeist formative und summative Vorgehensweisen. Dadurch sind anfängliche Planungen oft in Abhängigkeit von später auftretenden Randbedingungen zu modifizieren. Experimental- und Kontrollgruppe sind zumeist umfassend über den Zweck der Studie und damit über die Intervention zu informieren. Damit mag die Evaluation das Treatment, die Selbstreflexion der Betroffenen und demzufolge die Motivation wesentlich verändern. Eine solche Beeinflussung des Treatments durch **Hawthorne-Effekte** ist oftmals kaum auszuschließen. BRONNER (1983) spricht sich dafür aus, diese Effekte positiv zu nutzen. Derartige Einflußmaßnahmen würden Lernprozesse unterstützen (vgl. z.B. GERL & PEHL, 1983; WILL & BIRKHAHN) und der Optimierung der Effektivität des Treatments dienen. Dadurch ist zwar die externe Validität beeinträchtigt, und dieser Effekt ist bei der Generalisierung der Effekte in Rechnung zu stellen. Jedoch mag man in Einzelfällen der Optimierung des Treatments einen höheren Stellenwert beimessen als der Beachtung von Designkriterien.

Im Rahmen von Evaluationsstudien fallen vielfältige Aufgaben an, und dementsprechend sind auch unterschiedliche Qualifikationen bei Evaluationsforschern gefordert, wie kommunikative Fertigkeiten, Einfühlungsvermögen oder die flexible Ausrichtung bei der Auswahl von Forschungsmethoden auf das Machbare. Es gilt, die unterschiedlichen Interessen und Machtansprüche innerhalb und zwischen verschiedenen Beteiligtengruppen zu erkennen und zu berücksichtigen, wie zwischen der organisationalen Leitung, Arbeitnehmervertretung, den Mitarbeitern und/oder Wissenschaftlern. Die Gewinnung ihrer Akzeptanz, die Beachtung rechtlicher und ökonomischer Aspekte spielen häufig eine entscheidende Rolle. Zudem ist häufig eine interdisziplinäre Zusammenarbeit erforderlich, an der Ingenieure, Juristen, Ökonomen oder Psychologen beteiligt sein mögen.

3 Probleme

Die Einbettung von Evaluationsstudien in komplexe organisationale, politische und gesellschaftliche Kontexte führt zu spezifischen methodischen und praktischen Problemen. ANTONI (1993) gibt eine systematische Übersicht über solche Probleme im Rahmen von arbeits- und organisationspsychologischen Evaluationsstudien, die er

4 Dilemmata

Dilemmata nennt und in vier Arten unterteilt: Ziel-, Kriterien-, Design- sowie Auswertungs- und Interpretationsdilemmata. Tab. 8.2 enthält die Fragen, die im Rahmen der einzelnen Problembereiche auftreten und von ANTONI (1993) weiter ausgeführt werden.

Viele der von ANTONI (1993) aufgezeigten Probleme sind praktische Probleme im Rahmen der Durchführung von Evaluationsprojekten. Hier geben weiterhin WOTTAWA UND THIERAU (1990) viele wertvolle Tips und Hinweise. Wir wollen im folgenden weniger auf die nicht zu unterschätzenden praktischen Aspekte bei der Evaluationsforschung *3* eingehen, sondern vielmehr auf <u>drei grundlegende methodische Probleme,</u> die die Komplexität und Vielfältigkeit von Evaluationsstudien mit sich bringen:

1) Selektion von Methoden (quantitative vs. qualitative Methoden)

2) Auswahl und Integration von Kriterien

3) Auswertung und Interpretation von Evaluationsergebnissen

Zieldilemmata (Auftragsphase)

- Inwieweit übernimmt der Forscher vorgegebene Ziele oder strebt eine umfassende Zielvereinbarung mit allen Betroffenen an?
- Inwieweit ist er bereit, hierfür in Kauf zu nehmen, daß die Untersuchungsbedingungen zu Lasten seiner experimentellen Kontrolle transparent sind?
- Inwieweit möchte er wenige Fragen genau oder viele Fragen allgemein beantworten?
- Soll eine laufende Maßnahme sowohl gestaltet als auch bewertet werden?
- Soll er sowohl als methodischer wie auch als inhaltlicher Experte auftreten?

Kriteriendilemmata (Planungsphase)

- Inwieweit soll der Forscher eine deduktive oder induktive Vorgehensweise wählen?
- Inwieweit werden die für relevant erachteten Kriterien auch von den Beteiligten akzeptiert?
- Inwieweit können die Kriterien adäquat operationalisiert und reliabel gemessen werden?

Designdilemmata (Planungs- und Durchführungsphase)

- Wie isolierbar bzw. kontextabhängig sind die Variablen?
- Ist die Zuordnung der Untersuchungsteilnehmer zu den verschiedenen Treatmentbedingungen willkürlich bzw. randomisiert?
- Inwieweit ist das Treatment standardisiert bzw. an spezifische und sich verändernde Untersuchungsbedingungen angepaßt?
- Inwieweit lassen sich die Untersuchungsbedingungen willkürlich manipulieren, bzw. inwieweit sind die Untersuchungsteilnehmer am Evaluationsprozeß beteiligt?

Auswertungs- und Interpretationsdilemmata (Ergebnisphase)
• Wie komplex darf die Ergebnisdarstellung sein, bzw. wie komplex dürfen die Auswertungsverfahren sein, wie einfach müssen sie sein; um für die Auftraggeber nachvollziehbar zu sein?
• Wie prägnant müssen die Aussagen formuliert sein oder wie differenziert, um rezipiert zu werden?
• Wie bewertet man die Relevanz der Ergebnisse und welchen Stellenwert muß man hierbei dem Aspekt der statistischen Signifikanz einräumen?
• Inwieweit sind die Ergebnisse generalisiert, oder inwieweit haben sie nur für den untersuchten Fall Gültigkeit?

Tab. 8.2: Probleme der Evaluationsforschung in der Arbeits- und Organisationsforschung nach ANTONI (1993)

8.3.1   Selektion von Methoden

Nicht wenige Methodiker "rümpfen die Nase", rezipieren sie Evaluationsstudien. Je nach ihrer Ausrichtung bemängeln sie die fehlende Beachtung der Standards "harter" quantitativer empirischer Forschung oder werten die Einsetzung quantitativer Verfahren als "lebensfern" und inadäquat.

Wir gehen im folgenden auf dieses grundsätzliche Problem der Evaluationsforschung ein und betrachten hier die Abhängigkeit der Evaluationsforschung von den zugrundeliegenden Paradigmen. Von besonderer Relevanz ist hier die Unterscheidung zwischen dem quantitativen und qualitativen Ansatz.

Das dem logischen Empirismus verpflichtete quantitative und das der phänomenologischen Tradition entstammende qualitative Paradigma stellen zwei entgegengesetzte Richtungen in der empirischen Sozialforschung dar. Die wesentlichen Unterschiede seien hier im Anschluß an LAMNEK (1988) noch einmal - idealtypisch - in tabellarischer Form gegenübergestellt.

Quantitative versus qualitative Evaluationsforschung

	quantitative Sozialforschung	**qualitative Sozialforschung**
Grundorientierung	naturwissenschaftlich	geisteswissenschaftlich
zuordnenbare wissenschaftstheoretische Position	kritischer Rationalismus logischer Positivismus	Hermeneutik Phänomenologie
Empirieform	"Tatsachenempirie" (monographisch)	"Totalitätsempirie"
Erklärungsmodell	kausal und/oder funktionalistisch	historisch-genetisch
wissenschaftstheoretische Implikation und Konsequenzen	Ziel der Werturteilsfreiheit wissenschaftlicher Aussagen	Ablehnung des Werturteilsfreiheits-postulats
	Konvergenz- und Korrespondenztheorie der Wahrheit	Konsensus- und Diskurstheorie
	Trennung von Entdeckungs-, Begründungs- und Verwertungszusammenhang	Verschränkung von Entdeckung und Begründung; Plausibilitätsannahmen treten an die Stelle systematischer Beweisführung

	Empirische Sozialforschung zum Zwecke der Theorieprüfung	Sozialforschung als Instrument der Theorieentwicklung
wissenschaftstheoretische Implikationen und Konsequenzen	theoretisches und technologisches Erkenntnisinteresse	kritisch-emanzipatorisches, praktisches Erkenntnisinteresse
	Trennung von common sense und Wissenschaft	Ähnlichkeit von Alltagstheorien und wissenschaftlichen Aussage-systemen
Wirklichkeitsverständnis	Annahme einer objektiv und autonom existierenden Realität (vgl. POPPERs Dreiweltentheorie)	Annahme einer symbolisch strukturierten, von den sozialen Akteuren interpretierten und damit gesellschaftlich konstruierten Wirklichkeit
	Abbildfunktion der Wissenschaft; diese dient der kognitiven Strukturie-rung und Erklärung der als objektiv existent angenommenen Welt	wissenschaftliche Aussagen nicht als Abbildung der Realität, sondern als Deskription der Konstitutionsprozesse von Wirklichkeit
Methodenverständnis	Autonomisierung und Instrumenta-lisierung des methodischen Apparats	Dialektik von Gegenstand und Methoden
	"harte Methoden" standardisiert	"weiche" Methoden: nicht-standardisiert
	statistisch	quasi-statistisch
Gegenstandsbereich	Wirkungs- und Ursachenzusammen-hänge, Funktionszusammenhänge	Regularitäten des Handelns und der Interaktion (Deutungs- und Hand-lungsmuster); Konstrukti-onsprinzipien der Wirklich-keitsdefinition
	Konzeption der Gesellschaft als Sy-stem	Konzeption der Gesellschaft als Lebenswelt
Forschungslogik	Deduktion	Induktion, Abduktion
	analytisch/abstrahierend	holistisch/konkretisierend
	Streben nach objektivierbaren Aus-sagen	Geltendmachung der Subjektivität
	Replizierbarkeit	Betonung des Singulären
	Generalisierung	Typisierung
	operationale Definitionen; Begriffs-nominalismus	Wesensdefinition; wissen-schaftliche Begriffe als Kon-strukte 'zweiter Ordnung'
Selbstverständnis der Sozialforscher	auf Unabhängigkeit bedachter Beob-achter und Diagnostiker gesellschaft-licher Verhältnisse	faktischer oder virtueller Teil-nehmer; Advokat; Aufklärer

Tab. 8.3: Idealtypischer Vergleich zwischen quantitativer und qualitativer Sozialforschung(aus LAMNEK, 1988, S. 242 f.)

In der empirischen Sozialforschung dominiert seit langem das quantitative Paradigma. Die hier in Anlehnung an die Naturwissenschaften geforderte nomologische Vorgehensweise steht nicht selten im Widerspruch zu der in der Praxis der Evaluationsforschung auftretenden Notwendigkeit, auch qualitative Methoden einzusetzen. Betrachten wir dieses Problem grundsätzlicher, so zeigt sich, daß vielfach auf qualitative Verfahren gar nicht verzichtet werden kann.

Die im Rahmen des quantitativen Paradigmas geforderte deduktive Ableitung von Interventionen aus allgemeinen Theorien und einer quantifizierten Überprüfung stößt sehr schnell auf Grenzen. Aufgrund wissenschaftstheoretischer Argumente wird man die Beurteilung einer komplexen Intervention kaum auf ein existierendes logisch konsistentes Theoriengebäude als eine systematische Menge allgemeiner Wenn-dann- bzw. Je-desto-Aussagen gründen können. In der Evaluationsforschung geht es hauptsächlich um Gestaltungsprobleme und technologische Prognosen, d.h. um die Frage, wie ist es möglich, auf der Basis von Gesetzesaussagen (G), Mitteln (M) und einer Situation, die durch bestimmte Antezedenzbedingungen (A) gekennzeichnet ist, ein bestimmtes Ziel (Z) zu erreichen.

Probleme bei der Deduktion von Interventionen

Betrachten wir ein simples Beispiel:

G: Wenn bei Mitarbeitern, die über ein hinreichendes Maß an sozialer Kompetenz verfügen (A) Gruppenarbeit eingeführt wird (M), entwickeln sie ein hohes Maß an Arbeitszufriedenheit (Z).

Welche Schwierigkeiten sind mit einem solchen Erklärungsschema verbunden? Zunächst existieren in der Psychologie kaum allgemein akzeptierte Theorien (Gesetze). Wie HOLLING UND MÜLLER (1993) feststellen, ist auch den wichtigsten organisationspsychologischen Theorien eine mangelnde empirische Stützung zu attestieren. Weiterhin ist zu berücksichtigen, daß viele Theorien für spezifische Anwendungsfelder entwickelt wurden. Auch wenn Theorien für das gleiche Anwendungsfeld entwickelt wurden, sind sie nicht selten sehr verschiedenartig und schwer miteinander zu vereinbaren.

Zur Erklärung der Effektivität komplexer organisationaler Interventionen sind jedoch fast immer mehrere Grundlagentheorien zu berücksichtigen. Umfassende Effektivitätsanalysen kann man häufig erst lediglich im nachhinein vornehmen. Wie GROEBEN UND WESTMEYER (1975) aufzeigen, liegen generell in der psychologischen Forschung häufig nur Erklärungen des Typs "Wie-es-möglich-war, daß" vor.

"In der Psychologie macht die Feststellung der Antezedenzbedingungen, wenn es z.B. um die historisch-genetische Erklärung geht, mitunter erheblich Schwierigkeiten. Will man etwa erklären, warum bestimmte Reize sekundäre Verstärker oder bedingte Reize für bestimmte Reaktionen bei bestimmten Personen sind, warum sie diskriminierende Funktion für bestimmte Reaktionen haben usw., müßte man die Reiz-Reaktionsgeschichte des betreffenden Individuums in ihren relevanten Abschnitten kennen ... Das ist für die Erklärung von im Laboratorium induzierten Verhaltensereignissen bestenfalls approximativ der Fall. Wir befinden uns dann in einer Situation, in der für ein gegebenes Explanandum eine potentiell unendlich große Zahl alternativer Erklärungsketten konstruierbar ist, ohne daß wir in der Lage sind, zwischen diesen Möglichkeiten die im gegebenen Fall tatsächlich zutreffende aufzugliedern ... Im Rahmen einer Wie-es-möglich-war, daß-Erklärung kann eine ganze Reihe potentieller Explanantien angegeben werden, ohne daß das im gegebenen Fall tatsächlich Zutreffende ausgezeichnet werden könnte ... Diese Erklärungsform dürfte typisch sein und bleibt für alle historisch-genetischen Erklärungen innerhalb der Psychologie. Bei der Erklärung von Alltagsverhalten in unkontrollierten Umgebungen ist eine andere Form gar nicht möglich, da ex post facto eine Rekonstruktion der Situation und Verhaltensgeschichte des Individuums in allen Einzelheiten nicht mehr vorgenommen werden kann. Aber auch bei der Erklärung von Verhalten in programmierten Umgebungen wird kaum mehr als eine Wie-es-möglich-war, daß-Erklärung erreichbar sein, da eine völlige Verhaltenskontrolle weder von der Verhaltenstechnologie her realisierbar noch von den ethischen Überzeugungen in unserer Gesellschaft aus wünschbar erscheint (S. 27 f)."

Zur Erstellung und Überprüfung von technologischen Prognosen ist neben grundlegenden psychologischen Gesetzen auch auf spezifisches Fachwissen zu rekurrieren. Hierauf geht HERRMANN (1993) ausführlicher ein: "Die A.O.-Psychologie benötigt mindestens ebenso wie den erforderlichen Bezug zur Grundlagenforschung die nur von ihr selbst zu leistende Etablierung einer a.o.-spezifischen Anwendungsmethodik bzw. Verfahrenslehre. Eine solche Verfahrenslehre (vielleicht sogar: Kunstlehre) benötigt ja auch der Internist, der sie nicht vom Physiologen oder Anatomen borgen kann" (S. 189). HERRMANN verweist explizit darauf, daß A.O.-Psychologen in diesem Punkt zumeist zu defensiv reagieren: "Auch wir wollen Grundlagenforscher sein!".

Spezifisches Fachwissen besteht jedoch nicht nur aus speziellen arbeits- und organisationspsychologischen Erkenntnissen, sondern impliziert in der Regel auch das Erfahrungswissen von Praktikern zu bestimmten Problemen. Ein solches Erfahrungswissen liegt zumeist in Form eines impliziten Hintergrundwissens vor. Bisher gibt es in der Psychologie noch keine Algorithmen bzw. formale Verfahren, um dieses Erfahrungswissen zu analysieren. Zur Aufbereitung und Analyse von Erfahrungswissen dienen in erster Linie qualitative Verfahren, wie z.B. qualitative Interviews im Rahmen der Analyse subjektiver Theorien. So werden in dem Lehrbuch zur Evaluationsforschung

von WOTTAWA UND THIERAU (1990) zahlreiche qualitative Verfahren
und Techniken zur Informationsverarbeitung und -aufnahme aufgeführt, wie Brainstorming oder die Metaplanmethode.

Aber auch "rein" interpretative Verfahren sind im Rahmen von Evaluationsstudien oft angezeigt, so z.B. bei Beurteilung der Interessen,
die verschiedene Parteien mittels einer Evaluationsstudie verfolgen.
So ist es denkbar, daß eine Evaluationsstudie vergeben wird, um Zeit
zu gewinnen, bis eine endgültige Einführung einer Intervention obso-
let geworden ist oder daß eine Intervention aufgrund zu erwartender
uneindeutiger Ergebnisse verhindert werden soll. Solche Intentionen
werden kaum öffentlich geäußert und sind aus Äußerungen und Verhaltensweisen interpretativ zu erschließen.

Als Fazit sei hier festgehalten, daß es im Rahmen der Evaluationsforschung in der Regel unklug ist, sich einseitig auf qualitative oder
quantitative Verfahren zu kaprizieren. Vielmehr sind Methoden als
Problemlösungsmittel anzusehen, und je nach spezifischer Teilaufga-
benstellung sind die jeweils adäquaten Vorgehensweisen zu selektieren. So ist es bei der Beurteilung der Effizienz eines Streßbewältigungstrainings häufig möglich, psychophysiologische Messungen vorzunehmen, die eindeutig dem quantitativen Paradigma entsprechen.
Auf der anderen Seite sind qualitative Verfahren unverzichtbar, gilt es
z.B. die Intentionen der Untersuchungsteilnehmer zu ergründen. Ohne
hier im geringsten einen psychoanalytischen Standpunkt zu vertreten,
sei auf sein Zitat von FREUD (1971) hingewiesen: "Nun hören Sie, erst
ganz kürzlich haben die Mediziner an einer amerikanischen Universität sich geweigert, der Psychoanalyse den Charakter einer Wissenschaftlichkeit zuzugestehen, mit der Begründung, daß sie keine experimentellen Beweise zulasse. Sie hätten denselben Einwand auch
gegen die Astronomie erheben können; das Experimentieren mit den
Himmelskörpern ist ja besonders schwierig" (S. 464). Anzumerken
bleibt, daß inzwischen mehrere Verfahren zur Interpretation sozialwissenschaftlicher Prozesse und ihrer möglichen Validierung vorgelegt wurden, auf die z.B. LAMNEK (1988) ausführlich eingeht.

8.3.2   Auswahl und Integration von Kriterien

Ein fundamentales Problem in der Evaluationsforschung ist die Festlegung des Ziels, das erreicht werden soll. Hierzu sind Kriterien zu
bestimmen, dann ist ihr Beitrag bzw. ihr Gewicht für die Zielerreichung festzulegen. Nur selten liegen vorab strikte Kriterien fest, oft ist
die Zielbestimmung und damit die Kriterienfestlegung durch den
Auftraggeber sehr vage, so daß dem Forscher ein beträchtlicher Frei-
raum vorliegt. "Leider sind die Fragen der Zielsetzung in vielen Evaluationsprojekten die größte Schwachstelle, deren insuffiziente Aus-
füllung die Praxisrelevanz (und damit in den meisten Fällen auch die
Rechtfertigung) des Projektes beeinträchtigt. Es ist gerade bei sozial-

wissenschaftlich interessanten Themen nicht einfach, überhaupt zu
Beginn des Projektes einen Konsens über Zielsetzung und
Nutzenaspekte herbeizuführen; noch schwieriger ist es, solche Verein-
barungen auch als Grundlage für die nachträgliche Bewertung von
Projekten beizubehalten, wenn 'unerwünschte' Ergebnisse auftraten
oder die inzwischen stark geänderten Rahmenbedingungen eine andere
Projektausrichtung hätten sinnvoll erscheinen lassen" (WOTTAWA UND
THIERAU, 1990, S. 74).

Besonders deutlich wurde diese Kriterienproblematik im Zusammenhang mit Diskussionen um das oben bereits dargestellte Forschungsprogramm "Humanisierung des Arbeitslebens". Hier trat zusätzlich zu
den Explikationsschwierigkeiten, wie es häufig im Rahmen von Evaluationsstudien anzutreffen ist, das Problem auf, daß unterschiedliche
Interessengruppen oft differierende Kriterien präferieren. So drang die
Unternehmerseite darauf, daß die einzelnen Projekte die Erfordernisse
der Produktivität stärker berücksichtigen sollten. (In der Tat blieben
nicht wenige in diesem Forschungsprogramm erarbeiteten Modelle
auch nur Modelle.) Arbeitnehmervertreter meinten hingegen, die
Produktivität stünde oftmals zu sehr im Mittelpunkt der Projekte. So
würden Fragen der Mitarbeiterqualifikation, der Arbeitsinhalte oder
der Entlohnung zu wenig beachtet. (Anmerkung: Beide Parteien waren
sich darin einig, daß die Projektberichte in der Regel unverständlich
seien.)

Auch wenn man unterschiedliche Interessenaspekte einmal außer acht
läßt, so liegen bei arbeits- und organisationspsychologischen
Evaluationsstudien fast immer multiple Kriterien vor. Im Rahmen der
Einführung von Gruppenarbeit zählen hierzu, wie bereits dargelegt
wurde, u.a. Produktivitätskriterien, wie Quantität und Qualität der
Arbeitsleistung, Absentismus oder Fluktuation, sowie Gesundheits-
oder Zufriedenheitskriterien. Weitere Beispiele für die zahlreichen in
a.o.-psychologischen Evaluationsstudien eingesetzten Kriterien sind
Aspekte der Arbeitsmotivation, -planung oder -rotation sowie die
Kommunikation, Konflikte und Kooperation in und zwischen
Arbeitseinheiten. In der Informationsbox 8.2 wird eine Taxonomie
solcher Kriterien für die Evaluation von Personalentwicklungsmaßnahmen diskutiert. Dieses Kriteriensystem mag ebenso für andere
Interventionsformen, wie z.B. Organisationsentwicklungsmaßnahmen,
herangezogen werden.

Welche Kriterien für die Evaluation einer a.o.-psychologischen Intervention im einzelnen zu selektieren sind, hängt letztlich von der über-
geordneten Zielstellung ab. Dabei ist festzuhalten, daß der Nutzen
einer Evaluationsstudie maßgeblich durch die Kriterienselektion
bestimmt wird und eine ausführliche, intensive Diskussion dieser
Problematik zu Beginn einer solchen Untersuchung stattfinden sollte.
Liegen, wie es fast immer der Fall ist, mehrere Kriterien vor, ergibt
sich ein weiteres Problem: Wie sind die unterschiedlichen Kriterien im

Rahmen der Bestimmung der Gesamteffektivität bzw. der generellen Zielerreichung zu integrieren. In vielen organisationspsychologischen Theorien, z.B. von MC GREGOR (1960) oder LIKERT (1967), wird davon ausgegangen, daß organisationspsychologische Interventionen zu einer gleichgerichteten Veränderung aller Kriterien führen. Diese Annahme ist jedoch zu "optimistisch", Mitarbeiterzufriedenheit und Arbeitsproduktivität mögen sich genau so gut antagonistisch verhalten. So zeigen auch Erfahrungen zur Evaluation von Personalentwicklungsmaßnahmen, daß Annahmen zu kovariierenden Kriterien empirisch noch nicht gestützt werden konnten. In Informationsbox 8.2 wird diese Problematik ausführlicher erläutert.

Informationsbox 8.2: Das Problem der Kriterienbestimmung in der Personalentwicklung

Für den engeren Bereich von Kriterien für die Evaluation von Trainingsmaßnahmen hat KIRKPATRICK (1959, 1960) ein häufig zitiertes Modell entwickelt, in dem er verschiedene Kriteriumsebenen für die Trainingsevaluation unterscheidet. Er schlägt vier Kriterienarten vor, die oftmals auch als Ebenen bezeichnet wurden:

1. der Reaktion
2. des Lernens
3. des Verhaltens und
4. der Resultate.

Mit Reaktionen sind Bewertungen des spezifischen Trainings gemeint, ohne daß damit etwas über den "Lernerfolg" ausgesagt wird. Die Ebene des Lernens betrifft die Aufnahme, Verarbeitung und Bewältigung der Trainingsinhalte und Methoden durch die Teilnehmer. Die Verhaltensebene bezieht sich auf die Umsetzung der Lerninhalte in den Arbeitskontext und thematisiert dabei vornehmlich Leistungsaspekte. Resultate, auf der vierten Ebene, bezeichnen vorgegebene Ziele, vor allem ökonomische Größen wie Kosten, Absentismus oder Fluktuation.

Diese zitierte Klassifikation mag zwar eine übersichtliche Struktur besitzen, jedoch ist dieser Einteilung eine gewisse Willkür nicht abzusprechen. So sind weitere wichtige Kriterienarten, wie spätere Bewertungen von Trainingsmaßnahmen, nicht berücksichtigt worden.

Wie ALLIGER UND JANAK (1989) darlegen, wurden häufig die folgenden drei Annahmen zu Beziehungen zwischen diesen Kriterien unterstellt:

1. Die vier Ebenen implizieren einen ansteigenden Informationsgehalt.

2. Es besteht eine kausale Verknüpfung zwischen den einzelnen Ebenen derart, daß ein Training Reaktionen hervorruft, die Lernen bedingen, womit Veränderungen des Verhaltens am Arbeitsplatz erfolgen, die wiederum die Voraussetzung für Resultatsveränderungen darstellen (vgl. HAMBLIN, 1974).
3. Die vier Ebenen korrelieren positiv miteinander.

Auch wenn die Annahmen zur Beziehung der Kriterienebenen auf den ersten Blick plausibel erscheinen mögen, lassen sie sich in dieser Allgemeinheit nicht halten, wie ALLIGER & JANAK (1989) anhand der fast 30-jährigen Forschung herausstellen. Diese Autoren verweisen hinsichtlich der ersten Annahme auf die fehlenden empirischen Belege. Weiterhin ist es nicht zwingend, daß Trainingsmaßnahmen Veränderungen auf allen vier Ebenen hervorrufen. So muß eine Veränderung des sozialen Verhaltens eines Vorgesetzten nicht zu einer Reduktion der Kosten für die Organisation führen.

Die kausale Verknüpfung der Ebenen (zweite Annahme) läßt sich ebenfalls empirisch nicht aufrechterhalten. Zahlreiche Befunde belegen, daß Lern- und Verhaltensmaße in Abhängigkeit von weiteren Randbedingungen positiv wie negativ miteinander korrelieren. So mag ein Training zu sehr guten Resultaten führen, wird aber schlecht beurteilt, weil es sehr anstrengend war. Weiterhin sind direkte Auswirkungen der Lern- auf die Reaktionssebene in Rechnung zu stellen, ebenso wie komplexe Rückkopplungen zwischen der Resultats- und Verhaltensebene.

Eine zusätzliche Schwierigkeit resultiert aus den unterschiedlichen Erhebungsstrategien für die Ebenen. Während die Datenerhebung für die beiden ersten Ebenen unmittelbar nach der Durchführung der Interventionen erfolgt, ist für die Verhaltens- und Resultatsebene eine sinnvolle empirische Erfassung erst nach längeren Zeitabständen möglich. Eine zeitliche Trennung zwischen Reaktions- und Lernphase wird häufig nicht vorgenommen und daher sind beide Ebenen in einem Erhebungsinstrument konfundiert.

Die dritte Annahme korrespondiert mit der zweiten Hypothese. ALLIGER UND JANAK (1989) fanden nach einer Literaturrecherche von Publikationen zwischen den Jahren 1959 und 1989, daß in fast allen Studien nur eine der vier Kriterienarten eingesetzt wurde. Interessant ist der Hinweis, daß die meisten Trainingsverfahren in der Praxis auf der Reaktionsebene evaluiert werden, während in den publizierten Befunden die drei restlichen Ebenen im Vordergrund stehen.

Die Korrelationen zwischen den Ebenen schwanken im Mittel zwischen $r = 0.13$ (zwischen Ebene 2 und 3) und $r = 0.40$ (zwischen Ebene 2 und 4) und sind insgesamt als unbefriedigend zu bezeichnen. Die Gründe hierfür dürften in der ungenügenden Berücksichtigung

von Moderatorvariablen zu suchen sein. Unzureichend berücksichtigt
blieben personale Merkmale (Motivation, Zufriedenheit, Einstellungen, etc.) und situative Bedingungen (Transfermöglichkeiten, Besonderheiten der betreffenden Organisationen, etc.). Weiterhin ist eine
große Heterogenität der eingesetzten Erhebungsinstrumentarien und
Untersuchungsdesigns festzustellen.

Wie sind nun die Ergebnisse zu den einzelnen Kriterien zu integrieren? Will man alle Kriterienwerte für die zur Verfügung stehenden
Alternativen (im vorliegenden Beispiel: Einführung von Gruppenarbeit vs. klassische Arbeitsform) jeweils zu einem Gesamtwert zusammenfassen, sind die einzelnen Kriterienwerte nach einer bestimmten
Berechnungsvorschrift zu integrieren. Schon die Erstellung eines
relativ einfachen linearen Modells, wie z.B. die multiattributive Nut-
zentheorie (vgl. WOTTAWA UND THIERAU, 1990), bedeutet einen nicht
unerheblichen Aufwand. So muß für jedes Kriterium ein Gewicht
festgelegt werden, das den Beitrag dieses Kriteriums für die Erfüllung
der übergeordnete Zielstellung bzw. für den Gesamtnutzen reflektiert.
Dann sind für alle Kriterien Nutzenfunktionen zu entwickeln, und
jedem Kriteriumswert ist ein bestimmter Nutzenwert zuzuordnen.
Objektive Verfahren zur Nutzenbestimmung sind nur selten möglich,
in der Regel müssen die Nutzenwerte subjektiv festgelegt werden. So
können in Projekt-Teams die Kriterienwerte z.B. anhand fünfstufiger
Ratingskalen (1 = sehr niedriger Nutzen bis 5 = sehr hoher Nutzen) zu
Nutzenwerten transformiert werden. Dann ist die Zusammenfassung
der gewichteten Nutzenwerte in Form einer Linearkombination möglich, und die Alternative mit dem höchsten Gesamtnutzen kann als
optimale Lösung bestimmt werden.

Die Zusammenfassung der Kriterienwerte in Form einer Linearkombination von Nutzenwerten ist oftmals wenig sinnvoll, da hier geringe
Kriterienausprägungen durch andere hohe Kriterienausprägungen
kompensiert werden können. Für eine Vielzahl von Kriterien, wie z.B.
Gesundheitskriterien, liegen oft Mindestwerte vor, die nicht unter-
schritten werden dürfen. Dann sind multiple Cut-off-Strategien
adäquater, d.h. wenn eine bestimmte Alternative einen der Mindestwerte nicht überschreitet, wird sie ausgeschlossen.

Schließlich ist festzuhalten, daß die Transformation von Kriterienwer-
ten in gewichtete Nutzwerte fast immer subjektive Setzungen sind.
Nur äußerst selten kann man von "objektiven" Nutzenwerten ausgehen, wie z.B. beim finanziellen Gewinn, den ein Versicherungsvertreter durch den Abschluß von Versicherungsverträgen erzielt. Aber auch
hier sind weitere "subjektive" Kriterien relevant, wie z.B. das Vertrauen des Kunden zum Versicherungsvertreter, hat ein Versicherungsunternehmen den langfristigen Erfolg im Auge. Formalisierte
Entscheidungsstrategien sind in der a.o.-psychologischen Evaluations-

Integration der Kriterien

forschung die Ausnahme. Verbreiteter sind Entscheidungen durch einzelne Personen, z.B. dem verantwortlichen Evaluator, oder durch Experten wie Projekt-Teams, an denen auch die betroffenen Personen teilnehmen können. Hier wird dann in einem diskursiven Prozeß ein Gesamturteil erarbeitet. Eine Vorgehensweise zur Strukturierung der Diskussion solcher Teams ist z.B. die Delphi-Methode (vgl. BORTZ, 1984).

8.3.3   Auswertungs- und Interpretationsprobleme

Die erfolgreiche Durchführung einer innovativen Intervention stellt nicht sogleich eine wissenschaftliche Tätigkeit dar. Um wissenschaftliche Erkenntnisse zu gewinnen, ist es notwendig, daß allgemeine, über den Einzelfall hinaus generalisierbare Resultate erzielt werden. Komplexe Interventionen sind jedoch fast immer auf die jeweiligen organisationalen Bedingungen zu spezifizieren. Damit erwächst die Notwendigkeit, die Relevanz dieser konkreten Randbedingungen für die erfolgreiche Durchführung der Intervention zu eruieren. Damit dieser Interpretationsprozeß nachzuvollziehen ist, ist eine detaillierte Berichterstellung über den Evaluationsverlauf vonnöten. Hier sind u.a. die Planungen, Schwierigkeiten und Veränderungen während der Implementierung und Durchführung der Interventionen darzulegen.

Als letzter Punkt sei hier noch auf die Effektstärkenproblematik eingegangen. Bei der Ergebnisdarstellung sollte weniger die statistische Inferenz als die Relevanz der Resultate im Vordergrund stehen. Eine Darstellung von Ergebnissen, die lediglich anhand signifikanztesttheoretischer Kennwerte erfolgt, - was in psychologischen Fachpublikationen (vorwiegend bei varianzanalytischen Studien) häufig zu beobachten ist -, ist oft für die Bewertung von Evaluationsstudien unzureichend. Hier genügt weiterhin oftmals auch nicht die Beschränkung auf die Darstellung statistischer Effektmaße (wie z.B. erklärte Varianzen), es gilt vielmehr, die Veränderungen der Erfolgskriterien und die Effekte von Nebenwirkungen und ihre Bedeutung für die organisationalen Zielstellungen darzulegen. So kann die Auswirkung eines Streßbewältigungstrainings auf die Blutdrucksenkung hochsignifikant sein, die erklärte Varianz mag sehr hoch sein, dennoch können kritische Grenzwerte bei bestimmten Probandengruppen nach dem Training in bestimmten Situationen überschritten werden. So weist auch BOUDREAU (1991) daraufhin, daß die Ergebnisse klassischer statistischer Analysen inadäquat sein können, bewertet man den finanziellen Nutzen von Verfahren zur Personalselektion, da das Paradigma der klassischen Hypothesentestung zu irreführenden, den Fragestellungen widersprechenden Schlüssen führt. Gerade die Analyse des finanziellen Erfolgs von Personalselektion, Personal- und Organisationsentwicklung, zeigt beispielhaft auf, daß zahlreiche weitere Parameter bei solchen Evaluationsstudien zu berücksichtigen sind (vgl. BOUDREAU, 1991).

Übungsaufgaben zu Kapitel 8:

1.) Wozu dient die Evaluationsforschung ?

2.) Was sind die wesentlichen Unterschiede zwischen der formativen und summativen Evaluation?

3.) Welche Probleme (Dilemmata) ergeben sich bei arbeits- und organisationspsychologischen Evaluationsstudien? Nennen sie jeweils ein Beispiel.

4.) Warum ist es wichtig, sich bei Evaluationsstudien nicht einseitig auf qualitative oder quantitative Verfahren festzulegen?

5.) Was ist bei der Interpretation der Ergebnisse von Evaluationsstudien zu beachten?

9.   Literaturverzeichnis

ABRAMSON, T. (1979). Handbook of vocational education evaluation. Beverly Hills: Sage.

ALLIGER, G. M. & JANAK, E. A (1989). Kirkpatrick's level of training criteria: Thirty years later. Personnel Psychology, 42, 331-42.

ANTONI, C. H. (1993). Evaluationsforschung in der Arbeits- und Organisationspsychologie. In W. BUNGARD & T. HERRMANN (Hrsg.). Arbeits- und Organisationspsychologie im Spannungsfeld zwischen Grundlagenorientierung und Anwendung. Bern: Huber, 309-337.

ARBEITSGRUPPE BIELEFELDER SOZIOLOGEN (Hrsg.) (1973). Alltagswissen, Interaktion und gesellschaftliche Wirklichkeit. Hamburg: Rowohlt.

ATTESLANDER, P. (1956). The Interaction - Gram. Human Organization, Bd. 13.

BALES, R.F. & SLATER, P.E. (1969). Role differentiation in small decision making groups. In C. GIBB (Eds.), Leadership Harmondsworth: Penguin Books, 255-276.

BALES, R.F. (1972). Instrumentelle und Soziale Rollen in problemlösenden Experimentalgruppen. In M. KUNCZIK (Hrsg.), Führung - Theorien und Ergebnisse. Düsseldorf: Econ, 199-214.

BALLSTAEDT, S.-P. (1991). Kontexte und Teilnehmerunterlagen. Weinheim: Beltz.

BARON, R.M. & KENNY, D.A. (1986). The moderator - mediator variable distinction in social psychological research. Conceptual, strategic and statistical considerations. Journal of Personality and Social Psychology, 51, 6, 1173 - 1182.

BENDA, H. v. u.a. (1983). Methodische und organisatorische Feldforschung. In Zeitschrift für Arbeits- und Organisationspsychologie, Heft 3, 136-140.

BENNINGHAUS, H. (1979). Deskriptive Statistik. Stuttgart: Teubner.

BENTLER P. M. (1984). EQS - Ein Ansatz zur Analyse von Strukturgleichungsmodellen für normal- bzw. nichtnormal verteilte quantitative Variablen In. MÖBUS, C. & SCHNEIDER, W. (Hrsg.), Strukturmodelle zur Analyse von Längsschnittdaten. Bern: Huber, 27 - 56.

BERGER, H. (1974). Untersuchungsmethode und soziale Wirklichkeit. Frankfurt: Suhrkamp.

BERNSTEIN, D. (1992) (2. Aufl.). Kunst der Präsentation. Wie Sie einen Vortrag ausarbeiten und überzeugend darbieten. Frankfurt a. Main: Campus.

BLUMER, H. (1973). Der methodologische Standort des symbolischen Interaktionismus. In ARBEITSGRUPPE BIELEFELDER SOZIOLOGEN (Hrsg.), Alltagswissen, Interaktion und gesellschaftliche Wirklichkeit. Hamburg: Reinbek, 80-146.

BÖHLE, F. (1991). Neue Techniken. In U. FLICK, E. v. KARDORFF, H. KEUPP, L. v. ROSENSTIEL & S. WOLFF (Hrsg.), Handbuch Qualitative Sozialforschung. München: Psychologie Verlags Union, 297-298.

BORTZ, J. (1984). Lehrbuch der empirischen Forschung. Berlin: Springer.

BORTZ, J. (1989). Lehrbuch der Statistik (3. Aufl.). Berlin: Springer.

BORTZ, J. (1993). Lehrbuch der empirischen Forschung für Sozialwissenschaftler. Berlin: Springer.

BOUCHARD, T.J. (1976). Field research methods: Interviewing, questionaires, participant observation, systematic observation, unobstrusive measures. In M.D DUNETTE (Ed.), Handbook of industrial and organizational psychology. Chicago: Rand Mc Nally, 363-413.

BOUDREAU, J. W. (1991). Utility analysis for decisions in human resource management. In M. D. DUNNETTE & L. M. HOUGH (Eds.). Handbook of Industrial and Organisational Psychology (621 - 745). Vol. 2. 2nd ed.. Palo Alto: Consulting Psychologists Press.

BRONNER (1983). Weiterbildungserfolg. In W. JESERICH (Hrsg.), Handbuch der Weiterbildung. Für die Praxis in Wirtschaft und Verwaltung (Bd. 6). München: Hanser.

BUCHNER, A. & FUNKE, J. (1992). Besser und billiger: Warum Hochschulen dennoch oft den kürzeren ziehen.... Report Psychologie, 26-31.

BUNGARD, W. (1979). Methodische Probleme bei der Befragung älterer Menschen. Zeitschrift für experimentelle und angewandte Psychologie, 26, 211 - 237.

BUNGARD, W. (1984). Psychologische Forschungsmethoden. In H.E. Lück (Hrsg.), Geschichte der Psychologie. Ein Handbuch in Schlüsselbegriffen. München: Urban & Schwarzenberg, 40-49.

BUNGARD, W. (1984). Sozialpsychologische Forschung im Labor. Ergebnisse, Konzeptualisierungen und Konsequenzen der sogenannten Artefaktforschung. Göttingen: Hogrefe.

BUNGARD, W. (1987). Organisationspsychologie als angewandte Sozialpsychologie? In J. SCHULTZ-GAMBARD (Hrsg.), Angewandte Sozialpsychologie. Konzepte, Ergebnisse, Perspektiven. München: Psychologie Verlags Union, 139-151.

BUNGARD, W. (1990). Psychologen planen die Zukunft - Anspruch und Wirklichkeit. In H. METHNER & A. GEBERT (Hrsg.), Psychologen gestalten die Zukunft. Bonn: Deutscher Psychologen Verlag, 464-474.

BUNGARD, W. (1993). Probleme anwendungsbezogener organisationspsychologischer Forschung. In H. SCHULER (Hrsg.), Lehrbuch der Organisationspsychologie. Bern: Huber, 107-128.

BUNGARD, W. (Hrsg.) (1980). Die gute VP denkt nicht; Artefakte in der Sozialpsychologie. München: Urban & Schwarzenberg.

BUNGARD, W. DORR, J., LEZIUS, W. & OESS, A. (Hrsg.) (1991). Menschen machen Qualität - Deutsch/Deutscher Dialog, Dokumentation des 9. Q.C.-Kongresses. Mannheim: Ehrenhof-Verlag.

BUNGARD, W. & LÜCK, H.E. (1974). Forschungsartefakte und nichtreaktive Meßverfahren. Stuttgart: Teubner.

BUNGARD, W. & LÜCK, H.E. (1982). Nichtreaktive Meßverfahren. In J.-L. PATRY (Hrsg.), Feldforschung . Bern: Huber, 317-340.

BUNGARD, W. SCHULTZ-GAMBARD, J. & ANTONI, C.H. (1988). Zur Methodik der Angewandten Psychologie. In D. FREY, C. HOYOS & D. STAHLBERG (Hrsg.), Angewandte Psychologie. München: Psychologie Verlags Union, 588-606.

CAMPBELL, D.T. (1969). Reforms as experiments. American Psychologist, 24, 409-429.

CAMPBELL, D.T. & STANLEY, J.C. (1963). Experimental and quasi-experimental designs for research on teaching. In N.L. GAGE (Ed.), Handbook of research on teaching. Chicago: Rand McNalley.

CICOUREL, A.V. (1970). Methode und Messung in der Soziologie. Frankfurt: Suhrkamp.

COOK, T.D. & CAMPBELL, D.T. (1976). The Design and Conduct of quasi-experiments and true experiments in fieldsettings. In D. DUNETTE (Hrsg.). Handbook of industrial and organizational psychology. New York: Wiley, 223-326.

COOK, T.D. & CAMPBELL, D.T. (1979). Quasi-Experimentation. Design & analysis issues for for field settings. Chicago: Rand McNally.

DANZIGER, K. (1990). Die Rolle der psychologischen Forschungspraxis in der Geschichte: Eine kontextualistische Perspektive. In A. SCHORR & E.G. WEHNER (Hrsg.), Psychologiegeschichte heute. Göttingen: Hogrefe.

DÖRNER, D. (1982). Die kleinen grünen Schildkröten und die Methoden der Experimentellen Psychologie. Memorandum zum Projekt "Mikroanalyse". Universität Bamberg.

DORSCH, F. (1963). Geschichte und Probleme der angewandten Psychologie. Bern: Huber.

DREHER, E. & DREHER, M. (1991). Gruppendiskussionsverfahren. In U. FLICK, E. V. KARDORFF, H. KEUPP, L. V. ROSENSTIEL & S. WOLFF (Hrsg.), Handbuch Qualitative Sozialforschung. München: Psychologie Verlags Union 186-188.

DUBIN, R. (1976). Theory building and applied areas. In M.D. DUNETTE (Hrsg.), Handbook of industrial and organisational psychology. New York: Wiley, 17-40.

DUNKEL, H. und SEMMER, N. (1987). Streßbezogene Arbeitsanalyse: Ein Instrument zur Abschätzung von Belastungsschwerpunkten in Industriebetrieben. In: K. SONNTAG (Hrsg.), Arbeitsanalyse und Technikentwicklung. Köln: Aachen, 163-177.

EMERY, F. (1959). Characteristics of Socio-Technical Systems. Tavistock Institute No. 527, London.

ESSER, H. (1975). Soziale Regelmäßigkeiten des Befragtenverhaltens. Meisenheim: Hain.

ESSER, H. (1986). Können Befragte lügen? Kölner Zeitschrift für Soziologie und Sozialpsychologie, 38, 314-336.

FEYERABEND, P. (1978). Against method. Outline of anarchic theory of knowledge. London: Verso.

FLICK, U.; KARDORFF V., E., KEUPP, H., ROSENSTIEL V., L. & WOLFF, S. (1991) (Hrsg.): Handbuch Qualitative Sozialforschung. München: Psychologie Verlags Union.

FREUD, S. (1971). Vorlesungen zur Einführung in die Psychoanalyse. (2. Aufl.). Frankfurt: Fischer.

FRIEDERICHS, P. (1980). Die Rolle des Psychologen im Unternehmen. In R. NEUBAUER & L. V. ROSENSTIEL (Hrsg.), Handbuch der Angewandten Psychologie, Band 1: Arbeit und Organisation. München: Moderne Industrie, 22-43.

FRIEDLANDER, F. & BROWN, D. (1974). Organizational development. Annual Review of Psychology, 25, 313-314.

FRIELING, E. & SONNTAG, K. (1987). Arbeitspsychologie. Bern: Huber.

FRIELING, E. (1991). Arbeit. In U. FLICK, E. V. KARDORFF, H. KEUPP, L. V. ROSENSTIEL & S. WOLFF (Hrsg.), Handbuch Qualitative Sozialforschung. München: Psychologie Verlags Union, 285-288.

FROMKIN, H.L. & STREUFERT, S. (1976). Laboratory Experimentation. In: M.D. DUNETTE (Hrsg.), Handbook of industrial and organisational psychology. New York: Wiley, 415-466.

GAENSLEN, H. & SCHUBÖ, W. (1973). Einfache und komplexe statistische Analyse. München: Reinhardt.

GEBERT, D. & ROSENSTIEL L.v. (1989). Organisationspsychologie. 2. Auflage. Stuttgart: Kohlhammer.

GEBERT, D. (1991). Organisation. In U. FLICK, E. V. KARDORFF, H. KEUPP, L. V. ROSENSTIEL. & S. WOLFF (Hrsg.), Handbuch Qualitative Sozialforschung. München: Psychologie Verlags Union, 299-302.

GERL & PEHL (1983). Evaluation in der Erwachsenenbildung. Bad Heilbronn/Obb.: Klinkhardt.

GIESE, F. (1927). Methoden der Wirtschaftspsychologie. In E. ABDERHALDEN (Hrsg.), Handbuch der biologischen Arbeitsmethoden. Berlin: Urban & Schwarzenberg.

GLASS, G. V. & ELLET, F. S. (1980). Evaluation research. Annual review of Psychology. 1980, 31, S. 211-228.

GORNY, P. (1992). Zwischenbilanz Menschengerechte Gestaltung von Software. Förder-programm "Arbeit und Technik" des Bundesministerium für Forschung und Technik. Universität Oldenburg.

GREIF, S. (1990). Kommentar zu "Identitätsprobleme und organisationspsychologische Forsch-ung" von Günter F. MÜLLER. Zeitschrift für Arbeits- und Organisationspsychologie, 34, (2), 94-96.

GREIF, S. (1992). Geschichte der Organisationspsychologie. In H.SCHULER (Hrsg.), Lehrbuch der Organisationspsychologie. Bern: Huber, 15-48.

GREIF, S. HOLLING, H. & NICHOLSON, N. (Hrsg.) (1989): Arbeits- und Organisationspsy-chologie. Internationales Handbuch in Schlüsselbegriffen. München: Psychologie Verlags Union.

GROEBEN, N. & WESTMEYER, H. (1975). Grundfragen der Psychologie. München: Juventa.

GRÜMER, K.W. (1974). Beobachtung. Weinheim: Beltz.

GRUNDLACH, H. (1978). Wie man die "Seelenthätigkeit" erforschte. Psychologie heute, 10, 36-45.

GUZZO, R. A., JETTE, R. D. & KATZELL, R. A. (1985). The effects of psychologically based intervention programs on worker productivity: A meta-analysis. Personnel Psychology, 38, 275-291.

HABERMAS, J. (1981). Theorie des kommunikativen Handelns, Band 1: Handlungsrationalität und gesellschaftliche Rationalisierung, Frankfurt: Suhrkamp.

HACKER, W. (1978). Allgemeine Arbeits- und Ingenieurpsychologie. Bern: Huber.

HAMBLIN, A. C. (1974). Evaluation and control of training. New York: McGraw-Hill.

HERMANN, Th. (1970). Der Wissenschaftsbegriff der Psychologie. In A. DIEMER (Hrsg.), Der Wissenschaftsbegriff. Meisenheim: Anton Hain, 188-201.

HERMANN, Th. (1979). Psychologie als Problem. Stuttgart: Klett-Cotta.

HERMANN, Th. (1989). Die Experimentiermethodik in der Defensive. Arbeit der For-schungsgruppe Sprache und Kognition. Universität Mannheim, Lehrstuhl Psychologie III, Bericht Nr. 46.

HERMANN, Th. (1991). Diesmal diskursiv - schon wieder eine Erneuerung der Psychologie. Report Psychologie, Februar, 21-27.

HERMANN, Th. (1993). Zum Grundlagenwissenschaftsproblem der A. O.-Psychologie. In W. BUNGARD & T. HERRMANN (Hrsg.). Arbeits- und Organisationspsychologie im Span-nungsfeld zwischen Grundlagenorientierung und Anwendung. Bern: Huber, 167-191.

HIRSCH, G. (1985). Die Kunst der freien Rede. Niederhausen: Falken-Verlag.

HOFF, E.-H. (1985). Datenerhebung als Kommunikation: Intensivbefragungen mit zwei Interviewern. In G. JÜTTEMANN (Hrsg.), Qualitative Forschung in der Psychologie. Weinheim: Beltz.

HOLLING, H. (1993). Zur Anwendung von Strukturgleichungsmodellen in der psychologischen Forschung. In BUNGARD, W. & HERRMANN, T. (Hrsg.). Arbeits- und Organisationspsy-chologie im Spannungsfeld zwischen Grundlagenorientierung und Anwendung. Bern: Huber, 285-308.

HOLLING, H. & LIEPMANN, D. (1993). Personalentwicklung. In SCHULER (Hrsg.) (1993). Or-ganisationspsychologie. Bern: Huber, 285-316.

HOLLING, H. & MÜLLER, G. F. (1993). Theorien der Organisationspsychologie. In SCHULER (Hrsg.). Lehrbuch Organisationspsychologie. Bern: Huber, 49-69.

HOLZKAMP, K. (1986). Die Verkennung von Handlungsbegründungen als empirische Zusammenhangsannahmen in sozialpsychologischen Theorien: Methodologische Fehlorientierung infolge von Begriffsverwirrung. Zeitschrift für Sozialpsychologie, 17, 216-283.

HOPF, Ch. (1979). Soziologie und qualitative Sozialforschung. In Ch. HOPF & E. WEINGARTEN (Hrsg.), Qualitative Sozialforschung. Stuttgart: Klett-Cotta, 11-34.

HUNTER, J. E. & SCHMIDT, F. L. (1990): Methods of meta-analysis. Newbury Park: Sage.

JAHODA, M. (1983): Wieviel Arbeit braucht der Mensch? Weinheim: Beltz.

JÖRESKOG, K. G. & SÖRBOM, D. (1989). LISREL 7. User's reference guide. Mooresville: Scientific Software.

JÜTTEMANN, G. (1985). Qualitative Forschung in der Psychologie. Weinheim: Beltz.

KARDORFF, E.v. (1991). Qualitative Sozialforschung - Versuch einer Standortbestimmung. In U. FLICK, E. V. KARDORFF, H. KEUPP, L. V. ROSENSTIEL & S. WOLFF (Hsg.), Handbuch Qualitative Sozialforschung. München: Psychologie Verlags Union, 3-8.

KIRKPATRICK, D. L. (1959). Techniques for evaluation training programs. Journal of the American Society of Training Directors, 13, 3-9, 21-26.

KIRKPATRICK, D. L. (1960). Techniques for evaluation training programs. Journal of the American Society of Training Directors, 14, 13-18, 28-32.

KLEBERT, K., SCHRADER, E. & STRAUB, W.G. (1987) (2. Aufl.). Kurzmoderation. Hamburg: Windmühle Verlag.

KLEBERT, K., SCHRADER, E. & STRAUB, W.G. (1987): Moderationsmethode. 2. völlig überarb. Aufl. Hamburg: Windmühle.

KLEINING, G. (1982). Umriß zu einer Methodologie qualitativer Sozialforschung. Kölner Zeitschrift für Soziologie und Sozialpsychologie, 224-253.

KLEINING, G.(1991). Das qualitative Experiment. IN U. FLICK, E. V. KARDORFF, H. KEUPP, L. v. ROSENSTIEL. & S. WOLFF (Hrsg.), Handbuch Qualitative Sozialforschung. München: Psychologie Verlags Union, 263-265.

KOMPA, A. (1989). Personalbeschaffung und Personalauswahl. 2. Auflage. Stuttgart: Ferdinand Enke Verlag.

KRAEPELIN, E. (1896). Der psychologische Versuch in der Psychiatrie. Psychologische Arbeiten, 1, 1-91.

KROMREY, H. (1980). Empirische Sozialforschung. Modelle und Methoden der Datenerhebung und Datenauswertung. Optaden: Leske und Budrich.

KROMREY, H. (1982). Gruppendiskussionen. Erfahrungen mit einer weniger häufigen Methode empirischer Sozialforschung. In J. HOFFMEYER-ZLOTNIK (Hrsg.), Qualitative Methoden der Datenerhebung in der Arbeitsmigrantenforschung. Mannheim: Forschung, Raum und Gesellschaft e.V.

LAMNEK, S. (1988). Qualitative Sozialforschung. Band 1: Methodologie. München: Psychologie Verlags Union.

LAMNEK, S. (1989). Qualitative Sozialforschung. Bd. 2: Methoden und Techniken. München: Psychologie Verlags Union.

LANGNER-GEISSLER, T; LIPP, U. (1991). Pinnwand, Flip-Chart und Tafel. Weinheim: Beltz.

Legewie, H. (1991). Argumente für eine Erneuerung der Psychologie. Report Psychologie, 2, 11-19.

LIENERT, G. A. (1989). Testaufbau und Testanalyse (4. Aufl.). München: Psychologie Verlags Union.

LIKERT, R. (1967). The human organization: Its management and value. New York: McGraw-Hill.

LORD, F. M. & NOVICK, M. R. (1968). Statistical theories of mental test scores. reading, MA: Addison-Wesley.

LOUIS, M.R. (1981). A cultural perspective on organizations: The need for and consequences of viewing organizations as culture-bearing milieux. Human Systems Management, 2, 246-258.

MANGOLD, W. (1973). Gruppendiskussion. In R. KÖNIG (Hrsg.), Handbuch der empirischen Sozialforschung, Bd. 2, Grundlegende Methoden und Techniken. Stuttgart: Enke.

MARCH, J.G. & OLSON, J.P. (1976). Ambiguity and choice in organizations. Bergen: Universitetsforlaget.

MCGREGOR, D. (1960). The human side of enterprise. New York: McGraw-Hill.

MERTENS, W. (1975). Sozialpsychologie des Experiments. Das Experiment als soziale Interaktion. München: Ehrenfried.

METHNER, H. (1990): Stand und Perspektiven der Arbeits-, Betriebs-, und Organisationspsychologie. Report Psychologie, 1, 33-36.

METHNER, H. (Hrsg.) (1986). Psychologie in Betrieb und Verwaltung. Bericht über die 38. Fachtagung zur Arbeits- und Betriebspsychologie, Wiesbaden 1986. Bonn: Deutscher Psychologen Verlag.

MEUMANN, E. (1914). Abriss der experimentellen Pädagogik. Leipzig: Barth.

MISLEVY, R. J. & BOCK, R. D. (1990). A consumer's guide to LOGIST and BILOG. Applied Psychological Measurement, 13, 57-75.

MOSER, K. (1992). Methoden der Organisationspsychologie. In H. SCHULER (Hrsg.), Lehrbuch der Organisationspsychologie. Bern: Huber, 71-105.

MÜLLER, G.F. (1989a). Ansätze organisationspsychologischer Forschung: Kritik und Versuch einer Integration. Zeitschrift für Sozialpsychologie, 20, (1), 2-13.

MÜLLER, G.F. (1989b). Identitätsprobleme organisationspsychologischer Forschung. Zeitschrift für Arbeits- und Organisationspsychologie, 33, (4), 179-200.

MÜNSTERBERG, H. (1912). Psychologie und Wirtschaftsleben. Ein Beitrag zur angewandten Experimental-Psychologie. Leipzig: Barth.

MUTHEN, B. O. (1988). LISCOMP-Analysis of linear structural equations with a comprehensive measurement model. Mooresville: Scientific Software.

NEUBERGER, O. & KOMPA, A. (1987). Wir, die Firma. Der Kult um die Unternehmenskultur. Weinheim: Beltz.

NEUBERGER, O. (Hrsg.) (1991). Organisationspsychologie: Eine Disziplin auf der Suche nach ihrem Gegenstand. Augsburger Beiträge zu Organisationspsychologie und Personalwesen, Heft 12, Universität Augsburg.

NEUMANN, G. A., EDWARDS, J. E. & RAJN, N. S.(1989). Organizational development interventions . A metaanalysis of their effects on satisfaction and other attitudes. Personnel Psychology, 42, 461-483.

OEVERMANN, U., TILMANN, A., KONAU, E., KRAMBECK, J. (1979). Die Methodologie einer "objektiven Hermeneutik" und ihre allgemein forschungslogische Bedeutung in den Sozialwissenschaften. In H.G. SOEFFNER (Hrsg.), Interpretative Verfahren in den Sozial- und Textwissenschaften. Stuttgart: Teubner.

PASMORE, W. A. & KING, D. C. (1978). Understanding organizational change: A comparative study of multifaceted interventions. The Journal of Applied Behavioral Science, 14, 455-468.

PINTHER, A. (1980). Beobachtung. In W. FRIEDRICH & W. HENNING (Hrsg.), Der sozialwissenschaftliche Forschungsprozeß. Berlin: VEB Deutscher Verlag der Wissenschaften.

POHL, R. (1990). Beobachtungen und Vorschläge zur Gestaltung und Verwendung von Folien in Vorträgen. Psychologische Rundschau, 41, 3, 155 - 158.

PONDY, L.R. & MITROFF, I. (1979). Beyond open systems models of organization. In B.M. Staw, (Ed.), Research in Organizational Behavior (3-9). Greenwich (Conn.).

POPITZ, H., BAHRDT, H.P., JÜRES, E.A. & KESTING, H. (1961). Das Gesellschaftsbild des Arbeiters. Tübingen: Mohr.

POPPER, K.R. (1934). Logik der Forschung. Tübingen: Mohr.

PRIM, R. & TILMANN, H. (1977). Grundlagen einer kritisch-rationalen Sozialwissenschaft. Heidelberg: UTB.

RICHTER, H.J. (1970). Die Strategie schriftlicher Massenbefragungen: Bad Harzburg: Verlag für Wissenschaft, Wirtschaft und Technik.

ROHRMANN (1975). Empirische Studien zur Entwicklung von Antwortskalen für die sozialwissenschaftliche Forschung. Zeitschrift für Sozialpsychologie, 9, 222-245.

ROSENSTIEL, L.v. (1990). Kommentar zu "Identitätsproblemem organisationspsychologischer Forschung" von Günther F. MÜLLER. Zeitschrift für Arbeits- und Organisationspsychologie, 34, (2), 96-98.

ROSENSTIEL, L.v. (1992). Grundlagen der Organisationspsychologie. 3. Aufl. Stuttgart: Schäffer & Poeschel.

ROSENSTIEL, L.v. (1992). Kommunikation und Führung in Arbeitsgruppen. In H. SCHULER (Hrsg.), Lehrbuch der Organisationspsychologie. Bern: Huber, 321-351.

ROSSI, P.H. & FREEMAN, H.E. (1985). Evaluation. A systematic approach. Beverly Hills: Sage.

RUEGSEGGER, R. (1986). Die Geschichte der angewandten Psychologie 1900-1940. Bern: Huber.

SAUMER, N. (1984). Streßbezogene Tätigkeitsanalyse. Psychologische Untersuchungen zur Analyse von Streß am Arbeitsplatz. Weinheim: Beltz.

SCHEUCH, E.K. (1973). Das Interview in der empirischen Sozialforschung. In R. KÖNIG (Hrsg.), Handbuch der empirischen Sozialforschung, Bd. 2, 66 - 190. Stuttgart: Enke.

SCHNEIDER, G. (1985). Strukturkonzept und Interpretationspraxis der objektiven Hermeneutik. In G. JÜTTEMANN (Hrsg.), Qualitative Forschung in der Psychologie. Weinheim: Beltz, 71-91.

SCHRADER, E., BIEHNE, J. & POHLEY, K. (1993). Optische Sprache. Vom Text zum Bild. Von der Information zur Präsentation. Ein Arbeitsbuch. Hamburg: Windmühle Verlag.

SCHULER, H. (1980). Ethische Probleme psychologischer Forschung. Göttingen: Hogrefe.

SCHULTZ-GAMBARD, J. (1993). Zum Problem von Drittvariablen in arbeits- und organisationspsychologischer Forschung. In W. BUNDGARD & T. HERMANN (Hrsg.), Arbeits- und Organisationspsychologie im Spannungsfeld zwischen Grundlagenorientierung und Anwendung. Bern: Huber, 127-144.

SCHÜTZ, A. (1932). Der sinnhafte Aufbau der sozialen Welt. Wien: Springer.

SCRIVEN, M. (1972). Die Methodologie der Evaluation. In C. WULF (Hrsg.). Evaluation. München: Pieper.

SCRIVEN, M. (1980). The logic of evaluation. California: Edgepress.

SEMMER, N. & GREIF, S. (1981). Die Funktion qualitativer und quantitativer Methoden der Tätigkeitsanalyse. In F. FREI & E. ULICH (Hrsg.): Beiträge zur psychologischen Arbeitsanalyse, Schriften zur Psychologie, 31. Bern: Huber, 39-55.

SILVERMANN, D. (1985). Qualitative methodology and sociology. Describing the social world. Aldershot: Gower.

SPÖHRING, W. (1989). Qualitative Sozialforschung. Stuttgart: Teubner.

STAW, B.M. (1984). Organizational behavior: A review and reformulation of the field's outcome variables. Annual Review of Psychology, 35, 627-666.

STONE, E.F., STONE, D.L. & GUANTAL, .G. (1990). Influence of cognitive ability on responses to questionaire measures: Measurement precision and missing response problems. Journal of Applied Psychology, 75, S. 418-427.

STRAUSS, A., L. FAGERHAUGH, B. SWOZEK & C. WIENER (1985). Social organization of medical work. Chicago: University of Chicago Press.

SUCHMAN, E. A. (1967). Action for what? A critique of evaluative research. In R. O'TOOLE (Ed.). The organization, management and tactics fo social research. Cambridge, MA: Schenkman.

TUKEY, J. W. (1977). Exploratory data analysis. New York Addison-Wesley.

ÜBERLA, K. (1968). Faktorenanalyse. Berlin: Springer.

UDRIS, I. & ALIOTH, A. (1980). Fragebogen zur "Subjektiven Arbeitsanalyse" (SAA). In E. MARTIN, I. UDRIS, U. ACKERMANN & K. OEGERLIE (Hrsg.), Monotonie in der Industrie. Bern: Huber, 61-68.

ULICH, E. (1991). Arbeitspsychologie. Stuttgart: Poeschel.

URBAN, D. (1993). Logit-Analyse. Stuttgart: Fischer.

VOLMERG, U. (1983). Validität im interpretativen Paradigma. Dargestellt an der Konstruktion qualitativer Erhebungsverfahren. In ZEDLER, P. & MOSER, H. (Hrsg.), Aspekte qualitativer Sozialforschung: Studien zur Aktionsforschung empirischer Hermeneutik und reflexiver Sozialtechnologie. Opladen: Leske & Budrich, 124-143.

VOLPERT, W. u.a. (1983). Verfahren zur Ermittlung von Regulationserfordernissen in der Arbeitstätigkeit (VERA). Verlag TÜV Rheinland.

WEISS, C.H. (1972). Evaluation research. Eaglewood Cliffs, N.J.: Prentice Hall.

WIENDIECK, G. & WISWEDE, G. (1990). Führung im Wandel, Neue Perspektiven für Führungsforschung und Führungspraxis. Stuttgart: Ferdinand Enke Verlag.

WILL, H. (1991). Arbeitsprojektor und Folien. Weinheim: Beltz.

WILL, H. & BLICKHAN, C. (1987). Evaluation als Intervention. In H. Will, H. Winteler & A. Krapp (Hrsg.), Schriftenreihe moderne Berufsbildung. Bd. 10. Evaluation in der beruflichen Aus- und Weiterbildung. Heidelberg: Sauer, 43-59.

WILSON, T.P. (1973). Theorien der Integration und Modelle soziologischer Erklärung. In ARBEITSGRUPPE BIELEFELDER SOZIOLOGEN (Hrsg.): Alltagswissen, Interaktionen und gesellschaftliche Wirklichkeit. Hamburg: Reinbek, 54-79.

WITTMANN, W. (1985). Lehrbuch der empirischen Forschung. Berlin: Springer.

WOMACK (1991). Die zweite Revolution in der Autoindustrie. Konsequenzen aus der weltweiten Studie aus dem Massachusetts Institute of Technology. Frankfurt a. Main: Campus.

WOTTAWA, H. & THIERAU, H. (1990). Evaluation. Bern: Huber.

10.   Glossar

Allgemeines lineares Modell

Gruppe von statistischen Verfahren, bei denen zwei Linearkombinationen von Variablen zueinander in Beziehung gesetzt werden. Hierzu gehören z.B. die einfache und multiple Regression, die kanonische Korrelation, ein- und mehrfaktorielle Varianzanalysen mit einer oder mehreren abhängigen Variablen.

Artefaktforschung

Gegenstand der Artefaktforschung ist die Untersuchung von methodischen Kunstprodukten, die z.B. durch Versuchsleiter bzw. Interviewer-Einflüsse oder durch die Wahrnehmung und Motivation von Versuchspersonen bzw. Befragten entstehen.

Cronbachs α

Ein Maß für die innere Konsistenz eines Tests bzw. den Grad der Homogenität der Aufgaben des Tests bezüglich des zu erfassenden Merkmals.

Dummy-Variable

Künstliche dichotome nominalskalierte Variable. Dummy-Variablen entstehen z.B., wenn man eine polytome nominalskalierte Variablen in mehrere dichotome nominalskalierte Variablen transformiert, z.B. die Variable Familienstand: (1) ledig (2) verheiratet (3) verwitwet (4) sonstiges in die Variablen: Ledig: (1) ja (2) nein; Verheiratet: (1) ja (2) nein; Verwitwet: (1) ja (2) nein; Sonstiges: (1) ja (2) nein.

Experiment

Verfahren zur empirischen Überprüfung von Ursache-Wirkungszusammenhängen (als Zusammenhänge zwischen unabhängigen und abhängigen Variablen) unter kontrollierten, objektiven und wiederholbaren Bedingungen.

Externe Validität

Gültigkeit der Übertragbarkeit eines gefundenen kausalen Zusammenhangs über die vorliegende Untersuchung hinaus auf andere Kontexte.

Halo-Effekt

Verzerrung der Beurteilung einzelner Eigenschaften oder Merkmale durch den Einfluß anderer Merkmale oder der Gesamtvorstellung.

Hawthorne Effekte

Effekte in empirischen Studien, die aus der Kenntnis der Vpn entstehen, daß sie untersucht werden. Z.B. kann die Arbeitsmotivation der Probanden während einer Untersuchung höher sein als während der regulären Arbeitszeit. Die Bezeichnung geht auf die Studien von MAYO während der zwanziger und dreißiger Jahre in den Hawthorne-Werken der Western Electric Co. (USA) zurück.

Interne Validität

Gültigkeit eines kausalen Zusammenhangs zwischen unabhängigen und abhängigen Variablen.

Kausalanalyse

Analyse von Ursache-Wirkungszusammenhängen.

Konstruktvalidität

Gültigkeit der theoretischen Erklärung eines gefundenen kausalen Zusammenhangs.

Kontrollgruppe

Stichprobe von Personen in einem Experiment, die mit jenen der Experimentalgruppe übereinstimmt, die jedoch nicht einer effektsetzenden Bedingung ausgesetzt wird, um den Effekt in der Experimentalgruppe, die einer effektsetzenden Bedingung ausgesetzt wird, davon abheben zu können.

Lay-Out

Plan, Anordnung, Gruppierung; in unserem Falle die Anordnung der Fertigungsmittel (z.B. Maschinen, Materiallager, Transportmittel usw.) im Fertigungsbereich.

lean management

Darunter versteht man eine Organisationsphilosphie, die vor allem in der japanischen Automobilindustrie entwickelt wurde. Die Fabriken sind dabei in dem Sinn schlank (lean), daß durch Integration indirekter Bereiche in die Produktion auf der Basis von Gruppenarbeit mit relativ wenig Mitarbeitern sehr effektiv gearbeitet wird.

Likert-skalierte Items

Items, bei denen die Befragten anhand einer mehrstufigen Skala den Grad der Zustimmung, Intensität oder Häufigkeit angeben. Beispiel: Ich habe Kopfschmerzen; (1) sehr häufig (2) häufig (3) manchmal (4) selten (5) fast nie.

Mediatorvariable

Variable, durch die oder über die eine unabhängige Variable auf die abhängige Variable wirkt.

Moderatorvariable

Variable, die den kausalen Zusammenhang zwischen unabhängiger und abhängiger Variable beeinflußt.

nichtreaktive Verfahren

Als nichtreaktiv bezeichnet man solche Verfahren, bei denen die Probanden nicht auf den Meßvorgang als solchen reagieren, weil sie nicht bemerken, daß eine Untersuchung stattfindet.

Organisations-Entwicklung (OE)

Bei der OE soll mit Hilfe eines Beraters und entsprechender Techniken der Entwicklungsprozeß einer Organisation gesteuert werden. Damit soll die Flexibilität und Effektivität, aber auch der Humanisierung der Arbeitsplätze gefördert werden.

Organisationsdiagnose

Das Ziel einer Organisationsdiagnose besteht darin, analog zur Psychodiagnostik relevante Aspekte bzw. Eigenschaften einer Organisation zu erfassen, um darauf aufbauend, gegebenenfalls Interventionsmaßnahmen treffen zu können.

Organisationskultur

Die Kultur einer Organisation umfaßt die typischen Einstellungen, Werthaltungen, Verhaltensweisen der Mitglieder, sowie die materiellen Manifestationen (wie z.B. Gebäude einer Organisation).

Polytom skalierte Variable

Mehrstufige nominalskalierte Variable. Beispiel: Familienstand: (1) ledig (2) verheiratet (3) verwitwet (4) sonstiges.

Psychodiagnostik

Die Psychodiagnostik versucht mit Hilfe wissenschaftlicher Methoden Fähigkeiten (z.B. Intelligenz), Einstellungen (z.B. politische Orientierung) und Persönlichkeitsmerkmale (z.B. Neurotizismus) zu analysieren.

Psychotechnik

Von MÜNSTERBERG (1912) und anderen initiierte erste Phase der angewandten Wirtschafts-Psychologie, in der mit Hilfe experimenteller und psychodiagnostischer Verfahren Probleme in der Arbeitswelt gelöst werden sollten.

Quasi-experimenteller Untersuchungsplan

Untersuchungsplan, bei dem nicht alle Kriterien des Experiments, wie z.B. zufallsgemäße Bildung der experimentellen Gruppen, umfassende Kontrolle von Störbedingungen oder vollständige Variation der unabhängigen Variablen usw., verwirklicht werden können. Trotzdem gestatten solche Untersuchungspläne einen Erkenntnisgewinn bei verringertem Eingriff in die vorgefundene Organisationsform.

Randomisierung

Zufallsauswahl und Zufallszuordnung von z.B. Versuchspersonen zu den verschiedenen Untersuchungsgruppen in einem Experiment.

Reaktivität

Wenn Versuchspersonen wissen bzw. bemerken, daß sie im Rahmen einer wissenschaftlichen Studie beobachtet oder befragt werden und deshalb auf den Meßvorgang als solchen wie auch immer reagieren, dann spricht man von Reaktivität. Das Verfahren ist reaktiv.

Reliabilität

Genauigkeitsgrad (auch Zuverlässigkeit) eines Maßes oder Tests.

Shadowing

Beobachtungsverfahren, besonders geeignet für die Beobachtung komplexer, nicht-stationärer Tätigkeiten, bei dem der Beobachter dem Beobachteten während dessen normalem Tätigkeitsablauf wie "ein Schatten" (Shadow) folgt.

Statistische Validität

Gültigkeit eines Kovariationszusammenhangs zwischen unabhängigen und abhängigen Variablen.

Taylorismus

Der Taylorismus wurde als "wissenschaftliche Betriebsführung" zu Beginn dieses Jahrhunderts von dem amerikanischen Ingenieur Frederik Winslow Taylor (1856-1915) begründet. Mit Hilfe von Zeit- und Bewegungsstudien wurden Arbeitsplätze optimiert. Typisch war insbesondere die Trennung von Kopf- und Handarbeit, die mit Hilfe der Ideen von Ford zur typischen Fließbandarbeit führte.

Untersuchungsdesign

Plan, der angibt, welche unabhängigen Variablen wie (z.B. in welchen Abstufungen) manipuliert werden sollen.

Untersuchungsplanung

Die zu der allgemeinen Fragestellung abgeleitete Konkretisierung der Untersuchungsziele und der Mittel (z.B. Instrumente, Methoden), mit denen diese erreicht werden sollen.

Validität

Nach COOK & CAMPBELL (1979) die Gültigkeit des Zutreffens oder Nicht-Zutreffens von Annahmen über empirische Zusammenhänge, einschließlich von Annahmen über kausale Zusammenhänge.

Verallgemeinertes lineares Modell

Gruppe von statistischen Verfahren, bei denen eine Linearkombination von unabhängigen Variablen zu einer abhängigen Variablen, die Intervall- oder Nominalskaleniveau besitzen kann, in Beziehung gesetzt wird. Beispiele sind die einfache und multiple Regression, die ein- und mehrfaktorielle Varianzanalyse oder loglineare und Logit-Analysen.

11.   Lösungen zu den Übungsaufgaben

Kapitel 3

1) Wie könnten die Phasen eines OE-Prozesses in einem Krankenhaus aussehen? Grundsätzlich könnten die Phasen eines solchen OE-Prozesses genau so aussehen, wie sie in der Abbildung 3.1 auf Seite 20 dargestellt worden sind. D.h., das Projekt würde damit beginnen, daß man zunächst einmal überhaupt das Problem in einem Krankenhaus definiert, welches dazu führt, daß man sich entschließt, Teamarbeit einzuführen. Es könnte z.B. damit zusammenhängen, daß die Flexibilität in der Organisation erhöht werden soll. Nach der Kontaktaufnahme mit einem OE-Berater müßte dann die Ausgangsproblemlage genau umrissen werden, und es müßte dann eine Organisationsdiagnose erfolgen. Bei der Diagnose würde man so vorgehen, wie das in diesem Studienbrief beschrieben wurde, wobei man insbesondere neben den Ärzten, Oberschwestern und Schwestern auch eine repräsentative Stichprobe von Patienten einbeziehen sollte, die ja in den Genuß einer verbesserten Dienstleistung im Krankenhaus kommen müßten. Nach der Rückmeldung der Diagnoseergebnisse an das Personal und an die Verantwortlichen für die Arbeitsorganisation müßten dann geeignete Maßnahmen getroffen werden, wobei in diesem Fall insbesondere das Teamarbeits-Konzept entwickelt werden müßte. Schließlich würde man nach entsprechendem Trainingsmaßnahmen mit der Einführung der Teamarbeit beginnen und wenn es sinnvoll gemacht werden soll, dann würde man diesen gesamten Einführungsprozeß auch begleitend evaluieren.

2) Ausgangspunkt des oben beschriebenen OE-Prozesses im Krankenhaus wäre die Definition der Ausgangsproblemlage. Und die könnte möglicherweise wie folgt aussehen: Die Problemlage könnte einerseits so definiert sein, daß Patienten sich in einem Krankenhaus über immer wieder auftretende Pannen beschwert haben, daß das Klima innerhalb des Personals schlecht ist, weil der Arbeitsdruck zugenommen hat, die einzelnen Mitglieder des Personals das Gefühl haben, daß die Arbeit ungleich verteilt ist und daß insbesondere auch durch zu viele bürokratische Vorschriften der Spielraum für Einzelne zu sehr eingegrenzt wird. Die hohe Arbeitsteiligkeit könnte weiterhin dafür verantwortlich sein, daß nicht flexibel genug zusammengearbeitet wird. Aufgrund dieser Überlegungen könnte man deshalb zu dem Schluß kommen, daß die Zusammenarbeit zwischen dem Personal durch die Einführung von Teams möglicherweise erhöht werden könnte. Zumal dadurch auch die Arbeitsbedingungen für den Einzelnen zufriedenstellender wäre. Das Ganze müßte damit kombiniert werden, daß bisher ausgelagerte Tätigkeiten wieder in diese Teams zurück integriert werden. Also im Grundsatz ein Vorgehen, das man auch aus anderen Arbeitsbereichen kennt.

Kapitel 4

Vergleichen Sie bitte Ihre Ausführungen mit den im Text beschriebenen Validitätsgefährdungen bei den vier Validitätstypen und versuchen Sie, sie dort einzuordnen.

1) Vergleichen Sie im folgenden, ob die von Ihnen genannten Gefährdungen auch den im Text aufgeführten Gefährdungen der jeweiligen Validitäten entsprechen.

2) Die genannten Validitätsgefährdungen lassen sich folgenden Validitätstypen zuordnen:

- Validitätsgefährdung durch "Vermutungen der Untersuchungsteilnehmer..." zu Gefährdungen der Konstruktvalidität,
- Validitätsgefährdung durch "Freiwillige Teilnahme..." zu Gefährdung der externen Validität,
- Gefährdung durch "Ausfüllen des Fragebogens zu Hause..." zu Gefährdung der statistischen Validität und
- Gefährdung durch "Kontakt von Kontroll- und Untersuchungsgruppe" zu Gefährdung der internen Validität.

3) Zwischenzeitliches Geschehen, Reifung, Auswirkungen der Messung, fehlerhafte Meßinstrumente, Regressionseffekte, Selektionseffekte und Wechselwirkungen von Selektion und Reifung.

4) Weiter verbesserten Schutz speziell hinsichtlich der Auswirkungen der Messung, fehlerhafter Meßinstrumente und zusätzlichen Schutz hinsichtlich der Wechselwirkungen von Selektion und den anderen bisher aufgeführten Beeinträchtigungen der internen Validität. Teilweise verbesserter Schutz hinsichtlich der Wechselwirkungen von Selektion mit den anderen bisher aufgeführten Beeinträchtigungen.

5) Ein Sprung in der Regressionsgeraden nach unten würde bedeuten, daß die Intervention keinen positiven (das wäre Sprung nach oben versetzt), sondern einen negativen Effekt auf die gemessene abhängige Variable gehabt hat.

6) Diese könnte der Fall sein, wenn z.B. die Gruppenarbeit so abrupt und schlecht vorbereitet (d.h. ohne die entsprechenden Qualifikations- und Organisationsentwicklungsmaßnahmen) eingeführt worden wäre, so daß die Koordinations- und Organisationsprobleme in den Gruppen erst einmal eine Produktivitätsreduktion bewirkt hätten.

Kapitel 5

1) In Stichworten:
- Begrüßung
- Vorstellung der Interviewteams: Namen, Institution
- Ziele des Interviews: Bestandsaufnahmen, um Arbeitsorganisation besser zu verstehen/Interesse an Belangen, Meinungen, Erwartungen und Vorschlägen der Mitarbeiter/Möglichkeiten zur Veränderung - jetzt Chance der Beteiligung/Unternehmen will wirklich etwas tun/durch offene Beteiligung Möglichkeit, an eigener Situation etwas zu verbessern
- Zusicherung der Anonymität, Erklärung, wie Anonymität technisch sichergestellt wird

- Hinweis, daß Interviews mit Betriebsrat abgesprochen wurden, der Betriebsrat dahinter steht
- Themenbereiche des Interviews
- Ablauf: Länge, offene Fragen, Protokoll
- Eigene Tätigkeitsbeschreibung als "Eisbrecher": Arbeitsbereich, Funktion, Aufgabe, Länge der Firmenzugehörigkeit u.a.

2) Ausschnitt aus dem Interviewleitfaden für den Bereich Information/Kommunikation.

Ausgangsfragen:
Wie ist die Kommunikation allgemein...
mit Kollegen?

mit Vorgesetzten?

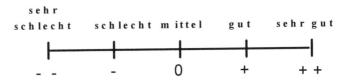

Gründe dafür: ....

Wie gut fühlen Sie sich informiert....
hinsichtlich dessen, was für die eigene Arbeit wichtig ist?

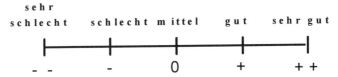

über betriebliche Belange allgemein?

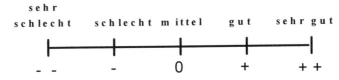

Gründe dafür: ....

Nachfragen zur Differenzierung im Detail:
Kommunikation:

Unterschiede in der Kommunikation mit ausländischen vs. deutschen Kollegen? ....

Wird überhaupt mehr Kommunikation gewünscht? ....

Was könnte getan werden, um die Kommunikation mit Kollegen zu verbessern? ....

Ist die Kommunikation mit allen Vorgesetzten gleich gut bzw. schlecht, bzw. wo und warum gibt es möglicherweise Unterschiede? ....

Gibt es überhaupt Kommunikation mit Vorgesetzten über den direkten Vorgesetzten hinaus? ....

Besteht ein Zusammenhang mit dem Führungsstil des Vorgesetzten? ....

Information:

Wie wird durch den wen informiert über
- arbeitsplatzbezogene Dinge? ....
- arbeitsplatzübergreifende, u.U. bereichsübergreifende Dinge? ....

Wie wird durch wen über geplante Veränderungen im Betrieb informiert? ....

Ist die Information ausreichend? ....

Wird rechtzeitig informiert? ....

Welche Informationen hätten Sie gerne zusätzlich? ....

3a) Bei der Konstruktion eines Fragebogens zum Thema "Arbeitszufriedenheit" werden Sie sicherlich gemerkt haben, daß die Gefahr besteht, fast gleichlautende Fragen oder zumindest sinngemäß ähnliche Frage zu wiederholen, so daß der Erkenntnisgewinn nicht allzu groß ist. Je stärker man bei der Formulierung nur indirekt die Arbeitszufriedenheit abzufragen versucht, desto problematischer wird auf der anderen Seite der Aspekt, ob damit nur noch die Arbeitszufriedenheit gemessen wird oder ob nicht andere Dinge in diesen Meßvorgang einfließen.

3b) Wenn Sie in der einschlägigen Literatur nach Skalen gesucht haben, um die Arbeitszufriedenheit zu messen, dann werden Sie mit Sicherheit auf den Fragebogen von Neuberger und Allerbeck ABB gestoßen sein. Sie können aber auch die SAZ-Skala von Lück und Fischer verwenden. Die Instrumente gleichen sich untereinander und insofern ist auch die Frage schwer zu beantworten, welches Instrument in unsere Auto-

Serv GmbH Studie geeignet wäre. Das hängt auch damit zusammen, wie viele Fragen insgesamt gestellt werden, so daß der Fragebogen nicht durch eine zu umfangreiche Arbeitszufriedenheitsmessung überfrachtet werden darf, bei der zu viele Items auftauchen. In der Praxis würde man wahrscheinlich tatsächlich zehn Items aus einer dieser Skalen auswählen, um diesen Aspekt zu erfassen, weil die Analyse der Arbeitszufriedenheit nicht im Vordergrund der Studie steht, sondern lediglich eine von mehreren abhängigen Variablen ist, um Veränderungen durch die Einführung der Gruppenarbeit erfassen zu können.

4) Frei nach ATTESLÄNDER läßt sich der in Abb. 5.4 aufgeführte Ausschnitt aus der Tätigkeit eines Vorarbeiters (aus Verständlichkeitsgründen unter Auslassung der genauen Zeitmessung der Einzeltätigkeiten in Sekunden) wie folgt beschreiben:
- In der Minute 001 nahm der Arbeiter Nr. 5 Kontakt zum Vorarbeiter auf und sprach kurz mit ihm. Dann ging der Vorarbeiter weg und trug dabei etwas (in diesem Fall gefertigte Produkte). Er stellte diese nieder, nahm andere auf und trug diese. Danach prüfte er das Material der Produkte (quasi Qualitätskontrolle). Dann nahm der andere Vorarbeiter a eine Interaktion mit ihm auf.
Anfang der Minute 002 sprachen sie kurz miteinander. Danach ging der von uns beobachtete Vorarbeiter weg. Kurz vor Mitte der Minute 002 nahm er Produkte auf und trug diese irgendwo hin. Dabei nahm der Arbeiter Nr. 6 mit ihm Kontakt auf und sie sprachen kurz miteinander. Danach trug der Vorarbeiter zusammen mit dem Arbeiter Nr. 6 die Produkte. Zum Ende der zweiten Minute trug der Vorarbeiter wieder alleine Produkte usw..

5a) Die relativ große Ähnlichkeit der Zeitbudgets von Meistern und Vorarbeitern läßt darauf schließen, daß die Rollenteilung zwischen beiden nicht so ist, wie sie sein sollte. Dafür sprechen auch die relativ großen Zeitanteile für Betriebsmittelüberwachung und Sicherstellung des Produktionsflusses bei den Meistern. Sie weisen darauf hin, daß diese Meister noch zu stark in ihre tradierten Kontrollaufgaben eingebunden sind und damit zuwenig strategischen Aufgaben gerecht werden können. Besonders bedenklich erscheint der geringe Anteil für Änderungen/Verbesserungen bei beiden Gruppen, der auf eine deutliche Innovationsschwäche und u.U. Innovationsunfähigkeit des Unternehmens schließen läßt.

5b) Die Zeitbudgets zeigen, daß die Qualitätsüberwachung stärker bei den Vorarbeitern als bei den Meistern liegt, so daß eigentlich die Vorarbeiter die Hauptzielgruppe für Seminare über moderne Qualitätsförderungsmethoden wären, zumal sie auch direkter mit den Mitarbeitern interagieren und diese direkter fördern könnten. Insofern hätte man die Seminare für Meister und Vorarbeiter anbieten sollen.

6) Wenn man sich das Buch von NEUBERGER und KOMPA "Wir, die Firma" zum Thema "Organisationskultur" durchliest, dann sieht man, daß eine Vielzahl von nicht-reaktiven Verfahren zur Messung einer spezifischen Kultur verwendet werden können. Da zu einer Kultur u.a. auch die baulichen Manifestationen gelten, wie auch die Anordnung von Büroräumen, Mobiliar usw., eignen sich alle diese Beobachtungsdaten bereits im Sinne nicht-reaktiver Verfahren. Es können aber auch Inschriften und Graffitis auf Toi-

letten im weitesten Sinne als Spuren Verwendung finden. Reichhaltiges Material ergeben auch Akten. So könnte man z.B. die gegenseitige Anrede in Briefen aufgrund des
innerbetrieblichen Schriftverkehrs erfassen. Wenn Sie etwas intensiver nachdenken,
werden Sie noch eine Vielzahl von Verfahren finden, die allesamt unter dem Begriff
"nicht-reaktiv" subsumiert werden können und bestens geeignet sind, die Kultur in einer
Organisation zu erfassen.

Kapitel 6

1) Statistische Verfahren setzen für die zu analysierenden Variablen ein bestimmtes
Skalenniveau voraus. So ist für die Berechnung des Medians Ordinalskalenniveau
erforderlich, für die Durchführung von Varianzanalysen wird bei den abhängigen
Variablen Intervallskalenniveau vorausgesetzt.

2) PRE-Maße ("Proportional Reduction in Error Meassures") geben bei Zusammenhangsanalysen den Grad der Fehlerreduktion bei der abhängigen Variablen an, der aus
der Kenntnis der unabhängigen Variablen resultiert. Sie variieren zwischen 0 und 1und
setzen die Festlegung von vier Regeln voraus: (1) eine Regel für die Vorhersage der
abhängigen Variablen auf der Basis ihrer eigenen Verteilung, (2) eine Regel für die
Vorhersage der abhängigen Variablen auf Basis der unabhängigen Variablen, (3) eine
Regel, die den Fehler der Vorhersage festlegt, und (4) eine Regel, die zeigt, um welche
Proportion sich die Fehler durch die Kenntnis der unabhängigen Variablen im Vergleich
zur Kenntnis der abhängigen Variablen allein vermindern.

3) Bei der zweiseitigen Fragestellung geht es um die Hypothese, ob sich zwei Stichprobenmittelwerte signifikant unterscheiden. Es werden keine Annahmen über die
Richtung des Mittelwertsunterschiedes gemacht. Die einseitige Fragestellung dagegen
legt explizit die Richtung des Mittelwertsunterschiedes fest. Da die gängigen
Statistikprogramme meist nur Irrtumswahrscheinlichkeiten für zweiseitige Fragestellungen ausgeben, muß man bei einer einseitigen Fragestellung die angegebene
Irrtumswahrscheinlichkeit halbieren.

4) Die Faktorenanalyse bildet aus einer gegebenen Menge von Ausgangsvariablen eine
geringere Anzahl von Variablen, die die Ursprungsvariablen zu einer Dimension
zusammenfassen bzw. erklären sollen. Die multiple Regression sucht hingegen eine
Linearkombination von unabhängigen Variablen, die die beste Vorhersage einer abhängigen Variablen gewährleistet.

5) Strukturgleichungsmodelle lassen Meßfehler bei den unabhängigen beobachteten Variablen zu. Bei den klassischen linearen Verfahren wird davon ausgegangen, daß die
Prädiktoren fehlerfrei gemessen werden, weshalb verzerrte Parameterschätzungen
auftreten, wenn keine perfekte Reliabilität vorliegt. Weiterhin lassen sich durch die
Trennung von Meß- und Strukturmodellen bei Strukturgleichungsanalysen Meßfehler
und die strukturell bedingte Residualvarianz unterscheiden, was bei den klassischen
Verfahren nicht möglich ist.

Kapitel 8

1) Die Evaluationsforschung soll als Planungs- und Entscheidungshilfe dienen. Sie hat in erster Linie das Ziel, praktische Maßnahmen zu überprüfen, zu verbessern und/oder Entscheidungen über sie zu treffen.

2) Die formative Evaluation stellt vor und während der Durchführung der Evaluationsuntersuchung Informationen und Bewertungen bereit, um Probleme zu klären und die Intervention zu konzipieren, zu steuern und zu optimieren. Die summative Evaluation dient zur Bewertung einer bereits durchgeführten Intervention.

Arbeits- und Organisationspsychologie in Forschung und Praxis